La Red de COMPAÑERISMO *en Cristo*™

¡Más de lo que se imagina!

Compañerismo en Cristo ofrece a los líderes mucho más que un recurso impreso. Les ofrece una red que provee:

- Oportunidades para relacionarse con otras iglesias que están usando *Compañerismo en Cristo*
- Sugerencias y artículos útiles para el liderato así como listas al día de recursos suplementarios
- Oportunidades para adiestramiento que desarrolle y profundice las destrezas de liderato usado en grupos de formación
- Personal disponible para dialogar con usted sobre las necesidades de su grupo pequeño
- Un cuarto de discusión electrónica donde puede compartir y recibir información
- Una Guía de Inicio disponible para descargar gratuitamente por vía electrónica a través de www.companionsinchrist.org. La Guía está llena de recursos prácticos para ayudar a comenzar un grupo en su iglesia.

Sólo tiene que completar este formulario y enviarlo por correo, y podrá disfrutar de muchos de los beneficios disponibles para los líderes a través de la Red de *Compañerismo en Cristo*.

❏ Añada mi nombre a la lista de correo de manera que pueda recibir información regular por correo sobre recursos y capacitación de líderes de grupos pequeños.

❏ Añada mi nombre a la lista de correo de manera que pueda recibir información regular por correo electrónico sobre recursos y capacitación de líderes de grupos pequeños.

Nombre: _____

Dirección: _____

Ciudad/Estado/Código postal/País: _____

Iglesia: _____

Dirección electrónica: _____ Teléfono: _____

Complete y envíe el formulario a: Upper Room Ministries, Compañerismo en Cristo, P.O. Box 340012, Nashville, TN 37203-9540

Para obtener información sobre eventos de entrenamiento para líderes, visite
www.companionsinchrist.org

COMPAÑERISMO™

en Cristo

Una Experiencia de Formación Espiritual en Grupos Pequeños

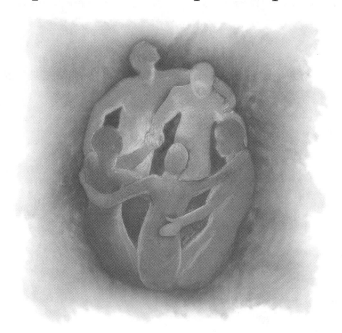

Libro del Participante

Gerrit Scott Dawson, Adele González, E. Glenn Hinson,
Rueben P. Job, Marjorie J. Thompson, Wendy M. Wright

UPPER
ROOM BOOKS®
NASHVILLE

COMPAÑERISMO EN CRISTO
Libro del Participante
Derechos de autor © 2001 por Upper Room Books.® Todos los derechos reservados para la edición en español © 2004 por Upper Room Books.®

Prohibida su reproducción total o parcial sin permiso, excepto en el caso de breves referencias mencionadas en artículos críticos o reseñas. Para información escriba a: El Aposento Alto®, 1908 Grand Avenue, Nashville, Tennessee 37212.

The Upper Room® sitio Web: www.upperroom.org

Upper Room®, El Aposento Alto®, Upper Room Books® y los diseños del logotipo son marcas registradas propiedad de The Upper Room®, Nashville, Tennessee. Todos los derechos reservados.

A menos que se indique de otra manera, las citas bíblicas son tomadas de La Santa Biblia, Versión Reina-Valera Revisión de 1995. Derechos reservados por Sociedades Bíblicas Unidas. Usada con permiso.

Las citas bíblicas designadas VPEE son de La Biblia en Versión Popular, Edición de Estudio © Sociedades Bíblicas Unidas, 1994.

Las citas designadas NVI son de La Santa Biblia, Nueva Versión Internacional © 1999 Sociedad Bíblica Internacional.

Traducción de extractos de *Christian Spiritual Formation in the Church and Classroom* por Susanne Johnson. Derechos de autor © 1989 por Abingdon Press. Usado con permiso.

Traducción de extractos de *Covenant Discipleship: Christian Formation through Mutual Accountability* por David Lowes Watson (Nashville, Tenn.: Discipleship Resources, 1991). Usado con permiso del autor.

Traducción de «List of Spiritual Gifts» de *Revolutionizing Christian Stewardship for the 21st Century: Lessons from Copernicus* por Dan R. Dick. Derechos de autor © 1997 por Discipleship Resources, Nashville, Tenn. Usado con permiso.

Traducción del diagrama de *The Spiritual Director: A Practical Guide.* Franciscan Herald Press, 1976. Usado con permiso de Fransciscan Press.

Traducido: Leticia Guardiola-Sáenz
Diseño de la portada: Lori Putnam/Putnam Graphics
Arte de la portada: Carter Bock
Sugerencias para el arte de la portada: Marjorie Thompson
Primera impresión: 2004
Impreso en Estados Unidos de América

Librería del Congreso Publicación-en-Catalogación
Companions in Christ. Participant's book. Spanish
    Compañerismo en Cristo. Libro del Participante: una experiencia de formación espiritual en grupos pequeños / Gerrit Scott Dawson... [et al.].
        p. cm.
    Includes bibliographical references.
    ISBN 0-8358-9851-2 (pbk.)
        1. Spiritual formation. 2. Small groups—Religious aspects—Christianity. I. Dawson, Gerrit Scott. II. Title.
    BV4511.C55418 2004
    253'.7—dc22   2003060026

**Para más información sobre *Compañerismo en Cristo*,
llame al 1-800-491-0912 o visite www.companionsinchrist.org**

Contenido

Reconocimientos

*C*ompañerismo en Cristo es verdaderamente el resultado de los esfuerzos de un equipo de personas que tuvo una visión en común. Este grupo de personas contribuyó generosamente con su conocimiento y experiencia para desarrollar un recurso para grupos pequeños que comprometiera creativamente a las personas en una jornada de crecimiento y descubrimiento espiritual. Los autores de las lecturas semanales en el Libro del Participante fueron Gerrit Scott Dawson, Adele González, E. Glenn Hinson, Rueben P. Job, Marjorie J. Thompson, y Wendy M. Wright. Stephen Bryant fue el autor principal de los ejercicios diarios y de la Guía del Líder. Marjorie Thompson creó el diseño original y participó en la edición total de este material. Keith Beasley-Topliffe sirvió como consultor en la creación del proceso para las reuniones en grupos pequeños y contribuyó con numerosas ideas que influenciaron la forma final de este recurso. En las etapas tempranas de desarrollo de este recurso, dos grupos de consultores leyeron y respondieron al borrador inicial del material. Las personas que participaron como miembros de esos grupos de consultores fueron Jeannette Bakke, Avery Brooke, Thomas Parker, Helen Pearson Smith, Luther E. Smith Jr., Eradio Valverde Jr., Diane Luton Blum, Carol Bumbalough, Ruth Torri, y Mark Wilson. Previo a la publicación, grupos de prueba de las siguientes iglesias usaron el material y dieron sugerencias muy útiles para mejorar el Libro del Participante y la Guía del Líder.

Reconocimientos

First United Methodist Church, Hartselle, Alabama
St. George's Episcopal Church, Nashville, Tennessee
Northwest Presbyterian Church, Atlanta, Georgia
Garfield Memorial United Methodist Church,
    Pepper Pike, Ohio
First United Methodist Church, Corpus Christi, Texas
Malibu United Methodist Church, Malibu, California
First United Methodist Church, Santa Monica, California
St. Paul United Methodist Church, San Antonio, Texas
Trinity Presbyterian Church, Arvada, Colorado
First United Methodist Church, Franklin, Tennessee
La Trinidad United Methodist Church, San Antonio, Texas
Aldersgate United Methodist Church, Slidell, Louisiana

Mi profunda gratitud va para todas aquellas personas y grupos por su contribución y apoyo para *Compañerismo en Cristo*.

—Janice T. Grana, editora de *Compañerismo en Cristo*
abril del 2001

Introducción

Bienvenido, bienvenida a *Compañerismo en Cristo*, un recurso de formación espiritual en grupos pequeños. Este recurso está diseñado para crear un ambiente donde usted pueda responder al llamado de Dios a una comunión más profunda y plena en Cristo como individuo, como miembro de un grupo pequeño, y como parte de una congregación. Este recurso se enfoca en su experiencia de Dios y en el descubrimiento de prácticas espirituales que le ayudarán a compartir más plenamente de la vida de Cristo. Usted explorará el potencial de la comunidad cristiana como un ambiente de gracia y mutua dirección a través del Espíritu. Usted crecerá juntamente con los miembros del grupo pequeño a medida que busquen en comunidad conocer y responder a la voluntad de Dios. Su congregación también crecerá cuando usted y sus compañeros y compañeras comiencen a incorporar lo que aprenden a todas las áreas de la vida de la iglesia, desde las clases y reuniones hasta el culto y los ministerios de alcance.

¿De qué manera puede *Compañerismo en Cristo* ayudarle a crecer espiritualmente? Le permite sumergirse en «arroyos de agua viva» a través de las disciplinas de la oración, la Escritura, el ministerio, la adoración, el estudio y el diálogo cristiano. Estos medios de gracia son las maneras comunes en las cuales Cristo se encuentra con la gente, renueva su fe y profundiza sus vidas juntos en amor.

- A través de *Compañerismo*, explorará las profundidades de la Escritura, aprenderá a escuchar a Dios a través de ella, y permitirá que su vida sea moldeada por la Palabra.

- A través de *Compañerismo*, experimentará nuevas dimensiones de la oración, probará nuevas formas de abrirse a Dios, y aprenderá lo que significa practicar la presencia de Dios.

- A través de *Compañerismo*, reflexionará en el llamado de Cristo a su vida y descubrirá de nuevo los dones que Dios le está dando para que viva su ministerio personal.

- A través de *Compañerismo*, usted y los miembros de su grupo crecerán juntos como una comunidad cristiana y obtendrán destrezas en aprender cómo los grupos pequeños dentro de la iglesia pueden llegar a ser espacios para la dirección espiritual.

Aunque *Compañerismo* no es un curso introductorio en cristianismo para nuevos cristianos, ayudará a la gente de la iglesia a aprender las disciplinas básicas de la fe en formas renovadoras y transformadoras.

Un bosquejo del material

Compañerismo en Cristo tiene dos componentes primarios: lectura individual y ejercicios diarios a lo largo de la semana con el Libro del Participante y dos horas semanales de reunión basada en sugerencias tomadas de la Guía del Líder. Para cada semana, el Libro del Participante tiene un capítulo que presenta nuevo material y cinco ejercicios diarios para ayudarle a reflexionar en su vida a la luz del contenido del capítulo. Después de la reunión preparatoria de su grupo, empezará un ciclo semanal de la siguiente manera: el primer día se le pedirá leer el capítulo y en los días 2–6 completar los cinco ejercicios diarios (se encuentran al final del capítulo leído). El día 7 se reunirá con el grupo. El objetivo de estos ejercicios diarios es el de ayudarle a moverse de la información (conocimiento acerca de) a la experiencia (conocimiento de). Una parte importante de este proceso es mantener un cuaderno personal o diario donde usted registre sus reflexiones, oraciones y preguntas para futura revisión y referencia en la reunión semanal del grupo. El compromiso de tiempo para los ejercicios diarios es alrededor de treinta minutos. La reunión semanal incluirá tiempo para reflexionar en los ejercicios de la semana que pasó, para profundizar en lo aprendido en las lecturas diarias, para tener experiencias de oración en grupo, y para considerar formas de compartir con la congregación lo que ha aprendido o experimentado.

El material de *Compañerismo en Cristo* cubre un período de veintiocho semanas divididas en cinco partes o unidades, así como también una reunión de preparación y el retiro de clausura.

Las cinco partes son las siguientes:

1. *Adoptar la jornada: El camino de Cristo* (cinco semanas): una exploración básica de la formación espiritual como un peregrinaje hacia la santidad y totalidad, individualmente y en comunidad, a través de la gracia de Dios.

2. *Alimentarse de la Palabra: La mente de Cristo* (cinco semanas): una introducción a varias formas de meditación y oración con la Escritura.

3. *Profundizar en la oración: El corazón de Cristo* (seis semanas): una experiencia dirigida de varias formas y estilos de oración.

4. *Responder al llamado: La obra de Cristo* (cinco semanas): una presentación de la vocación o el llamado: dar nuestro ser a Dios en obediencia radical, y recibir los frutos y dones del Espíritu Santo.

5. *Explorar la dirección espiritual: El Espíritu de Cristo* (cinco semanas): un compendio de diferentes formas de recibir y dar dirección espiritual, tanto relaciones interpersonales como crecimiento espiritual en grupos, hasta la dirección espiritual en la vida congregacional como un todo.

Quizá su grupo quiera tomar un pequeño receso entre parte y parte, ya sea para permitirse un tiempo de reflexión no estructurada o para evitar reunirse cerca de los días festivos como Navidad o Semana Santa. Sin embargo, las partes están diseñadas para tomarse secuencialmente. Será difícil y no aconsejable que nuevos miembros se unan

al principio de una unidad tardía o que el grupo salte una unidad, puesto que cada unidad se apoya en las anteriores.

Su Libro del Participante incluye una sección titulada «Materiales para reuniones de grupo» que empieza en la página 329. Esta sección incluye algunas lecturas suplementarias breves que usará como parte de varias de las reuniones de grupo. Su líder le avisará cuándo usará este material.

Necesitará traer su Libro del Participante, su Biblia, y su cuaderno de notas o diario personal a las reuniones semanales.

La Red de Compañerismo en Cristo

Una dimensión adicional de *Compañerismo en Cristo* es su Red. Mientras usted y su grupo están experimentando *Compañerismo en Cristo*, grupos en otras congregaciones también se estarán reuniendo. La Red provee oportunidades para que compartan sus experiencias unos con otros y se conecten en una variedad de formas significativas. A medida que se mueva a través del recurso, habrá ocasiones en las que se le pedirá orar por otro grupo, enviar saludos o ánimo, o su grupo recibirá apoyo de otro de los grupos. Conectarse de estas formas enriquecerá la experiencia de su grupo y la experiencia de aquellos a quienes usted se allegue.

La Red también provee un lugar para compartir conversaciones e información. El sitio Web de *Compañerismo*, www.companionsinchrist.org, incluye un cuarto de discusión donde usted puede ofrecer sus ideas, formular preguntas, y responder a otros en un proceso continuo de aprendizaje compartido. El sitio Web ofrece una lista de otros grupos de *Compañerismo* y sus ubicaciones geográficas de tal manera que pueda hacer contacto con ellos según se sienta guiado/a.

La Red de Compañerismo es un componente versátil y dinámico que forma parte de los recursos generales de *Compañerismo*. El número telefónico gratis de la Red es 1-800-491-0912 y está atendido durante horas regulares de oficina por un especialista en recursos.

Su cuaderno de apuntes personales o diario

«Empiezo estas páginas por mí mismo, a fin de sacar lo que pienso de mi propio patrón de vida... Y ya que pienso mejor con un lápiz en mi mano, empecé a escribir naturalmente». Anne Morrow Lindbergh empezó su clásico, *Regalo del mar,* con estas palabras. Quizá usted no se imagine que «piensa mejor con un lápiz en la mano», pero pasa algo verdaderamente maravilloso cuando reflexionamos en la vida interior al escribir.

Mantener un diario o cuaderno de notas personales (comúnmente llamado diario) será una de las dimensiones más importantes de su experiencia personal con *Compañerismo en Cristo.* El Libro del Participante le ofrece ejercicios espirituales diarios cada semana. A menudo, se le pedirá anotar sus pensamientos, reflexiones, preguntas, sentimientos u oraciones en relación a los ejercicios.

Aun si usted no tiene ninguna experiencia en este tipo de escritura personal, quizá llegue a encontrar que pronto se volverá algo muy natural. Sus pensamientos quizá comiencen a derramarse de su interior, dando expresión a una vida interior que nunca ha sido liberada. Si, por otro lado, usted encuentra que escribir es difícil o incómodo, dése el permiso de intentarlo de una manera nueva. Puesto que su diario es «personal», puede escoger cualquier estilo que le parezca apropiado. No debe preocuparse de que sus palabras suenen bonitas, o escribir con buena gramática y ortografía. ¡Usted ni siquiera necesita escribir oraciones completas! Está bien si escribe algunas ideas clave, pensamientos o meditaciones. Quizá quiera garabatear mientras piensa o dibujar alguna imagen que le viene a la mente. Haga del escribir en su diario algo divertido y relajado. Nadie verá lo que escribe, y tiene completa libertad para compartir con el grupo sólo lo que usted desee de sus reflexiones.

Hay dos razones importantes para mantener un diario o apuntes personales a medida que avanza a través de *Compañerismo en Cristo.* Primero, el proceso de escribir nuestros pensamientos nos ayuda a clarificarlos. Llegan a ser más específicos y concretos. Algunas veces realmente no sabemos lo que pensamos hasta que vemos nuestros

pensamientos en papel, y a menudo el proceso de escribir en sí genera una percepción nueva. Segundo, este registro personal captura lo que hemos estado experimentando interiormente a lo largo del tiempo. Escribir el diario nos ayuda a llevar la pista de nuestros pensamientos y el crecimiento de nuestra percepción. Nuestra memoria es notoriamente frágil y pasajera en este aspecto. Sentimientos específicos o conexiones creativas que pudimos haber tenido hace dos semanas, o aun hace tres días, son difíciles de recordar sin un registro escrito. Si bien su diario no puede capturar todo lo que pasa por su mente en un solo período de reflexión, le servirá de recordatorio. Necesitará basarse en estos recordatorios durante las reuniones semanales del grupo.

Empiece por comprar un cuaderno que pueda usar para este propósito. Puede ser tan simple como un cuaderno de espiral o tan decorado como un cuaderno encuadernado en tela. Algunas personas prefieren un papel con líneas y otros sin líneas. Usted querrá, mínimo, algo más permanente que una carpeta con hojas o una libreta.

Cuando empiece los ejercicios diarios, tenga a la mano su pluma o lápiz. No necesita esperar hasta que haya terminado de leer y haya pensado el ejercicio completamente. Aprenda a detenerse y escribir a medida que avanza. Piense en papel. Siéntase libre de escribir cualquier cosa que le venga a la mente, aún cuando parezca estar «fuera del tema». Puede llegar a ser algo más relevante o útil que la primera idea que tuvo. Si el proceso parece desgarbado al principio, no se preocupe. Como cualquier práctica espiritual, con el tiempo se va haciendo más fácil, y su valor llega a ser más evidente.

Aquí está cómo su práctica semanal de escribir su diario se va formando. El primer día después de su reunión de grupo, lea el nuevo capítulo. Escriba sus respuestas a la lectura: momentos de revelación, preguntas, puntos de desacuerdo, imágenes, o cualquier otra reflexión que desee apuntar. Si prefiere, puede hacer estos apuntes en los márgenes del capítulo. En los siguientes cinco días, hará los ejercicios para la semana, apuntando cualquier respuesta general o específica. El día de la reunión de grupo, será de ayuda revisar lo que ha escrito a través de la semana, quizá marcando las porciones que le gustaría compartir en el grupo. Traiga su diario con usted a las reuniones de modo que pueda hacer referencias directamente o refrescar su memoria de momentos significativos que quiera parafrasear durante los tiempos de discusión. Con el tiempo, quizá encontrará que escribir su diario le ayuda a pensar en su patrón de vida y que será capaz de ver más claramente cómo Dios está trabajando en su vida.

Su reunión de grupo

La reunión semanal del grupo está dividida en cuatro segmentos. Primero se reunirán para un tiempo breve de alabanza y oración. Esto ofrece la oportunidad de poner de lado muchas preocupaciones del día y centrarse en la presencia de Dios y su dirección cuando inicia su sesión de grupo.

La segunda sección de la reunión se llama «Compartir ideas». Durante este tiempo se le invitará a que hable sobre sus experiencias con los ejercicios diarios. El líder del grupo también participará como un miembro y compartirá sus respuestas. Generalmente el compartir de cada miembro será corto y relacionado a los ejercicios específicos. Este es un tiempo importante para que su grupo aprenda y practique lo que significa estar en una comunidad de personas que buscan escuchar a Dios y vivir más fielmente como discípulos y discípulas de Cristo. El grupo provee el espacio de apoyo para explorar su habilidad de escuchar, sus prácticas espirituales, y cómo usted está tratando de incluir esas prácticas en su vida diaria. Los miembros del grupo no necesitan hacer comentarios u ofrecer consejos unos a otros. Más bien, los miembros del grupo le ayudarán, con su atención y oración, a poner atención a lo que ha estado sucediendo en su respuesta particular a los ejercicios diarios. El grupo no funciona como un grupo tradicional de apoyo que ofrece sugerencias o que se ayudan unos a otros. Más bien, los miembros del grupo confían que el Espíritu Santo es la guía y que ellos son llamados a ayudarse unos a otros escuchando esa dirección.

El tiempo de «Compartir ideas» presenta una oportunidad única

para aprender cómo Dios trabaja en formas diferentes en cada una de nuestras vidas. Nuestras jornadas, aunque variadas, están enriquecidas por las experiencias de los otros. A través de esta parte de la reunión, usted verá en formas nuevas cómo la actividad de Dios puede tocar o hablar a nuestras vidas de formas inesperadas. El grupo necesitará establecer algunas reglas básicas para facilitar el momento de compartir. Por ejemplo, quedará claro que cada persona hablará únicamente de sus propias creencias, sentimientos y respuestas, y que todos los miembros del grupo tienen permiso para compartir sólo lo que deseen y cuando estén listos para hacerlo. Sobre todo, el grupo necesita mantener confidencialidad para que lo que se comparta en el grupo quede en el grupo. Esta parte de la reunión del grupo será mucho menos significativa si las personas interrumpen y tratan de hacer comentarios sobre lo que se está diciendo o si tratan de «arreglar» lo que ellos ven como un problema. El líder terminará esta parte de la reunión llamando la atención hacia cualquier patrón o temas que emerjan de lo que el grupo comparte. Esos patrones pueden apuntar hacia una palabra que Dios está dando al grupo. Note que las funciones del líder del grupo son como participante y como líder, y como alguien que ayuda al proceso escuchando y resumiendo las ideas clave que han surgido.

El tercer segmento de la reunión de grupo se llama «Exploración profunda». Esta parte de la reunión puede desarrollar las ideas en el capítulo de la semana, ofrecer una práctica en las disciplinas espirituales presentadas en el capítulo o ejercicios, o dar oportunidad a los miembros del grupo de reflexionar en las implicaciones de lo que están aprendiendo para ellos mismos y para su iglesia. Ofrece una experiencia común de aprendizaje para el grupo y una oportunidad de profundizar en nuestro entendimiento de cómo podemos compartir más plenamente en la mente, corazón y obra de Jesucristo.

Así como empieza, la reunión de grupo termina con un breve tiempo de adoración, un tiempo ideal para que el grupo comparta peticiones especiales de intercesión que pueden surgir de la conversación y experiencia de la reunión o de cualquier otro pedido de oración que surja naturalmente del grupo.

Las semanas que participe en *Compañerismo en Cristo*, le darán la oportunidad de enfocarse en su relación con Cristo y crecer en su apertura a la presencia y dirección de Dios. El aspecto singular de esta experiencia es que los miembros de su grupo pequeño, que en sí son sus compañeros y compañeras de jornada, animarán su búsqueda y aprendizaje. Nosotros los que hemos escrito y editado este material presentamos nuestras oraciones para que Dios le hable durante estas semanas y le despierte a las grandes posibilidades de amor y servicio en nombre de Cristo. A medida que escuchamos y exploramos juntos, de seguro nos encontraremos con nuestro amado Dios, quien espera ansiosamente guiarle hacia una madurez profunda en Cristo por la bondadosa obra del Espíritu Santo.

Adoptar la jornada:
El camino de Cristo

Rueben P. Job
y Marjorie J. Thompson

La vida cristiana como peregrinaje

Yo tenía seis años cuando mi familia hizo un viaje que duró más de un día. Viajamos de Dakota a Wyoming—mis padres, dos hermanos y yo, junto con la ropa y la comida para varios días—todos amontonados en un automóvil Durant del año 1929. Mis padres habían planeado cuidadosamente las paradas donde dormiríamos por las noches, y las comidas diarias se preparaban con los víveres que habíamos llevado en un viejo cajón de madera que había servido para empacar manzanas. Comíamos nuestros almuerzos junto a la carretera o en un parque sombreado de algún pueblo. Compartíamos los desayunos y las cenas según donde hubiésemos pasado la noche; por lo regular era en cabañas que se encontraban junto a la carretera, y que fueron el hospedaje que precedió a los modernos moteles.

Fue un viaje largo lleno de incertidumbres. No siempre se podía contar con el automóvil. Las carreteras pobremente identificadas e inadecuadamente mantenidas dieron como resultado un accidentado y polvoriento paseo. Además, nunca antes habíamos viajado de esta manera. Nuestro sencillo mapa de carretera requirió frecuente interpretación, la cual fuimos recogiendo poco a poco de camioneros y otros compañeros viajantes.

Pero ¡qué grandioso viaje tuvimos! Cada día estaba lleno de nuevas sorpresas y a veces con un encanto que superaba cualquier descripción. En su totalidad, el viaje nos informó y transformó a medida

que fuimos compartiendo nuevas percepciones, hicimos descubrimientos, y aprendimos juntos de nuestra experiencia.

Por ejemplo, aprendimos a ser pacientes cuando el motor del auto se paró y tuvimos que esperar por ayuda. Aprendimos que se puede encontrar adversidad y se la puede vencer cuando experimentamos que una tras otra las llantas del carro se desinflaron. Aprendimos cómo enfrentar lo inesperado cuando las construcciones en la carretera nos obligaban a tomar un desvío que nos llevaba a áreas que no habíamos planeado ver. Descubrimos el gozo sencillo de un pedazo de pan, una fruta, una salchicha, y el incomparable frescor del agua fría compartida en una pausa del viaje. Nos maravillamos de las vastas praderas y de las majestuosas montañas que veíamos por primera vez. Nuestro pequeño carro se sacudió por la violenta tormenta de verano en las planicies, y temblamos ante el imponente poder de la naturaleza.

Después de más de sesenta años, los recuerdos de ese viaje permanecen vívidos. Mis hermanos y yo todavía reflexionamos en eso cuando nos reunimos. Las lecciones que aprendimos en esa experiencia todavía continúan alimentando mi vida, especialmente mi vida espiritual.

Movimientos en la jornada

Puedo entender muy bien por qué la espiritualidad cristiana a menudo se describe como una jornada en vez de un punto de destino. La vida espiritual se caracteriza por movimientos y descubrimientos, desafíos y cambios, adversidad y gozo, incertidumbre y cumplimiento. También está marcada de manera especial por el compañerismo, primero con Aquél a quien buscamos seguir y segundo con todas aquellas personas que también buscan seguir a Jesucristo.

La Biblia está llena de imágenes de la vida espiritual como una jornada. Quizá la ilustración más importante de la jornada espiritual en la Biblia es el relato del Éxodo. Durante cuarenta años el pueblo hebreo luchó por salir de la esclavitud de Egipto a la libertad de la tierra prometida. Algunas pruebas fueron recibidas con obediencia,

La vida cristiana requiere mucho más que crecimiento y desarrollo. Requiere conversión y transformación, un cambio radical del ser hacia Dios, quien nos hizo y quien continúa sosteniéndonos. La fe cristiana tiene que ver con una transformación interior de conciencia que viene como resultado de nuestro encuentro con el Cristo vivo.

—James C. Fenhagen

otras con tristes fracasos de fe, pero aun así la fidelidad de Dios mantuvo al pueblo seguro a lo largo de su travesía por el desierto.

Walter Brueggemann, un erudito en Antiguo Testamento, sugiere que la vida de fe es una jornada con Dios caracterizada por tres movimientos básicos: (1) orientarse, (2) desorientarse, y (3) ser sorpresivamente orientado. Los salmos dan evidencia consistente del movimiento a través de esas fases. Sospecho que esos movimientos son experiencias familiares para la mayoría de las personas, quienes nos hemos embarcado en una jornada espiritual intencional. Hay veces en que nuestras certezas sobre la vida se ven seriamente socavadas, si no completamente destrozadas. Hay otras ocasiones en que, a través de esfuerzos conscientes o más bien lejos de ellos, nos movemos de la desorientación a una nueva constelación de significado y plenitud. La vida no es una experiencia estacionaria. Nuevas ideas y desarrollos desafían continuamente nuestro entendimiento de la vida y nuestra experiencia de Dios. Sin embargo, si vemos la vida espiritual como una jornada, esos ciclos de cambio no nos alarmarán o apartarán de nuestra meta principal—conocer y amar a Dios.

> *Una vida espiritual es simplemente una vida en la cual todo lo que hacemos viene del centro, donde estamos anclados en Dios: una vida saturada por completo de un sentido de realidad y afirmación divina, y una autoentrega al gran movimiento de la voluntad de Dios.*
>
> —Evelyn Underhill

El peregrinaje de Jesús y sus seguidores

La vida de Jesús nos da un ejemplo supremo de la vida espiritual como un peregrinaje. Al igual que nosotros, Jesús empezó su viaje terrenal como un niño desvalido, vulnerable, completamente dependiente del cuidado de sus padres y de la providencial gracia de Dios. A medida que crecía desde su niñez a la madurez de la edad adulta, fue adquiriendo una conciencia más plena de su identidad en relación con Aquél a quien conocía como su Padre. Aun a la edad de doce, estaba en la casa de su Padre entre los ancianos de Jerusalén. Estaba firmemente «orientado» en su relación única con Dios y recibió afirmación divina para su vocación, especialmente en su bautismo y en su transfiguración. Jesús conoció profundamente la comunión personal con Dios. También conoció muchos momentos altos y santos de poder divino manifestado en y a través de sí mismo; conoció el gozo de la comunión con sus discípulos y con las multitudes que lo reverenciaron. Pero no fue inmune a las dificultades, el desencanto, o el dolor del rechazo por parte de sus amigos y de sus enemigos por igual. Con toda seguridad, la experiencia de la tentación en el desierto fue de desorientación y reorientación para Jesús. En más de una ocasión, Jesús expresó su frustración con sus discípulos y con otros que repetidamente malentendían sus enseñanzas y su propósito fundamental. Aun más, la agonía del Getsemaní, la experiencia de traición y negación por parte de sus compañeros humanos más cercanos, y el horror final de sentirse abandonado aun por Dios, revela una profunda desorientación en la jornada de la vida de Jesús que desafía nuestra comprensión. Sin embargo, Jesús es el pionero de la máxima reorientación hacia el amoroso propósito de Dios en la gloria de su resurrección. La palabra final de Dios es vida, no muerte; ¡comunión, no separación!

La jornada de Jesús es en un sentido un modelo para cada uno de sus seguidores, si bien cada persona experimentará el patrón particular del peregrinaje en una forma diferente. Tenemos una idea de ese modelo según los doce discípulos, quienes empezaron su jornada aceptando la llamada de Jesús a seguirlo. Junto con muchos días de desgastador viaje, marcado por la burla y el rechazo de algunos, vinieron momentos deslumbrantes de revelación y asombro: curaciones imposibles, la milagrosa alimentación de las multitudes, la calma repentina de una tormenta en el lago. Los discípulos sólo entendieron gradual e imperfectamente quién era Jesús. Cualquier certeza que hubiesen podido tener sobre él, entró en crisis durante la última cena de Pascua y en la devastación que trajo la crucifixión. No obstante, más allá de esta profunda desorientación, las experiencias del Señor resucitado se hicieron presentes. Uno de los relatos más poderosos es el de los dos discípulos en el camino a Emaús. Aquí, dos hombres poco conocidos, descubrieron al Cristo resucitado como compañero y maestro en su camino de confusión y pena. La orientación completamente nueva hacia la vida y su significado que recibieron estos discípulos permanece como una poderosa promesa para nuestra nueva experiencia de la vida en fe.

La naturaleza de nuestras jornadas

Quizá hemos sido bastante afortunados como para haber recibido una orientación segura hacia el amor de Dios temprano en nuestras vidas. Aun así, no podemos escapar por mucho tiempo los vientos desorientadores que inevitablemente trae la vida: la muerte de un ser querido; la evidente injusticia en el mundo o en nuestras propias vidas; el pecado del prejuicio, la envidia, y los deseos de poder que resultan en muchos males. A menudo es difícil percibir la realidad de la presencia de Dios, mucho menos la bondad de su divina gracia, en estas experiencias profundamente desconcertantes. Aun así, la gracia de Dios viene en formas que no son sólo seguridad en el peligro o bienestar en medio de dolorosas separaciones.

La verdadera devoción a Dios significa buscar la voluntad divina en todas las cosas. Con el tiempo, la vida nos enseña que no obtener lo que pedimos en oración puede ser precisamente lo que necesitamos. Parte del regalo de Dios es que nos liberemos de las falsas ideas de quién Dios es, así como de las falsas nociones de lo que Dios quiere que seamos. Imaginar que Dios está aquí simplemente para consolarnos, afirmarnos, curarnos y querernos es negar la santidad de Dios, quien demanda rectitud, quien desafía nuestras ilusiones, quien confronta nuestras idolatrías. Cuando nos «desilusionamos» de las falsas perspectivas, la jornada espiritual se siente difícil—más como si estuviésemos escalando una montaña escarpada que como manejar en una llanura. Efectivamente, a veces sentimos como si fuésemos sobre el filo de un acantilado sin nada más que una delgada cuerda de fe para asirnos. Algunas veces se nos llama a resistir en esperanza cuando no podemos ver nada positivo en el horizonte.

En las experiencias de vida realmente desorientadoras es donde yace el potencial para la reorientación hacia una fe más profunda, más rica y menos frágil. Pero este regalo no siempre llega tan pronto como nos gustaría o no necesariamente en la manera que lo esperamos. Los caminos de Dios son profundamente misteriosos para nosotros. Es sólo por fe que podemos demandar vigorosamente la promesa de Romanos 8:28: «*Sabemos, además, que a los que aman a*

Dios, todas las cosas los ayudan a bien, esto es, a los que conforme a su propósito son llamados».

La promesa de nuestra fe

Dios es bueno y trabaja continuamente en pro del bien en el mundo, especialmente en, por y a través de quienes aman a Dios. Sin embargo, la bondad de los propósitos de Dios en el mundo no se cumplen sin sufrimiento. Vemos esta verdad más claramente en la vida de Jesucristo. Jesús mismo promete a sus seguidores que también ellos sufrirán en este mundo si escogen ser sus discípulos. Sin embargo, la promesa mayor es gozo, el incomparable gozo de una vida vivida no para nuestro propio bien y desde nuestro propio centro, sino para Dios y centrada en Cristo. ¡La vida en Cristo es vida abundante! Es posible conocer este gozo aun en medio de la conmoción y el sufrimiento. Las prácticas constantes de reflexión de las Escrituras, oración, adoración y guía dentro de la comunidad de fe nos ayudan a descubrir y vivir estas verdades espirituales personalmente y en comunidad. El propósito de este material es explorar tales prácticas como grupo.

A través de la historia judía y cristiana, la vida con Dios—vida espiritual—ha sido vista como una jornada. Será natural, entonces, durante el transcurso de estas semanas de reflexión e información, examinar nuestra vida espiritual de este modo. Cada uno de nosotros/as está en un peregrinaje personal, pero también haremos el pacto de peregrinar juntos por un tiempo en el proceso de análisis profundo representado en la experiencia de este grupo pequeño.

Podemos ayudarnos unas a otros recordando que la vida espiritual no es madurez completa, sino crecimiento en Cristo. No hemos llegado, pero nos movemos hacia Dios y, por lo tanto, hacia el cumplimiento de nuestro potencial como hijos e hijas de Dios.

El escritor de Efesios nos llama a «*la madurez, a la medida de la estatura de la plenitud de Cristo*» (4:13). Tal madurez está conectado a la buena enseñanza, porque es característico de la inmadurez espiritual ser susceptible a «*todo viento de doctrina*» (v. 14). El que «*crezcamos en todo en aquel que es la cabeza, esto es, Cristo*» (v. 15), significa una capacidad para la unidad en Cristo, una habilidad de demostrar en nuestras vidas individuales que somos parte de un organismo saludable, unificado y dador de vida llamado iglesia. Cuando los miembros de la iglesia están debidamente equipados con la verdad de Dios en Cristo, cuando cada parte de un todo trabaja como debe, la iglesia crece «*edificándose en amor*» (v. 16). Y entre más edificamos la iglesia en amor, llegamos a ser más como nuestro Señor. «*... aún no se ha manifestado lo que hemos de ser; pero sabemos que cuando él se manifieste, seremos semejantes a él, porque lo veremos tal como él es*» (1 Juan 3:2). Esta es la meta de la vida del cristiano, un tema que exploraremos más adelante en la siguiente sección.

En todas las cosas, siga confiando en que Dios está a su lado, que Dios le ha dado compañeros/as en la jornada.

—Henri J. M. Nouwen

EJERCICIOS DIARIOS

Antes de empezar estos ejercicios, asegúrese de leer el primer capítulo, «La vida cristiana como peregrinaje». Mantenga un diario o cuaderno de apuntes junto a usted para anotar sus pensamientos, preguntas, oraciones e imágenes. Como preparación para cada ejercicio, tome unos momentos para entrar en quietud y olvídese de las preocupaciones del día. Entréguese al cuidado de Dios, y abra su corazón a la dirección del Espíritu Santo. En los ejercicios de esta semana se le dará la oportunidad de reflexionar en su experiencia de la vida espiritual como una jornada de fe.

EJERCICIO 1

Lea Génesis 12:1-9. Este relato trata de un evento perturbador en la vida de Abram que marcó el comienzo de una jornada de fe del pueblo hebreo. ¿Qué marcó el comienzo de su jornada de fe—su movimiento intencional de la «tierra» que usted conocía a la «tierra» que el Señor le mostraría? Escriba sus recuerdos, reflexiones y sentimientos sobre lo que le llevó a empezar. Haga una pausa para compartir sus sentimientos con Dios.

EJERCICIO 2

Lea Génesis 28:10-22. Este relato trata de Dios despertando a Jacob hacia la presencia y promesa divina en su vida. Si fuera capaz de volver atrás en su historia personal, ¿dónde se maravillaría con Jacob, «*Ciertamente Jehová está en este lugar—y yo no lo sabía*»? Haga un recorrido mental de la etapa temprana de su vida, los años intermedios y los más recientes, repitiendo en oración esta frase y conectándola con cada memoria. Escriba sus recuerdos y cualquier idea nueva de la presencia de Dios en su vida. Termine expresando su gratitud a Dios.

EJERCICIO 3

Lea Éxodo 17:1-7. Este relato nos cuenta las dificultades de fe que los israelitas tuvieron a medida que «peregrinaban por etapas» de la esclavitud en Egipto a través del desierto. Identifique una etapa en su jornada en la que estuvo espiritualmente sediento, desanimado o vacío. ¿Qué pasó? ¿Qué le trajo a través del desierto? Escriba sus reflexiones. Termine compartiendo sus preguntas e inquietudes con Dios.

EJERCICIO 4

Lea el Salmo 126. Este Salmo expresa el gozo de los israelitas al regresar a casa después de años de exilio. ¿Cuándo ha experimentado el gozo de la reunión con una persona, lugar o comunidad de profundo significado para usted? ¿Cuándo en su jornada espiritual se ha sentido restaurado/a en su relación con Dios? Apunte sus reflexiones. Dé gracias a Dios porque siempre le da la bienvenida a casa.

EJERCICIO 5

Lea Lucas 24:13-35. Este relato trata de dos discípulos que experimentaron movimientos rápidos de estar orientados (antes de la crucifixión de Jesús) a estar desorientados (v. 13-24) a ser nuevamente reorientados (v. 25-35). Su historia refleja la nuestra a medida que crecemos en nuestro caminar con Cristo. ¿Cuál de estos movimientos describe mejor dónde se encuentra usted ahora? Apunte sus ideas. Pase algunos minutos en oración con Cristo reflexionando acerca de en dónde percibe usted su presencia o llamado interior en su vida.

Recuerde revisar los apuntes de su diario de la semana como preparación para su reunión de grupo.

Parte 1, Semana 2
La naturaleza de la vida espiritual cristiana

¿Qué es la vida espiritual cristiana? Es sencillamente la vida vivida en Cristo—es decir, una vida donde Cristo, en vez de nuestra propia imagen, constituye el centro de quienes somos. Es una vida llena del Espíritu, guiada por el Espíritu, habilitada por el Espíritu como la que Jesús encarnó con cada fibra de su ser. Vacía de vanidad y egoísmo, la vida humana está libre para ser lo que Dios quiere que sea: santa, humilde, alegremente obediente y reflejo del poder del amor. Pablo describe este estado de ser de una manera sucinta en Gálatas 2:20: «... *y ya no vivo yo, mas vive Cristo en mí*». Esto es, como mínimo, lo que una vida cristiana madura debe ser. La mayoría de nosotros siente con bastante agudeza cuán lejos estamos de esa madurez espiritual. Si bien ofrece una visión hermosa de la capacidad humana y una meta noble, puede parecer un ideal desalentador, si no imposible.

Por eso es que necesitamos empezar con gracia. La vida espiritual no es ni remotamente posible lejos de la gracia de Dios. Gracia es precisamente lo que Dios nos da en Jesucristo. Algunos de los escritos más útiles en toda la Escritura sobre el tema de la gracia se encuentran en la carta a los Efesios. Esta corta carta contiene un cofre con la colección más valiosa de verdades para ayudarnos a entender y vivir la vida espiritual cristiana. En efecto, muchos eruditos consideran a Efesios como la «joya más preciosa de la corona» de la teología de la iglesia.

Con todo, quiere alabaros el hombre, alguna parte de vuestra creación. Vos lo despertáis para que se deleite en alabaros; pues nos hicisteis para Vos, y nuestro corazón anda desasosegado hasta que descanse en Vos.

—Agustín de Hipona

El énfasis en la gracia está presente desde el saludo inicial: «Gracia y paz a vosotros de parte de Dios, nuestro Padre, y del Señor Jesucristo». Pero el alcance y el contenido pleno de la gracia se hacen especialmente evidentes en el capítulo 1:3-14. Le invito a leer este pasaje ahora de forma reflexiva, en este mismo momento, antes de que continuemos.

El autor de Efesios empieza por bendecir a Dios quien nos ha bendecido «*con toda bendición espiritual*» en Cristo. Es realmente asombroso pensar que Dios «*nos escogió en él antes de la fundación del mundo, para que fuéramos santos y sin mancha delante de él*». Las ricas bendiciones que vienen con este regalo son muchas: Recibimos perdón y redención del pecado, somos adoptados como hijos e hijas de Dios, recibimos la herencia de la salvación y el conocimiento del misterio de la voluntad de Dios. Este es nuestro destino, escogido no por voluntad nuestra, sino por Dios, para nuestras vidas. Toda esta abundancia de gracia es una expresión absoluta de la buena voluntad de Dios hacia nosotros/as en Cristo. ¡Hemos sido irresistiblemente atraídos hacia el propósito para el cual Dios nos creó: alabar a Dios con gozo!

La Carta a los Efesios nos da aquí un vasto y convincente retrato de la extraordinaria buena voluntad de Dios hacia nosotros. Describe un plan comprensivo para toda la creación, reunida en Cristo, la Palabra hecha carne. El misterio de este plan es el amor sacrificial de Cristo: aunque hemos caído de la gracia por el pecado, en él recibimos perdón, reconciliación y restauración a la santidad. ¡El mayor deseo y placer de Dios es bendecirnos en Jesucristo! Nada se les negará a quienes viven en él por fe. La única palabra que resume la verdad central de este pasaje es gracia.

Gracia: una ilustración

Gracia es una de esas palabras que circula con bastante frecuencia en el vocabulario de las conversaciones religiosas, pero se le ha examinado poco. Sin duda alguna cada uno de nosotros ha tenido una experiencia de gracia, y no hay una experiencia que sea determinante para todos. La gracia es difícil de definir, pero aun así a menudo reconocemos por experiencia lo que ésta es. La siguiente ilustración viene de un recuerdo de mi niñez. Quizá le ayudará a descubrir y nombrar aquellas experiencias propias que dan significado a la palabra gracia.

Recibir una honda era un gran evento cuando yo era niño. Recuerdo bien cuando mi padre me hizo la primera. Cortó la Y de un árbol de cerezo, usó la cámara de aire de un neumático viejo para hacer las bandas elásticas, y el trozo de cuero donde se pone la piedra lo cortó de la lengüeta de un zapato viejo. Cuando terminó, mi padre hizo algunos tiros de práctica con pequeñas piedritas y luego me pasó la honda con algunas instrucciones sencillas pero firmes sobre su uso. Me dijo que nunca le tirara a una ventana, animal o pájaro, y que nunca apuntara a nada que no intentara quebrar, herir o matar.

Todo empezó bien. ¡Yo era el niño de cinco años más feliz del pueblo! Las municiones eran inagotables, había blancos por todas partes. Árboles, hojas, palos de cercas y charcos de agua recibieron las piedras bien dirigidas de mi honda.

Una tarde de primavera, justo después de haber terminado de comer, estaba afuera jugando con mi honda cuando una tórtola llamó mi atención. Yo sabía que no debía tirarle a un pájaro, pero también sabía que las posibilidades de «pegarle» eran muy, muy pequeñas. Así que, saqué mi honda y dejé volar una piedra en dirección a la tórtola. Para mi gran sorpresa y desmayo, el pájaro aleteó agitado, y cayó herido y desvalido hasta el piso. Estaba aterrorizado y con el corazón roto, porque no quería enojar o desobedecer a mi padre.

¡Corrí hacia adentro de la casa y me fui directamente a la cama con mis ropas puestas! Enseguida escuché a mi padre entrar en el dormitorio, y lo primero que hizo fue sentarse en el lado de mi cama. Me preguntó por qué estaba en la cama; y con lágrimas en mis ojos, le balbuceé la historia de mi fracaso en actuar responsablemente con la honda que él me había hecho. Me atrajo hacia él y me sostuvo mientras yo lloraba. Hablamos del peligro de romper las reglas diseñadas para mantenernos y mantener la creación de Dios segura. En sus brazos encontré perdón y la promesa de otra oportunidad. Pronto estuvimos caminando afuera, tomados de la mano, repasando lo que significaba ser el dueño responsable de una honda.

La gracia a menudo viene en formas inesperadas y en lugares inesperados. No obstante, llega siempre sin merecerla, puramente un regalo. No podemos ganarla, comprarla, ni siquiera destruirla. El escritor de Efesios hace esto claro en el segundo capítulo: «*por gracia sois salvos por medio de la fe; y esto no de vosotros, pues es don de Dios. No por obras, para que nadie se gloríe*» (v. 8-9).

> *La gracia transforma nuestro terrible fracaso en un abundante y continuo solaz; y la gracia transforma nuestra vergonzosa caída en un alto y honorable ascenso; y la gracia transforma nuestro penoso morir en una vida santa y bendecida.*
>
> —Juliana de Norwich

¿Por qué nos escogería Dios para regalarnos tan abundantemente cuando todos sus hijos e hijas hemos sido desobedientes—algunas veces voluntariamente y algunas otras inconscientemente? Como la carta lo explica, es sencillamente «*para mostrar en los siglos venideros las abundantes riquezas de su gracia en su bondad para con nosotros en Cristo Jesús*» (Efesios 2:7). Es la naturaleza de Dios amar con abundante bondad. Efectivamente, en un sentido más profundo, gracia es el regalo de la presencia de Dios en medio nuestro, «*con la cual nos hizo aceptos en el Amado*» (Efesios 1:6). Jesús es el Amado, un nombre que fue revelado en su bautismo (Mateo 3:17). Cada don espiritual—amor, pureza, misericordia, verdad, fidelidad, sencillez, gozo—es una ofrenda de la propia naturaleza de Dios para nosotros en Cristo Jesús. Dicha gracia es dada para nuestro propio bienestar, sanidad, dirección, y transformación. Es dada para que tengamos vida en abundancia.

La meta de la vida espiritual

Ahora podemos regresar al «ideal imposible» de la vida cristiana. Es por la gracia de Dios en Cristo que somos habilitados, gradualmente, hasta llegar a ser lo que Dios ha determinado que seamos.

Estamos llamados a conformarnos a la imagen de Cristo, quien en sí mismo es «*la imagen del Dios invisible*» (Colosenses 1:15); la imagen divina en la cual fuimos originalmente creados es restaurada en nosotros a través de Jesucristo. Pero este proceso de ser reconfigurados de acuerdo con el modelo determinado desde el principio por Dios toma tiempo. Es el trabajo del Espíritu Santo y se le llama santificación en la teología cristiana. Después de volver nuestros corazones a Dios y recibir la justificación que viene a través de la fe en Cristo, es que empieza el trabajo de traer la totalidad de nuestro carácter en línea con el carácter de Cristo. Empezamos a madurar en conocimiento, sabiduría y amor. ¡Nuestro crecimiento en el Espíritu está marcado por subidas y bajadas, avances y retrocesos, y algunas veces aun por movimientos circulares! Para los seres humanos, la vida espiritual no es una línea recta de progreso ininterrumpido. No obstante, por la constante bondad de Dios, está siempre ceñido de gracia. Esto es lo que nos da la esperanza y el ánimo para perseverar. La perseverancia en la jornada se puede ilustrar muy fácilmente a través de la respuesta que una vez un monje dio a la extraña pregunta que le hizo una persona: «¿A fin de cuentas qué es lo que hacen ustedes allá arriba en el monasterio»? El monje respondió, «Damos unos cuantos pasos, luego caemos. Luego nos levantamos, damos otros pasos y caemos nuevamente. Luego nos levantamos...» Como alguien dijo: «Caer en el agua no es lo que nos ahoga, sino permanecer en ella».

Precisamente porque Dios es tan bondadoso y generoso para con nosotros, frente a todas nuestras desobediencias, la vida cristiana está especialmente marcada por gratitud y confianza. Gratitud es la marca de pureza del corazón que conoce a su Redentor personal e íntimamente. Entender el verdadero significado del regalo de Dios inunda el alma con gratitud. Y una vida agradecida es naturalmente una vida generosa, que desea dar algo a cambio a Dios, por muy pequeño que parezca el gesto.

La gracia de Dios también nos enseña a confiar en la bondad de Dios y su poder. Sólo el amor divino es suficientemente fuerte para trasformar al más desagradable de nosotros en compañeros y compañeras de nuestro Dios viviente. La gracia permite que nuestros espíritus cínicos y apagados vean la vida con nuevos ojos—ojos renovados con el asombro de los ojos de la infancia. Continuamos viendo el mal, el pecado y el dolor en el mundo. De hecho, vemos todas estas cosas más claramente y las sentimos más intensamente. Pero las vemos rodeadas por la presencia, el propósito y el grandioso poder del amor de Dios. Cuando empezamos a ver con los ojos de la

fe, podemos aceptar el poder de Dios para sanar, redimir y transformarnos a cada uno personalmente y a todos juntos.

La carta a los Efesios describe las circunstancias de las prisiones de Pablo en estos términos. El apóstol conoció de primera mano el sufrimiento de la persecución. Se le representa escribiendo esta carta como «*un embajador en cadenas*» (6:20), preso por su fe y aún así sintiendo sólo gran afecto y gratitud por la iglesia, deseando sobre todo que su nuevo grupo de cristianos pudieran conocer la esperanza y herencia a la cual estaban llamados. Pablo sabía que el poder de Dios se perfecciona en nuestras debilidades (2ª a los Corintios 12:9) y que, a través del sufrimiento de la crucifixión, se desata nueva vida. Habría sido perfectamente consistente para él orar porque los efesios llegaran a conocer «*cuál es la extraordinaria grandeza de su poder para con nosotros los que creemos*» (1:19).

Ciertamente el apóstol Pablo conoció por experiencia el poder de Dios para sacar vida de la muerte. Su experiencia del Señor resucitado lo trasformó de un perseguidor a un proclamador de Cristo. Él percibió que su vida como fariseo, «*justo bajo la ley*», era una forma de muerte espiritual.

Él conoció el sabor de la vida en Cristo, la libertad espiritual de uno que ha recibido «*gracia sobre gracia*». Él vio que, puesto que ya no tenía que ganar la salvación por buenas obras, podía entregarse gozosamente a hacer buenas obras como una ofrenda de gratitud.

Una vida de conversión continua

En esencia, el escritor a los Efesios entiende la vida espiritual como una vida de conversión—conversión de la falsedad a la verdad, de la esclavitud a la libertad, de la muerte a la vida. Más aún, no se trata de una conversión que se da sólo una vez en la vida, si bien es cierto que Pablo mismo tuvo una experiencia de conversión profunda y específica en el camino a Damasco. La vida cristiana es una de conversión continua, un diario alejarse de la vieja manera de vivir en busca de la nueva manera de vivir que hemos llegado a conocer en Cristo. Por eso es que el escritor exhorta a los efesios conversos diciendo:

La aventura con Dios no es un destino sino una jornada. La interminable jornada empieza cuándo abrimos la puerta e invitamos a la Presencia a que entre en nuestra conciencia de manera permanente. Comenzar la jornada es como una boda que se lleva a cabo en un tiempo determinado; pero la jornada en sí misma es como un matrimonio—se requiere tiempo para conocerse y entenderse una persona a la otra.

—Ben Campbell Johnson

«...[anden] *como es digno de la vocación con que fuisteis llamados: con toda humildad y mansedumbre, soportándoos con paciencia los unos a los otros en amor, procurando mantener la unidad del Espíritu en el vínculo de la paz*» (4:1-3).

La conversión es parte del proceso de madurar hacia la plenitud de la estatura de Cristo. Los efesios ya han recibido la gracia de modo que no siguen más «*la corriente de este mundo*» (2:2). Pero todavía necesitan recordatorios para no «vivir como los gentiles viven» en avaricia e impureza. Necesitan oír acerca de hablarse con la verdad entre sí, de trabajar honestamente, y de usar palabras que sean para construirse unos a otros. Dice Pablo: «*Quítense de vosotros toda amargura, enojo, ira, gritería, maledicencia y toda malicia*» (4:31). ¡Esto no es lo que han aprendido de Cristo! «*Con respecto a la vida que antes llevaban, se les enseñó que debían quitarse el ropaje de la vieja naturaleza... y ponerse el ropaje de la nueva naturaleza, creada a imagen de Dios, en verdadera justicia y santidad*» (4:20-24, NVI). Qué es la nueva vida sino ser: «*bondadosos y compasivos unos con otros, y perdónense mutuamente, así como Dios los perdonó a ustedes en Cristo*» (4:32).

Al igual que los efesios, estamos «en proceso» en nuestra fe. Hemos recibido gracia en más formas de las que podemos nombrar o aun de las que estamos conscientes. Aun así, también necesitamos que se nos recuerde con regularidad cómo es la vida cristiana y cómo se vive. Se requiere práctica para llegar a ser «imitadores de Dios». Se requiere liberarse del egoísmo para «[*andar*] *en amor, como también Cristo nos amó y se entregó a sí mismo por nosotros*» (5:1-2, NVI). Necesitamos bastante apoyo, ánimo y práctica para «vestirnos el nuevo ser». Es importante buscar la continua gracia de Dios para nuestra práctica. Pero es aquí donde también descubrimos que la comunidad de fe es decisiva en nuestra santificación.

> *Nadie puede desarrollar una madurez espiritual solo/a. Ser cristiano/a es estar llamado/a a comunidad. Es volverse una parte activa del cuerpo de Cristo.*
>
> —Steve Harper

La nueva comunidad

No podemos viajar esta senda a la vida nueva en soledad, y no se espera que lo hagamos. El Cristo resucitado, quien prometió estar con nosotros «hasta el fin del mundo», viaja a nuestro lado. Pero a menudo es a través de su cuerpo, la iglesia, que experimentamos su presencia en nuestra vida más poderosamente. No siempre experimentamos la iglesia de esta manera, pero es indudable la labor a la que Jesús llama a la iglesia: manifestar su presencia en el mundo a través del trabajo del Espíritu Santo.

Efesios deja claro que la vida espiritual es vida en comunidad como miembros del cuerpo de Cristo. Debe ser así porque dicha vida en comunidad expresa la reconciliación y la paz por la cual Cristo murió para dárnosla. Lea, por favor, Efesios 2:11-22 en conexión con esta discusión. El escritor de Efesios desea que el lector entienda que Pablo, un judío, está hablando a griegos, es decir gentiles. La división cultural entre judíos y gentiles en su día era enorme, difícil de reconciliar para la mejor imaginación o buena voluntad. Mientras el comercio podía darse entre ellos de una forma civilizada, los judíos no percibían conexión con los gentiles a nivel religioso. Los gentiles no tenían parte en el pacto de la promesa. Sin embargo, Pablo claramente predica que en Jesucristo, el muro de enemistad y división entre ellos ha sido disuelto. En su propio cuerpo, Jesús ha reconciliado a estos dos grupos de personas en uno: «que él puede crear en él mismo una nueva humanidad» reconciliadas entre sí para con Dios.

La comunidad de fe en Jesucristo es ahora el templo donde Dios habita: «*En él todo el edificio, bien armado, se va levantando para llegar a ser un templo santo en el Señor. En él también ustedes son edificados juntamente para ser morada de Dios por su Espíritu*» (2:21-22, NVI). Efectivamente, los dones del Espíritu son dados a miembros individuales del cuerpo sólo para aumentar la fortaleza, integridad y testimonio de la iglesia. Los dones son para «*capacitar al pueblo de Dios para la obra de servicio, para edificar el cuerpo de Cristo. De este modo, todos llegaremos a la unidad de la fe y del conocimiento del Hijo de Dios*» (4:12-13, NVI).

La vida espiritual cristiana no puede vivirse aparte de la comunidad. Elizabeth O'Connor escribe: «Éste es el trabajo más creativo y difícil al que cualquiera de nosotros haya sido jamás llamado. No hay mayor logro en todo el mundo que ser una persona en comunidad, y éste es un llamado para cada persona cristiana». Es en las varias comunidades de la iglesia (incluyendo nuestras familias) que debemos ser capaces de compartir amor, perdón, reconciliación, y una unidad de espíritu más profunda que nuestras diferencias superficiales. Naturalmente, no siempre experimentamos estas cosas en nuestras congregaciones o familias. El pecado continúa en nuestra vida, y es difícil ver que la victoria de amor ha sido ya ganada. Sin embargo, la iglesia está llamada a ser la comunidad donde aprendemos a vivir el amor de Cristo a pesar de y a través de nuestros conflictos. ¡Necesitamos permitir que Cristo sea nuestra paz y que encontremos nuestra unidad en él, ya que nunca alcanzaremos unidad a través de nuestras opiniones!

Nuestra tarea, finalmente, es practicar viviendo la vida cristiana donde quiera que estemos. Para hacer posible esta práctica, Dios nos da el gran don de la gracia. Pero empezamos por recibir medios particulares de gracia por parte de la iglesia que nos ayuda a entender y vivir nuestra fe. Históricamente éstas han incluido el escuchar la predicación de la palabra de Dios y el recibir los sacramentos. Los medios de gracia incluyen la oración en comunidad, el servicio de unos a otros en amor humilde, recibir dirección mutua, y aprender a discernir en comunidad el movimiento del Espíritu.

La aventura en la cual nos estamos embarcando en este curso de aprendizaje experimental, como una pequeña comunidad de fe dentro de la iglesia, nos ayudará a empezar a explorar algunos de esos medios de gracia tanto de forma personal como corporativa.

EJERCICIOS DIARIOS

Lea el segundo capítulo, «La naturaleza de la vida espiritual cristiana», antes de empezar este ejercicio. Mantenga su diario a la mano para apuntar sus reflexiones. Recuerde aquietar su espíritu, deje sus preocupaciones a Dios, y abra su mente y corazón al trabajo del Espíritu. Durante esta semana, estará leyendo la carta a los Efesios y reflexionando en el regalo de la gracia de Dios en su vida.

EJERCICIO 1

Lea Efesios 1:1-14. El prólogo de esta carta es como una lluvia de bendición. Ponga atención a las expresiones de alabanza y oración, permitiendo que las muchas bendiciones espirituales con las que Dios nos ha bendecido empapen el terreno de nuestra mente y corazón. ¿Qué aspectos de lo que Dios ha hecho en nuestras vidas por medio de Cristo son más importantes para usted? Reflexione en su diario. Señale cualquier aspecto que permanezca como un misterio para usted. Tome tiempo para alabar a Dios y para hacer una lista de otras formas en las que Dios le ha bendecido y sostenido con gracia.

EJERCICIO 2

Lea Efesios 2:11-22. En su mundo de familia, amistades, iglesia o comunidad, ¿dónde hay un «muro de enemistad» que nos separa? Entregue esa situación en oración a Dios. Imagínese a Cristo de pie haciendo paz entre usted y la otra persona con quien está en conflicto, abriendo un camino para vivir juntos en amor. Escriba o dibuje lo que ve y siente sobre el regalo que Cristo nos da. ¿Qué diferencias puede hacer, y qué acción le llama a tomar de su parte?

EJERCICIO 3

Lea varias veces, lentamente, la oración de Efesios 3:14-19 como una forma de internalizar esta promesa para usted. Primero, léala como una oración personal para usted. Luego ore como si fuera una oración para su familia; después, como una oración para la iglesia; y finalmente, como una oración para toda la familia humana. Después de cada lectura, reflexione en su diario en cómo la oración le abre la forma de ver la gracia transformadora de Dios en usted. Escoja una frase favorita para que la memorice y la lleve en su corazón como oración durante el día.

EJERCICIO 4

Lea Efesios 5:6-20. Estos versículos describen lo que significa salir de la oscuridad y «vivir como un hijo/hija de luz». A medida que vaya leyendo, reflexione en dónde se encontró a usted mismo/a diciendo «sí», «no», o «sí, pero» al consejo de estos versículos. En su diario, haga una carta al escritor de Efesios. Describa que es lo que está aprendiendo sobre vivir como un hijo o hija de luz en nuestro tiempo y sobre los desafíos para los cuales necesitamos dirección en estos días. Lea lo que ha escrito y vea si Dios le está hablando a través de sus propias palabras.

EJERCICIO 5

Lea Efesios 6:10-17. Ponerse «toda la armadura de Dios, para que cuando llegue el día malo puedan resistir» significa permanecer «arraigados y cimentados en amor» (3:17). ¿Qué fuerzas internas o externas usualmente aniquilan su fe, debilitan su fuerza interior, o minan su ánimo para «permanecer cimentado» en el amor de Cristo? ¿Qué prácticas personales y de comunidad alimentan sus raíces en amor y fortalecen la vida de Dios en usted? ¿Qué «armadura» necesita usted «tomar»? ¿Quién le puede ayudar para permanecer firme?

Recuerde revisar lo que escribió en su diario durante la semana como preparación para la reunión de grupo.

El fluir y los medios de gracia

Como hemos dicho, la vida cristiana es posible sólo por la gracia de Dios. Cada despertar a Dios dentro nuestro es el resultado de la acción del Espíritu Santo en y sobre nosotros. Estamos alertas a Dios y nos mantenemos en Dios por la iniciativa que el Espíritu Santo toma hacia nosotros y a nuestro favor. Así como la vida es un puro regalo, no solicitado y fuera de nuestro poder, así la vida espiritual nos es ofrecida por parte del corazón de Dios y mucho antes de que hubiéramos pensado en nuestro caminar con Cristo.

La carta a los Efesios proclama que la gracia de Dios estaba fluyendo hacia nosotros desde antes de la fundación del mundo. Desde el mismo comienzo de la creación fuimos escogidos en Cristo para vivir en amor y paz con Dios (Efesios 1:4). La gracia de Dios se adelanta, nos sigue, nos rodea y nos sostiene siempre. Es un regalo constante y persistente. No podemos detenerla, alterarla, o cambiarla. Estamos eternamente protegidos en la abundante y vivificante gracia de Dios.

Mientras que la iniciativa y la invitación al compañerismo vienen enteramente de Dios, la respuesta está en nuestras manos. Dios nos da gracia para responder a la llamada del Espíritu Santo, pero podemos escoger no atender y rechazar la invitación. O podemos escoger, por la ayuda del Espíritu, caminar en fidelidad y armonía con Dios. Al hacer esto podemos demandar nuestra verdadera y completa herencia

La gracia de Dios no está dividida en trocitos y fragmentos,... sino que la gracia nos abarca por completo en el favor de Dios gracias a Cristo, nuestro intercesor y mediador, para que los dones [del Espíritu] puedan comenzar su obra en nosotros/as.

—Martín Lutero

como hijos e hijas de Dios. Escoger abrirnos a la gracia significa recibir el regalo más grande de la vida y caminar el sendero de la abundancia espiritual.

Esta semana exploraremos un poco más la naturaleza de la gracia, el fluir de la gracia y los medios de gracia. ¿Cómo recibimos este regalo para nuestra redención, gozo y fructificación como discípulos/as? ¿En qué maneras la gracia moldea y forma nuestras vidas a medida que nos movemos de ser extranjeros a compañeras y compañeros íntimos de Dios?

La naturaleza de la gracia

La música del amor divino suena de manera única en la vida de cada persona. A través de las personalidades individuales y los eventos personales de la vida, la bondad de Dios se transforma en una melodía particular. La canción de Dios necesita un instrumento para que le dé forma y voz todos/as estamos llamados/as a ser instrumentos por medio de los cuales la melodía de Dios toma forma. A través de nuestras vidas el amor de Dios busca danzar y hacer música para el mundo.

—Joyce Rupp

En mi primer año de escuela, contraje fiebre escarlatina. Me enfermé gravemente y estuve fuera de la escuela durante un año completo. Por semanas, estuve delirando y sin poder levantarme de la cama. Luego, cuando me sentí lo suficientemente fuerte para sentarme, mi madre preparó un lugar especial para que yo me recuperara. Vivíamos en una casa de adobe con paredes de casi tres pies de grosor. Cada ventana tenía un espacio grande, como si fuera una banca hacia dentro de la casa donde mi madre a menudo guardaba plantas en el invierno. Cuando estuve lo suficientemente fuerte como para sentarme, mi madre hizo un pequeño nido de almohadas en esa base grande de la ventana que veía hacia el sur. Luego me llevaba de mi cama a este lugar de bienestar y sanidad. Quizá intuía las virtudes curativas de la luz del sol. Ciertamente, ella sabía que allí estaría seguro, caliente y cerca de ella. Aunque la enfermedad fue larga y en muchas maneras devastadora, uno de los recuerdos más felices de mi niñez es haber estado acurrucado a la luz y el calor del sol. Podía mirar hacia fuera y ver a mi padre trabajando. Podía ver y oír a mi madre cerca, cocinando, remendando y haciendo lo que las madres de familias en crecimiento hacían.

La luz solar del invierno, entrando por esa ventana que daba al sur, calentando, dando luz y acelerando mi curación, es para mí una imagen maravillosa de la gracia de Dios. El don de la gracia está siempre presente para dar luz, calor, consuelo y curación.

El concepto cristiano de gracia está enraizado en la Escritura y siempre refleja el amor redentor de Dios que nos busca. La Biblia cuenta el relato de la obra salvadora de Dios en favor de todas las personas. Esta obra es siempre inmerecida, es una expresión del amor incondicional de Dios por la humanidad. Dios ofrece amor, redención, comunidad de pacto y compañerismo a toda persona y a cada una y uno de nosotros sin condiciones.

Los cristianos ven la gracia más claramente en el acto de autoentrega que Dios hizo por medio de la persona de Jesucristo. En el amor sufriente y el perdón de la cruz, percibimos la gracia en toda su plenitud. La fe en Cristo viene a ser la manera en la que descubrimos y nos apropiamos de este increíble regalo (Romanos 5:1-2). Desde el principio de la creación fuimos hechos para reconocernos como hijos e hijas de Dios, disfrutar de todos los beneficios de nuestra herencia completa (Efesios 1:5). Habiendo perdido nuestra herencia original por el pecado, ahora recibimos esos beneficios a través de Jesucristo. El amor y el favor de Dios en Cristo nos los otorga.

El fluir de la gracia

Nuestra experiencia de gracia representa una cierta progresión natural en la vida cristiana. Inicialmente la gracia divina nos rodea sin que tengamos conocimiento consciente de ella. Estamos simplemente sumergidos en el amor siempre presente de Dios. Dios trabaja para protegernos de los peligros espirituales y «trata de seducirnos» en la infancia inconsciente de nuestra fe, llamándonos a estar alertas a la gracia. Una vez que llegamos a estar totalmente conscientes de una decisión de fe y elegimos recibir el amor perdonador de Dios en Jesucristo, experimentamos la gracia de la justificación. En este momento, la experiencia de gracia nos ayuda a conocer que pertenecemos, no a nosotros mismos, sino a nuestro fiel Salvador, Jesucristo. Entendemos que la justicia ante Dios no es algo que ganamos; sólo puede recibirse como regalo. A medida que el Espíritu construye las bases de la justificación, gradualmente crecemos en santidad de vida o

La creación está saturada con el don de la presencia de Dios. La vida divina, la autoentrega divina llamada gracia, es el dinamismo secreto del corazón de la creación.
—María Boulding

santificación. Esta experiencia de gracia nos lleva a producir los frutos del Espíritu y a ejercitar los dones del Espíritu.

En una de las grandes ramas de la historia de la cristiandad (la wesleyana/metodista), estas experiencias de gracia se conocen como gracia anticipante o preveniente, gracia justificadora, y gracia santificadora. Se entiende que representan un cierto «fluir» o progresión desde nuestro primer encuentro con la gracia de Dios hasta nuestra plenitud en ella. Nos movemos de la inadvertencia a la cooperación intencional con Dios, que nos permite aceptar nuestra justificación y crecer en nuestra madurez cristiana.

De acuerdo con Juan Wesley, el fruto de la gracia justificadora es la «seguridad» de pertenecer a Cristo; y el fruto de la gracia santificadora es el crecimiento en santidad y perfección en amor.

Sin embargo, la progresión de una expresión de gracia a otra no es automática o tan metódica como puede sonar. Muchas áreas se traslapan a lo largo de nuestras vidas. La gracia penetrante y persuasiva de Dios siempre nos sostiene. Dios continuamente está trabajando para ayudarnos a aceptar completamente el regalo de nuestra justificación, así como también para formarnos en el diseño perfecto para el cual fuimos creados. De modo que son varias las expresiones de gracia que operan al mismo tiempo. Sin embargo, es uno y el mismo el amor que brota eternamente del corazón de Dios, limpiándonos aun cuando no somos capaces de apreciar o recibir lo que Dios está haciendo en favor nuestro.

La divina gracia continúa sacándonos de la muerte hacia la vida, proveyéndonos la sanidad y limpieza del perdón y la restauración, y ofreciéndonos la fortaleza y el ánimo para movernos hacia una vida más perfecta. Podemos recibir estos dones espirituales a través de los medios de la gracia.

Los medios de gracia

Recordar cómo mi madre me puso en aquella soleada ventana para que pudiera recuperarme de esa enfermedad fatal, me ayuda a darme cuenta de lo que son los medios de gracia. Ponernos en una posición donde podamos beneficiarnos más de la luz vivificante del amor de Dios es el propósito de cada medio de gracia. Los medios de gracia son métodos y prácticas que usamos para «colocarnos en el camino de Dios». Ellos nos ayudan a adoptar una postura de receptividad.

Aun cuando no podamos manipular o controlar lo que Dios nos dará a través de los varios medios de gracia, podemos confiar que se nos dará gracia y que lo que recibamos será adaptado a nuestra situación específica. Por ejemplo, podemos encontrarnos «atrapados» hoy por un pasaje de la Escritura que hemos leído por años sin que nunca nos hubiera desafiado, alimentado o formado. De pronto, un cierto texto o relato cobra vida en nosotros, y jamás seremos los mismos.

La gracia nos viene de muchas maneras a medida que hacemos nuestra jornada hacia Dios. Si bien las formas son incontables, ciertos medios de gracia han sido practicados casi universalmente en la historia de la iglesia. Algunos son tan antiguos como la humanidad. Aunque algunos o muchos sean conocidos para usted, ellos requieren una práctica disciplinada para apropiarnos de ellos.

Los medios tradicionales de la gracia incluyen la adoración, los sacramentos del bautismo y la Cena del Señor, la oración, el ayuno, la lectura de la Escritura y la comunidad. Cada uno de estos medios es efectivo para recibir y apropiarse de la gracia de Dios que da vida. Los medios de gracia no tienen mérito en sí mismos, pero nos pueden guiar hacia la total y profunda comunión con Dios.

Mientras tanto, la regla general y segura para todo aquél que gime buscando la salvación de Dios, es ésta: siempre que se presente la oportunidad, use de todos los medios [de gracia] que Dios ha establecido, porque ¿quién puede saber cuál sea el medio que Dios escoja para comunicarles la gracia que trae consigo la salvación?

—Juan Wesley

Adoración

La adoración corporativa o en grupo es un medio esencial de gracia para cualquier viajero serio en el camino cristiano. La adoración ha sido identificada como la actividad humana más profunda. Nada de lo que podamos hacer iguala el significado que tiene la adoración para nosotros, para el mundo en torno nuestro, o para el Dios ante quien venimos a ofrecer adoración. Reunirnos con otras personas que buscan la voluntad y el camino de Dios es en sí una maravillosa manera de ponernos en posición de recibir gracia.

Los protestantes generalmente afirman los dos sacramentos del bautismo y la Cena del Señor como medios de gracia. En el bautismo reconocemos que el amor activo de Dios en favor nuestro precede nuestro nacimiento y nos rodea eternamente. Los salmos declaran que no existiríamos si no fuera por la gracia de Dios (Salmos 119:73; 139:13). En el pacto del bautismo aceptamos nuestra adopción como hijos e hijas de Dios por gracia y prometemos nuestra fiel respuesta. Somos incorporados en el cuerpo de Cristo y llegamos a ser parte de la iglesia, la comunidad del pacto (1ª a los Corintios 12–13).

Para la mayoría de los cristianos, la Eucaristía o la Cena del Señor, es el acto central de la adoración. Ahí declaramos quién es Dios y quiénes somos nosotros en la presencia de Dios. En la mesa del Señor todos por igual venimos necesitados y hambrientos; todos estamos invitados a venir en busca de sanidad y alimento. A ningún creyente se le hace a un lado; todos reciben por igual el perdón inmerecido de Dios, su paz y su presencia. Nuestra unidad en humildad con nuestro Señor, quien se vació a sí mismo en amor sacrificial por nosotros, nos une espiritualmente en esta comida. La gracia de la comunión con Cristo es simultáneamente una gracia de comunión unos con otros en el compañerismo de la fe.

Oración

La oración se reconoce a menudo como el medio de gracia más profundo y central. La oración es nuestra lengua nativa, tanto de jóvenes como de adultos, de toda raza y credo. La oración es un lenguaje que aprendemos a medida que exploramos los misterios de la vida, a menudo provocado por la gratitud que anhela expresarse o por el dolor que clama por alivio. Es el lenguaje aprendido a través de preguntas sin respuestas y descubrimientos vivificantes que surgen durante el transcurso de nuestras jornadas. Es un lenguaje aprendido mientras buscamos dirección en el camino y en respuesta a la dirección claramente dada.

Si bien puede ser que nunca formalmente hayamos decidido orar o quizá hayamos abandonado el camino de la oración por un tiempo,

la mayoría de nosotros ha tenido alguna experiencia con este medio de gracia. Para muchas personas, la oración es tan natural como respirar; para otras, requiere esfuerzo y concentración intensas. Para otras más, la oración es un compañerismo gozoso con Jesucristo; para otras, es un problema mantener esa relación vital con Dios. Hay quienes nutren su relación con Dios a través de la vida en oración; otras están tan consumidas en vivir, que les queda poco tiempo o energía para orar. No importa cual sea nuestra situación, la oración sigue siendo un medio de gracia primordial.

Una relación amorosa y viva con Dios es imposible sin la oración. No podemos conocer la mente y el corazón de Cristo, recibir la dirección de Dios, escuchar la voz de Dios, o responder al llamado de Dios sin este medio de gracia. Podemos entrar al Reino de Dios sin el beneficio de algunos de los medios de gracia pero no sin la oración. La oración es tan importante que aun Jesús dejó la multitud necesitada para orar (Marcos 6:31). Toda su vida y ministerio se establecieron en el contexto de la oración. Quienes eligen seguirle no pueden hacer nada mejor que seguir su ejemplo.

El discípulo en una jornada espiritual intencional descubrirá que la oración es un medio indispensable de alimentar la intimidad y compañerismo con el Cristo viviente. Un escritor clásico de espiritualidad cristiana dijo una vez que la oración es la mezcla que mantiene nuestras vidas unidas. La oración no trata tanto de nosotros, sino que es realmente acerca de Dios. La oración es simplemente nuestra respuesta a la invitación de la gracia a venir a casa y vivir con Dios todos los días de nuestras vidas, en este mundo y el venidero.

Richard Foster menciona una lista de veintiún tipos de oración. Otros identifican menos tipos. El número de formas es menos importante que la fiel práctica de cualquiera de las formas a la que usted es guiada/do. Quienes nos han precedido en la fe han dejado muchos consejos sabios de cómo orar. La tercera parte de este recurso estudiará la oración en una manera más profunda como un medio de gracia.

El ayuno

Dallas Willard identifica el ayuno como la disciplina espiritual de abstinencia.[1]

Desde los tiempos antiguos, el ayuno ha sido entendido como una práctica que abre nuestras vidas a recibir los dones de Dios. El ayuno ha tenido dos propósitos principales para quienes están buscando caminar con Dios: primero, arrepentimiento; segundo, preparación para recibir la fuerza de Dios para vivir fielmente.[2] El ayuno ha estado a menudo conectado con la oración para formar una poderosa manera de recibir los dones de la gracia.

Ayunar conlleva la idea de apartarse de nuestros apetitos personales, deseos, y aun necesidades sentidas a fin de escuchar más claramente el llamado de Dios. Es una forma de vaciar nuestras manos y nuestras vidas para que puedan ser llenadas con Dios. El alimento, el entretenimiento, el sexo, las posesiones, las actividades—todos ellos buenos dones en su tiempo y lugar—pueden volverse el foco de nuestra atención al grado de excluir a Dios. Podría preguntarse qué es lo que ahora llena su vida al punto de sacar a Dios de la misma. La respuesta seguramente podría llevarlo al tipo de ayuno que sería un medio especial de gracia para usted.

Cuando empieza a ayunar por primera vez, es bueno hacerlo poco a poco. Pruebe un ayuno corto para ver cómo responde. Si tiene problemas físicos, es mejor que busque consejo médico cuando haga un ayuno de comida.

Un ayuno puede tener más significado si es compartido con otra persona o una comunidad de oración. Es importante que cada persona en el grupo se ponga de acuerdo en el propósito del ayuno y el tipo de ayuno que van a hacer. Tome un tiempo para conversar estos asuntos. Después de que esas decisiones se hayan hecho, usted podrá pasar a los detalles, tales como duración y tiempo de empezar y terminar.

Muchos cristianos contemporáneos reportan que el ayuno es un medio de gracia maravilloso que trae claridad y dirección a la vida espiritual. Algunas personas ayunan de un día a una semana; otras, sólo en ocasiones especiales. Usted deberá orar pidiendo dirección cuando considere la posibilidad de ayunar como un medio de gracia para usted y para aquellos con quien usted comparte la jornada.

La Escritura

Junto a la oración, la lectura de la Escritura es el más profundo medio de gracia para la mayoría de las personas que están en una jornada espiritual intencional. Leer y meditar en las Escrituras cada día despierta nuestra conciencia de la presencia de Dios en nuestras vidas de maneras extraordinarias. La experiencia transformadora de vivir diariamente con la Escritura moldeará, a lo largo de nuestra vida, nuestros corazones y mentes más y más a la imagen de Cristo.

La Escritura registra los hechos poderosos de Dios, incluyendo la creación y la continua relación de Dios con la humanidad. Es un relato de la autorevelación de Dios. Para los cristianos y cristianas, esta revelación encuentra su momento culminante en la encarnación, cuando Dios escoge hacerse carne en la persona de Jesús de Nazaret. Hay quienes han dicho que Dios nos ha dado tres libros de revelación: la naturaleza, la historia y la Biblia. La mayoría de los cristianos probablemente estarán de acuerdo en que la Biblia habla más claramente de la persona de Dios y su propósito. La segunda parte de este recurso se enfocará directamente en el poder de la espiritualidad formativa de la Biblia.

Otras consideraciones

La comunidad de fe también es otro medio de gracia. Puesto que toda la quinta semana de la Parte 1 está dedicada a la comunidad cristiana como un medio de gracia, se la menciona aquí únicamente para hacer notar su importancia.

A veces hablamos de los medios de gracia como disciplinas espirituales. La palabra disciplina puede tener connotaciones desagradables para algunas personas. La verdadera disciplina espiritual nunca se impone externamente. Al contrario, son «prácticas que nos ayudan

conscientemente a desarrollar las dimensiones espirituales de nuestra vida. Como un artista que desea desarrollar sus habilidades pintando, o un atleta que desea un cuerpo fuerte y flexible para el juego, una persona de fe libremente escoge adoptar ciertos patrones de vida, hábitos y compromisos a fin de crecer espiritualmente».

Las disciplinas espirituales son prácticas que han probado ser efectivas en abrir las ventanas de nuestra vida al refrescante y vivificante aliento de Dios. Hay muchas prácticas espirituales, pero ninguna tiene mérito en sí misma. El valor descansa en una simple prueba: cuán efectivamente la disciplina torna nuestras vidas hacia Dios y abre nuestros corazones al Espíritu Santo. Incontables testigos fieles de Cristo nos aseguran que debemos confiar en que el Espíritu nos guíe a esos medios de gracia que serán de gran trasformación en nuestra vida. Quiera Dios que tengamos la fe y el valor para seguir.

EJERCICIOS DIARIOS

Lea el tercer capítulo, «El fluir y los medios de gracia». Mantenga su diario a la mano para apuntar sus reflexiones. Recuerde tomar un tiempo de silencio, vuelva su atención a Dios, y ábrase a la dirección del Espíritu Santo antes de cada ejercicio. Los ejercicios de esta semana le guiarán a reflexionar en los movimientos de la gracia en su vida y los medios por los cuales Dios le ha tocado.

Ejercicio 1

Lea Lucas 15:11-32. Jesús cuenta una parábola del padre amoroso y sus dos hijos. ¿Con cuál de los hijos se identifica usted, y cómo? Reflexione en cómo el hijo menor «volvió en sí». ¿Cuándo ha vuelto usted en sí, ha reconocido su necesidad, y ha empezado a volver a Dios? ¿Cómo ha experimentado el amor de la gracia anticipante de Dios que le está buscando?

Ejercicio 2

Lea nuevamente Lucas 15:11-32. La parábola de Jesús describe a un padre que perdona y que está locamente encariñado con sus dos hijos. Reflexione en la reacción del padre al regreso de su hijo menor, aun «cuándo estaba todavía lejos». ¿Cuándo ha experimentado usted tal compasión, aceptación y perdón (ya sea que usted haya estado lejos de Dios de una manera similar a la del hijo menor o del mayor)? ¿Cómo respondió? ¿Cómo ha experimentado el amor salvador de la gracia justificadora de Dios?

Ejercicio 3

Lea nuevamente Lucas 15:11-32. Parece que Jesús dijo la parábola principalmente para tratar con las tendencias del «hermano mayor» en los fariseos y en nosotros, confrontando nuestra pequeñez de corazón. ¿Qué piensa que habría respondido al ver regresar a su hermano menor? ¿Dónde cree usted que está creciendo en su habilidad de amar y perdonar, y dónde todavía se siente bloqueado? En otras palabras, ¿dónde está experimentando el llamado y desafío de la gracia santificadora de Dios?

EJERCICIO 4

Lea una vez más Lucas 15:11-32. La parábola de Jesús está llena de acciones que sirven como signos visibles y externos de la condición espiritual e interna de cada uno de los personajes. Vuelva y note cada acción del padre como un medio externo de expresar la gracia interna de su corazón que da la bienvenida, su prontitud en perdonar y restaurar totalmente la vida desgastada de su hijo. A través de esos medios de gracia (tradicionales o no tradicionales), ¿ha tocado Dios, restaurado y animado su crecimiento? Reflexione en su bautismo como un medio por el cual Dios corre hacia nosotros mientras nosotros «todavía estamos lejos» para recibirnos, besarnos y vestirnos con ropas nuevas. Reflexione en su experiencia de la Santa Comunión como un medio por el cual Dios continúa celebrando nuestro movimiento de muerte a vida.

EJERCICIO 5

Lea Lucas 15:11-32 por última vez. Vea la parábola de Jesús como una historia no terminada sobre una familia en una jornada de sanidad y plenitud. Use su imaginación para continuar con el relato desde la perspectiva de uno de los tres personajes o como un observador imaginario, como un vecino que está mirando a través de la ventana. Por lo tanto, ¿qué le dice el padre al hijo menor el día después de la fiesta sobre lo que significa que haya vuelto a la familia? ¿El hijo mayor permanece resentido, o el amor del padre cambia y transforma su actitud? ¿Los hijos crecen y comparten la vida y amor de su padre? ¿De qué forma su manera de completar el relato revela lo que usted asume sobre Dios, la gente y usted mismo?

Recuerde revisar lo que escribió en su diario durante la semana, como preparación para la reunión semanal del grupo.

Parte 1, Semana 4
Compartir peregrinajes de fe

omenzamos este grupo pequeño de estudio con algunas reflexiones sobre la imagen de la jornada como una metáfora para la vida y el crecimiento en fe. Las generaciones jóvenes aparentemente se han cansado de oír el término jornada aplicado a la madurez emocional y espiritual humanas; aun así es una metáfora extraordinariamente apta. En un sentido muy profundo, la vida es un peregrinaje. Su expresión terrena se mueve desde un comienzo hasta un destino diferente. Atraviesa una gran cantidad de terreno psicológica, intelectual y físicamente hablando. Hay ciertos marcadores en la jornada, etapas comunes por las que pasamos en el proceso de desarrollo. Pero también hay experiencias únicas que marcan nuestra individualidad, a veces de formas indelebles. El tiempo en el camino de la vida particular de cada persona siempre es profundamente personal, dirigido por muchas fuerzas más allá de nuestro control—familia, circunstancias, ambiente, ubicación y lugar en la historia—así como también por las elecciones que uno hace en relación a esas fuerzas.

Ayuda el reconocer, al menos hasta cierto punto, el carácter y lineamientos de nuestra jornada espiritual. Cuando vemos algunas de las rutas principales y los momentos críticos a lo largo del camino de la vida, podemos empezar a articular su significado para nosotros y compartir ese significado con otros en la ruta, si queremos.

Relatos poderosos a través de la historia... nos enseñan lo que significa ser seguidor/as de Jesús. Los relatos de nuestra propia vida y las historias de nuestra comunidad de fe sirven como íconos que ayudan a formar nuestras formas de ser y hacer.

—Dwight W. Vogel
y Linda J. Vogel

Una forma útil de volverse más consciente de la forma del camino espiritual a lo largo del tiempo es observando las vidas de algunos grandes antecesores en la fe. ¿Qué los motivó a buscar a Dios? ¿Cómo podemos caracterizar sus jornadas espirituales? ¿Cuáles fueron algunos momentos críticos significativos, y cómo interpretaron el significado de estos momentos para sus vidas?

Modelos de jornadas de fe

Quizá Agustín de Hipona (354–420 d.C.) fue quien primero escribió una verdadera autobiografía espiritual. Sus *Confesiones* son un extraordinario testamento de búsqueda y autoexamen, y aun así sigue siendo una lectura atractiva para los lectores cristianos 16 siglos después. Agustín tuvo una inteligencia formidable, así que no es de sorprender que su búsqueda de Dios tomara la forma de una búsqueda intelectual de la verdad. Aunque su libro está lleno de pasión, profundos sentimientos y profundidad espiritual, lo que impresiona es el poder transparente de su mente que penetra, analiza y describe el carácter de su vida íntima. Para un hombre de una «edad presicológica», Agustín tenía una astuta capacidad de diagnosticar su propia mente y corazón, una manera que sorprende a los lectores modernos.

La obsesión personal de Agustín por encontrar la verdad lo llevó a través de varias filosofías populares de su tiempo. Pero gradualmente, su mente lo llevó fuera de las doctrinas de los maniqueístas y neoplatónicos. Se quejó de que los oradores maniqueos continuamente hablaban de la verdad, «¡Verdad y verdad!... pero nunca se hallaba en ellos». Dirigiéndose a Dios directamente, a través de las *Confesiones*, Agustín exclamó: «¡Oh Verdad, Verdad! ¡Cuán entrañablemente suspiraban todavía por Vos las médulas de mi alma... !».[1] En el siguiente párrafo él reconoce: «Pero ni aun de aquellas criaturas superiores tenía yo hambre y sed, sino de Vos mismo, que sois la Verdad, *en la cual no hay mudanza, ni momentánea oscuridad* (Santiago 1:16)».[2] Aunque no se capture toda la complejidad de la jornada de Agustín, sería justo decir que su camino hacia Dios fue uno de intenso

cuestionamiento, un camino a través del don de la mente.

Martín Lutero, 12 siglos después, representa otro tipo de jornada. Lutero, quien era (irónicamente) parte de una orden de los agustinos cuando era joven, fue llevado por una necesidad diferente en su búsqueda de Dios.

Poseído por una personalidad vibrante, expansiva, tempestuosa y una conciencia agonizante, Lutero sintió interiormente que nunca podría estar seguro de su salvación. Una máxima muy común en este tiempo era «Haz lo que está en ti hacer, y el resto déjalo a Dios». Aun cuando la máxima intentaba ser un consejo de alivio para ayudar a los monjes muy escrupulosos a encontrar alivio de los esfuerzos auto-impuestos para ganar la gracia divina, Lutero sintió que no podría nunca estar seguro que había hecho todo lo que estaba en él hacer. Lo que se suponía fuera una palabra de gracia, resultó para él una imposible demanda y un pesado juicio. La necesidad de ser justificado ante Dios era como un yugo alrededor de su cuello.

El asunto más profundo para Lutero era que, si bien él conocía la gracia de Dios intelectualmente, no podía asimilarla emocionalmente. El joven Martín Lutero creció bajo la influencia del conocimiento medieval alemán. Influenciado por viejas creencias en caprichosos duendes del agua y malévolos espíritus del bosque, Lutero albergaba algo de un alma aterrorizada. Aquí están sus propias palabras del Prefacio a su Escritos Latinos: «Aunque viví como un monje sin ningún reproche, me sentía como un pecador ante Dios con una conciencia extremadamente atribulada. No podía creer que él estuviera sosegado por mi satisfacción. Yo no amaba, sí, yo odiaba al Dios justo que castigaba a los pecadores, y secretamente…yo estaba enojado con Dios».[3]

Es interesante, tanto Agustín como Lutero tuvieron una experiencia de conversión que estuvo conectada a pasajes de la Carta a los Romanos de Pablo. Para Lutero, el pasaje era Romanos 1:17, en particular la frase: *«El justo por la fe vivirá»*. El reconocimiento de que la justificación es un regalo que recibimos simplemente por la fe era, para Lutero, un gran alivio del peso emocional de creer que de alguna manera era necesario que él completara lo que consideraba una expectativa imposible.

Escuche de nuevo las palabras de Lutero: «sentí que había por completo nacido de nuevo y había entrado al mismo paraíso por las puertas abiertas… Y exaltaba con mis palabras más dulces, con un amor tan grande como el mismo odio con el cual había odiado antes la palabra 'justicia de Dios'».[4]

La jornada espiritual de Lutero no fue tanto la búsqueda de la verdad intelectual sino la búsqueda de una sincera seguridad de la gracia de Dios. Era el camino de un corazón ansioso en búsqueda de tranquilidad. Con frecuencia, un corazón temeroso o profundamente herido nos impulsa hacia Dios.

Vemos otro tipo diferente de jornada en la vida de la Madre Teresa de Calcuta, amada santa de nuestra propia era. Ella tuvo la capacidad de ver a Cristo en las caras de los pobres. Nacida de padres albaneses quienes le dieron el nombre de Agnes, la mujer que fuera luego conocida como Madre Teresa no tenía un intelecto grandioso, ni ninguna aparente necesidad emocional. Agnes era más bien una monja sencilla y poco prometedora a los ojos de algunos de sus superiores. Pero se sintió profundamente llamada a una tarea muy específica: cuidar de los más pobres de los pobres—los enfermos y moribundos de los barrios marginados de Calcuta quienes eran aborrecidos y olvidados por todos. La Madre Teresa tuvo la visión de darse a sí misma a Cristo al amar a cada persona creada a la imagen de Dios, sin importar cuan despreciables o despreciados fueran: «quienquiera que sean los más pobres de los pobres, ellos son Cristo para nosotras—Cristo bajo la apariencia externa del sufrimiento humano».[5] Su misión no era salvar los más que se pudieran o cambiar las estructuras sociales. Era amar una persona a la vez—cada una de ellas un alma hermosa, un hijo e hija de Dios, una persona única de irremplazable valor para Dios. «Me siento llamada a servir a individuos, a amar a cada ser humano. Mi llamado no es juzgar a las instituciones…Si pensara en términos de multitudes, nunca hubiera comenzado mi trabajo. Yo creo en el toque personal de uno al otro».[6]

La Madre Teresa y las Misioneras de la Caridad que ella fundó fueron guiadas al camino de Dios por un hambre de santidad expresada en las relaciones de servicio a los necesitados, lo que Juan

Wesley llamó «santidad social». Es un camino a Dios marcado por el amor activo. Aunque está enraizado en la alabanza y la contemplación, esta jornada no es primordialmente intelectual ni emocional, sino esencialmente física. Con el cuerpo una levanta y calma y toca a los severamente heridos del mundo. Ese es un camino a Dios a través del regalo del ser físico.

Otro tipo de jornada diferente es representado en la vida y ministerio de Evelyn Underhill, otra gigante espiritual de la era moderna. Muy leída durante la primera mitad del siglo veinte, sus abundantes escritos sobre la vida espiritual son un tesoro relativamente desconocido de la cristiandad hoy en día. Evelyn nació en Inglaterra y fue criada en la Iglesia Anglicana. A principios de 1920, esta brillante mujer estaba ganando una reputación como una experta en el campo de la teología mística. Aun así su propia vida espiritual le parecía a ella una carga intolerable de soledad y aislamiento. No se sentía completamente en casa en su Iglesia de Inglaterra ni en la Iglesia Católica Romana. Sin compartir su vida de oración con nadie, Evelyn estaba «separada de la vida sacramental y de la posibilidad de comunidad que podía haberla sostenido».[7]

Un momento culminante llegó con el primer retiro que Evelyn tuvo en una casa de retiro anglicana llamada Pleshey. Ahí en el silencio del hermoso campo de Essex, Evelyn empezó a experimentar un sentimiento de encontrarse en casa, por primera vez, en la iglesia que la vio nacer. Le escribió a su director espiritual, el Barón von Hügel: «Toda la casa parece empapada en amor y oración. Para mi sorpresa, un régimen de comunión diaria y cuatro servicios al día con intermedios de silencio, fue la vida mas fácil, relajada y natural que jamás he vivido».[8] Interesantemente, este retiro tuvo el efecto, no de llevarla a aislarse de los otros, sino de curar su soledad: «Ahí perdí mi último vestigio de separación… Mi vieja vida religiosa ahora se ve… superficial y solitaria».[9]

No pasó mucho tiempo antes que Underhill empezara dirigiendo retiros espirituales para otras personas en Pleshey. Una talentosa directora espiritual y líder de retiros, Evelyn dio más de una década de su vida a este ministerio por el cual es tan querida tanto como por sus

muchos libros. Por su propia experiencia entendió que un verdadero retiro nos reconecta con nuestra Fuente viviente, de modo que nos sintamos más verdaderamente en conexión unos con otros. El tiempo que se pasa en adoración, silencio y comunión refresca nuestros espíritus a una profundidad que ninguna otra actividad puede igualar.

El caminar de Evelyn hacia Dios fue marcado por hambre de unión con la Realidad (su nombre favorito para Dios). Ella hizo su jornada a casa a través de la contemplación. La contemplación es esencialmente el camino sin palabras hacia la unión con Dios. Sin embargo, su vida estuvo llena de escritos, conferencias y servicio activo a los indigentes en su comunidad. Igual que el camino de la Madre Teresa fue principalmente activo, pero enraizado en la contemplación; el camino de Evelyn fue principalmente contemplativo, pero expresado en un balance de actividades. Al igual que la jornada de Teresa de Ávila o la de Tomás Merton, la jornada de Evelyn Underhill estuvo extraordinariamente mezclada de acción y contemplación. Una mística de corazón, Evelyn dominó el camino de la quietud y el escuchar interior.

Encontrar conexiones

Es absolutamente crucial… mantenerse en constante contacto con lo que está sucediendo en la historia de su vida y poner mucha atención en lo que está sucediendo en las historias de vida de otras personas. Si Dios está presente en cualquier lugar, es en esas historias que Dios está presente.

—Frederick Buechner

Para simplificar todavía más el asunto, estas cuatro figuras representan un camino inicial hacia Dios a través de la mente, el corazón, el cuerpo y el espíritu. Muchas otras personas de fe podrían ilustrar estos senderos básicos tan bien como ellos. Estos personajes particulares se han presentado para ayudar a «encender la maquinaria» de nuestros pensamientos sobre nuestro propio camino espiritual. ¿Tiende usted a acercarse a Dios a través de las luchas con asuntos teológicos y preguntas intelectuales? ¿A través de sentimientos conflictivos y heridas profundas? ¿Con un deseo intenso de amar a otras personas en servicio sencillo? ¿A través del anhelo de paz interior y un sentido de estar en casa en una tradición espiritual particular? ¿Hay algún otro camino que le gustaría identificar como el suyo propio?

Dios nos trae a cada una y uno de nosotros al corazón de la vida en un tiempo y una manera única, hecha específicamente para nuestra propia naturaleza y circunstancia. Su jornada y la mía no pueden ser la misma, aun si fuéramos gemelos idénticos. Sin embargo, nuestras muchas jornadas comparten excepcionales cosas en común, puntos donde encontramos apoyo en la identificación humana y el terreno en común. Los signos de la gracia de Dios trabajando en nosotros a menudo son extremadamente similares: quizá el sentimiento de encontrarse sobrecogido por una oración contestada mas allá de nuestras expectativas; la experiencia de angustia por una oración no contestada en la forma que esperábamos, pero viendo en retrospectiva contestada en una forma inesperada y quizá mucho más profunda; la intuición de que Dios nos ha llamado para hacer una tarea que sentimos que va más allá de nuestros dones o capacidad, pero a través de la fe y la perseverancia, descubrimos que es un llamado genuino para el cual Dios nos equipó.

Espero que estas sugerencias hayan estimulado su apetito para mirar su propia jornada espiritual más de cerca. ¿Dónde o cómo empezó? ¿Quién influenció mayormente su crecimiento espiritual? ¿Cuándo descubrió un nuevo sentido de dirección, y adónde lo llevó a usted? ¿Qué experiencias importantes han dado forma a su jornada, y cómo? Éstas son sólo unas cuantas preguntas que pueden ayudarle a poner atención en el camino de su desarrollo espiritual.

Cuente su historia

Una manera de ver y decir su jornada de fe es escribir una sencilla autobiografía espiritual. No necesita ser tan profunda o comprensible como las *Confesiones de Agustín*, pero debe ser tan honesta y clara como le sea posible. Ese documento será sólo para usted. Empiece con sus primeros recuerdos de cualquier cosa relacionada a su fe, y lleve la historia hasta el presente. Note la influencia de su tradición religiosa o la falta de ella, la forma en que su familia se relacionó con su fe, y los mentores, compañeros y compañeras a lo largo del camino. Ponga atención a las motivaciones más profundas detrás de su búsqueda y encuentro. Vea el balance entre su necesidad de soledad y su deseo de comunidad, los aspectos internos de su fe y sus

> *Recordar nuestras historias nos ayuda a percibir las maneras en las que Dios ha participado en nuestra historia personal. Recordamos increíbles respuestas a oraciones y momentos de gracia, tiempos en los que Dios nos ayudó a lo largo de lo que parecían crisis imposibles.*
>
> —Richard Morgan

expresiones externas. Describa su experiencia de oración. Note los momentos culminantes, conversiones y cambios a lo largo del camino. Vea si puede identificar un «camino inicial» en su historia.

Si lo desea, también puede escoger dibujar su jornada espiritual. Tome una hoja de papel grande y en blanco, o pegue varias hojas juntas para obtener el espacio necesario. Dibuje una línea que represente su vida, mostrando las altas y bajas, regresos, círculos o cualquier patrón que le parezca adecuado. Marque eventos particularmente significativos con símbolos que representen lo que ellos han significado en su vida de fe. Sea creativo con este proceso, use colores para expresar sus sentimientos en varios tiempos o pegando en el papel otros materiales que expandan e interpreten sus símbolos.

Si prefiere puede escribir un poema o una serie de poemas que den voz a los más internos e intangibles aspectos de su vida espiritual. Vea si puede identificar varias experiencias o circunstancias que han sido clave para su camino espiritual. Pueden ser cosas como un cambio significativo en la niñez; un tiempo traumático, desafiante o de inspiración en la adolescencia o adultez temprana; la pérdida de una relación significativa; un cambio de dirección en su carrera; el experimentar otra cultura. Permita que sus sentimientos, imágenes y metáforas conectadas con la experiencia salgan a la luz en su reflexión. Escriba un poema sobre cada experiencia, exprese la dimensión espiritual de esa experiencia. A menudo nuestra experiencia de Dios no se presta para escribir una prosa descriptiva. El arte, la música, la danza y la poesía son lenguajes del alma.

EJERCICIOS DIARIOS

Antes de empezar estos ejercicios, lea el cuarto capítulo, «Compartir peregrinajes de fe». Mantenga un diario de sus reflexiones. Dispóngase en apertura y expectación ante Dios a medida que empieza cada reflexión. Estos ejercicios nos ayudarán a considerar varios modelos de jornadas de fe y nos prepararán para articular nuestros propios relatos espirituales.

EJERCICIO 1

Lea Gálatas 1:11–2:1. Vemos que la transformación de Pablo en Cristo no fue inmediata, sino que tomó lugar con el tiempo. A su tiempo, él recibió una revelación de Cristo, se apartó para buscar entendimiento, consultó con los otros apóstoles, y trabajó su llamado en comunidad.

Revise la sección llamada «Modelos de jornadas de fe». ¿Con qué persona ahí descrita se identifica más usted? ¿Por qué? ¿Qué afinidad o resistencia siente hacia cada uno de los cuatro personajes? Comparta sus sentimientos con Dios y escuche. ¿Puede nombrar algún otro «modelo de fe» con el cual se identifica usted particularmente? ¿Por qué? Apunte sus reflexiones.

EJERCICIO 2

Lea Marcos 12:28-30. Jesús reafirma que el primer mandamiento es «amar al Señor tu Dios» con todo tu ser—corazón, alma, mente y fuerzas. ¿Cuál de estos cuatro aspectos representan su camino inicial hacia Dios? Por ejemplo, su búsqueda de una relación profunda con Dios ha estado más relacionada con su corazón (afecto y hambre de amor), alma (intuición y deseo de unión con Dios), mente (pregunta y búsqueda de la verdad), o fortaleza (acción y servicio al bien común)? ¿Qué motivación es más fuerte? ¿Más débil? ¿Ha cambiado su motivación o manera de buscar en el transcurso de su jornada? Capture sus reflexiones en su diario.

EJERCICIO 3

Lea el Salmo 116. Complete el versículo 1 por usted mismo: «Yo amo al Señor porque…». Escriba su propia expresión de lo que le conecta

con Dios y lo que Dios ha hecho por usted. Luego, tome unos minutos para leer lo que ha escrito de sus reflexiones en los ejercicios desde las primeras tres semanas. Trate de dar nombre a los momentos centrales de su historia espiritual, a los capítulos en su relato, y hasta un título para su relato aún sin terminar. ¿Cuál podría ser el nombre del capítulo que está usted escribiéndole ahora a Dios? Déle gracias a Dios por lo especial de su jornada.

EJERCICIO 4

Lea el Salmo 107. Este salmo, como muchos otros salmos, nos cuenta historias de fe de la gente. ¿Si añadiera una estrofa de este salmo a su relato, cómo se leería? Pase algún tiempo hoy y mañana pensando sobre las varias formas en las que podría describir o decir el relato de su vida espiritual. Escoja una forma que sea apropiada para su descripción, expresión o cuadro de su relato. Por ejemplo, podría «dibujar» su jornada, usando una imagen o metáfora que capture aquello que es único de su historia espiritual. Podría escribir un poema o una breve autobiografía que hable de las influencias y experiencias formativas. Podría hacer un gráfico de los momentos buenos y malos, podría delinear el camino que ha seguido, dibujar un «árbol» de las personas a través de las cuales Dios le ha formado, o hacer un collage de imágenes significativas para usted. Use su creatividad; deje que el Espíritu le guíe. Tome estos dos días para trabajar en el relato de su vida espiritual. Luego, prepárese para compartir su jornada con el grupo en la forma que sea más cómoda para usted. Tendrá de 10 a 15 minutos para compartir lo que escoja sobre su relato.

EJERCICIO 5

Lea el Salmo 136. Pase algunos minutos dando gracias por el amor fiel de Dios en su vida y todas las formas en que lo ha experimentado. Termine el trabajo que empezó ayer. Invite al Espíritu a iluminarle en sus esfuerzos.

Recuerde revisar su diario de la semana como preparación para la reunión de grupo.

Vivir como comunidad de pacto

*L*as situaciones en las que la vida se ve amenazada a menudo revelan el carácter de las personas que están involucradas en ellas. Mi primer enfrentamiento como adulto con una enfermedad mortal reveló tanto acerca del carácter de los que me rodeaban como del mío propio. La primera persona que me ofreció su apoyo, fuera de mi familia, fue un miembro del grupo de pacto al cual he pertenecido por más de una década. Aun en medio de mi lucha por mantenerme consciente, sabía que, junto con mi familia, mi grupo de pacto había tendido un manto de amor y oración sobre mí. Durante este tiempo crítico en el que tenía gran dificultad para pensar racionalmente y para orar, mis amados colegas estuvieron orando por mí y conmigo. Saber que estaba siendo sostenido en la luz de la presencia de Dios por medio de las oraciones de los siervos fieles de Dios me daba una gran paz y tranquilidad. El apoyo incondicional de quienes se encuentran en una relación de pacto con nosotros es uno de los beneficios importantes de estar en comunidad. Hay muchos otros beneficios; algunos se mencionan en los siguientes párrafos, y otros podrán ser descubiertos sólo en la medida que usted explore la riqueza de vivir en un pacto mutuo con otras personas.

El pueblo cristiano está llamado a una comunidad de servicio mutuo, y los grupos de pacto son un lugar ideal para vivir ese llamado. Cada uno de nosotros tiene un don especial que ofrecer a otras

No fuimos creados/as para vivir en aislamiento... Si bien nadie cuestiona la necesidad de períodos de soledad y renovación en nuestras vidas, la fe tiende a florecer más fácilmente cuando se comparte y experimenta con otros/as.

—Mary Lou Redding

personas. Las pequeñas comunidades de compromiso de pacto son lugares donde podemos compartir y reforzar nuestros dones. En este grupo descubrimos nuestra necesidad de aceptación, crecimiento y responsabilidad; aquí también podemos ver suplidas esas necesidades.

Tilden H. Edwards dice que comunidad es «lo que cada uno quiere pero casi nadie es capaz de mantener bien por largo tiempo».[1] Edwards tiene razón. Para formar una comunidad genuina hacen falta esfuerzo y compromiso intencional. Eso es precisamente lo que un pacto representa. Una comunidad de pacto no sucede por accidente. Sostener dicha comunidad requiere atención consistente y compromiso. Quizá es por eso que hoy en día hay muy pocos de nosotros en comunidades permanentes de pacto. Quizá no sepamos cómo comenzar una comunidad así, y a menudo rehusamos pagar el precio del tiempo y esfuerzo que ésta requiere para sostenerse.

Pero anhelamos los beneficios de una comunidad de pacto, las relaciones significativas con otras personas que intencionalmente dirigen sus rostros y jornadas de vida hacia Dios. Tomar la vida espiritual en serio resulta en soledad en nuestros tiempos. Quienes están conscientes de su hambre por una vida más profunda con Dios, a menudo se sienten aislados e incomprendidos. Necesitamos de otras personas para que nos ayuden a vernos y escucharnos claramente. Necesitamos de otras personas para que exploren con nosotros los límites de nuestros medios y nuestra fe. Crecemos espiritualmente sólo en y a través de nuestra relación con Dios y con otras personas.

Sabemos que la vida de Jesús reveló un balance vital de soledad y comunidad, el tipo de totalidad y balance que anhelamos experimentar en nuestras propias vidas. Los doce discípulos llegaron a confiar y amar la comunidad, aun cuando estaba formada por personas como nosotros/as, con un carácter y un entendimiento menos que perfecto. Jesús valoró la comunidad, y por eso encontraba el tiempo y la ocasión para cultivar las relaciones personales con aquellas personas que le seguían y con sus amistades más cercanas (Juan 15:15). Él también valoró la soledad; por eso encontraba el tiempo y lugar para cultivar su vida interior y relación con Dios. Jesús era completo, con el balance preciso y el ritmo de vida que deseamos en nuestras vidas.

Pero ¿cómo empezamos? ¿Dónde podemos buscar dicha comunidad? ¿Quién nos acompañará, y quien será compatible? ¿Tendremos el valor de formar una comunidad basada en un pacto compartido? ¿Puede una comunidad como ésta sobrevivir en nuestra cultura? ¿Tengo yo personalmente la capacidad de vivir en pacto con otras personas? ¿Cuál será el costo, y cuáles serán los beneficios de una vida de pacto? Estas son algunas de las preguntas que indudablemente surgirán a medida que pensemos en nuestra participación en una comunidad cristiana más íntima.

Raíces bíblicas y teológicas del pacto

Cuando exploramos el concepto de pacto, quizá pensamos primeramente en los pactos que Dios hizo con Abraham y Moisés. Pero podemos trazar los orígenes del pacto como un elemento que ha marcado nuestra relación con Dios desde Adán y Eva. Desde el comienzo de la creación, Dios ha deseado estar en una relación de amor mutuo y responsabilidad con los seres humanos. Dios nos ama con un amor infinito, expresado en abundante provisión, protección y compañerismo divino; nosotros respondemos en amor que se muestra en gratitud y deleite en la bondad de Dios. Dios nos llama a la fidelidad y creatividad; nosotros respondemos en obediencia, buscando unir nuestras manos y nuestro corazón con la voluntad divina.

La fe cristiana declara que Dios todavía desea e inicia relaciones de pacto con los seres humanos hoy en día. Como cristianos, empezamos nuestra discusión de comunidad de pacto con el Dios que se nos ha dado a conocer en Jesucristo (Hebreos 1:1-4). Si queremos saber lo que Dios desea para la vida humana, basta ver el modelo de la vida de Jesús. Evidentemente Jesús vivió las profundidades de una relación de pacto con Dios y con otros.

Muchos teólogos señalan el amor que reside en las tres personas de la Trinidad como un modelo de la intención de Dios para nosotros para vivir con Dios y unas con otros en una comunidad de amor. Puesto que somos criaturas creadas a imagen de Dios, ya tenemos impresa en nuestro ser la necesidad, el deseo y la capacidad para

Estoy y estaré en comunidad con el otro únicamente por Jesucristo. Cuanto más auténtica y más profunda se haga, tanto más retrocederá todo lo que mediaba entre nosotros, con tanta más claridad y pureza vivirá entre nosotros sola y exclusivamente Jesucristo y su obra. Nos pertenecemos únicamente por medio de Cristo.

—Dietrich Bonhoeffer

dicha comunión. La espiritualidad bíblica no conoce tal cosa como la espiritualidad privada. Conoce íntimamente la relación personal con Dios a través de la soledad interior, pero aun en soledad no nos acercamos a Dios en aislamiento absoluto. Las primeras palabras del Padrenuestro declaran nuestra incorporación a la comunidad. Cuando decimos esta oración, reconocemos que somos parte de la gran familia de Dios. Ciertamente, es la unidad que Jesucristo conoce con el Padre y el Espíritu Santo la que él desea entregar a toda persona que le sigue (Juan 17:20-23).

La iglesia, descrita como el cuerpo de Cristo, es por naturaleza una gran comunidad de pacto en amor (1ª a los Corintios 12:12). Desde el momento de nuestro bautizo nos unimos a una comunidad de fe—local, global y cósmica—desde ahora y para siempre. Cuando tomamos los votos de membresía en el cuerpo de Cristo, intencionalmente nos colocamos dentro de una comunidad de pacto. Públicamente acordamos cumplir las obligaciones de una vida de pacto dentro de la iglesia. Unirnos a la iglesia, es ponernos dentro del círculo de aquellas personas que han buscado, desde la revelación de Dios en Cristo, amar y obedecer a Dios siendo discípulos del Señor resucitado.

El matrimonio es una expresión particular de la comunidad cristiana basada en un pacto mutuo que, a menudo, es usado para ilustrar la forma y textura de una comunidad de pacto. El pacto del matrimonio se hace cuando dos personas entregan completamente sus vidas la una a la otra. Es un pacto basado en amor mutuo, confianza y compromiso. Para los cristianos y cristianas, la responsabilidad en el matrimonio está basada en una gran comunidad y en la presencia de Dios.

En estos ejemplos vemos algunos de los elementos básicos de la comunidad cristiana. Por supuesto, la fe en Dios es el fundamento para todo. Finalmente, es Dios, a través del poder y acción del Espíritu Santo, quien nos forma en comunidad. Ningún teólogo ha hablado de esta verdad tan claramente como Dietrich Bonhoeffer, quien escribió: «La hermandad cristiana no es un ideal que nos incumbe realizar sino que es una realidad creada por Dios en Cristo, en la que se nos permite participar».[2]

Si bien nuestros esfuerzos son necesarios, la verdad es que la comunidad genuina es un regalo de la maravillosa gracia de Dios. Así que, nos ofrecemos sin reservas a Dios y dejamos que nuestras vidas, dirigidas por el Espíritu Santo, sean construidas en comunidad de pacto. En esta comunidad nos unimos a otras personas que también buscan estar plenamente vivas a la presencia de Dios cada día.

Formas y elementos de los grupos de pacto

Los grupos de pacto pueden tomar varias formas en la iglesia. En algunos, el contenido del tiempo del grupo consiste en el estudio de un recurso particular o una práctica espiritual. En otros, el contenido del tiempo del grupo se enfoca en mantenerse unos a otros responsables de las disciplinas practicadas individualmente fuera del tiempo del grupo. A este último acercamiento se le llama a veces un grupo de discipulado responsable.

En el primer acercamiento, los miembros del grupo se reúnen con el compromiso de explorar su fe usando libros, casetes, videos o cualquier otro recurso para generar una discusión concienzuda y practicar la oración. Algunos grupos se reúnen con un pacto específico para ofrecer oración intercesora, para practicar meditación cristiana, o para entrar en contemplación como grupo. Otros se reúnen para buscar dirección para la vida diaria en las Escrituras, quizá usando un proceso de grupo de lectura espiritual (tal como el descrito en la Parte 2). Hay otros que se comprometen individualmente o como grupo en servicio activo a sus comunidades, seguido por reflexión de grupo y oración.

Sin importar la variedad de formas, los elementos comunes en los grupos de pacto generalmente incluyen lo siguiente:

- Reunirse como grupo en intervalos regulares de tiempo y asistir fielmente a las reuniones.

- Orar por el grupo como un todo y por cada miembro.

- Compartir la vida y la fe abiertamente, tanto lo bueno como lo no tan bueno de las experiencias.

- Apoyar, alimentándose y animándose unos a otros en el amor cristiano.

- En un espíritu de amor, mantenerse unos a otros responsables con los compromisos adquiridos.

- Honrar la confidencialidad de lo que ha sido compartido en los tiempos de reunión.

- Unirse como grupo en algún esfuerzo común de alcance, o alguna otra forma de ministerio.

Los grupos que se forman para participar regularmente en prácticas espirituales, con frecuencia desarrollan un profundo lazo de unión. Este lazo no se construye principalmente por las técnicas de formación de grupos, sino por la confianza que se desarrolla cuando las personas comparten el movimiento profundo de la obra de Dios en sus vidas.

—Joseph D. Driskill

Un elemento absolutamente esencial de la comunidad cristiana y que es rara vez discutido es el deseo de ofrecer a las demás personas el verdadero ser de uno en vez del ser fabricado. El mayor regalo que podemos hacerle a otra persona es nuestro ser auténtico. Un líder muy capacitado dijo: «Muchas cosas suceden en una comunidad de gracia. Quizá la más prominente es que llegamos a ser capaces de admitir nuestros secretos ante otros sin tener miedo de ser rechazados, y ellos llegan a admitir sus secretos ante nosotros sin miedo de que nosotros les rechacemos».[3] He aquí cómo una mujer expresó esta dinámica en su grupo pequeño: «Los grupos llegaron a ser un lugar en donde una no necesitaba pretender que tenía toda la vida resuelta. Una podía llegar y decir, 'Aquí estoy. Esta es la parte de mí que duele. Necesito su ayuda. Necesito entender lo que Dios quiere que haga en este asunto'. De modo que teníamos la oportunidad de hablar sobre los problemas reales».[4] Sólo una atmósfera de interés genuino, oración y confidencialidad puede construir suficiente confianza para animar a tal honestidad entre los miembros del grupo.

Como parte de este grupo, ya nosotros/as hemos hecho algunos compromisos básicos. Sin embargo, podemos aprender mucho sobre nuestra participación en este grupo pequeño al explorar los beneficios, recompensas y costos de vivir juntos. De esta forma, podemos mirar de manera realista el significado y la realidad de la comunidad de pacto. A fin de formular un pacto que sea de apoyo mutuo, necesitamos metas compartidas. Es importante tomar tiempo al comienzo de la formación del grupo para formular un pacto que a todas las personas les parezca aceptable.

El deseo de dejar nuestras preferencias personales de lado por el beneficio de la comunidad como un todo es probablemente uno de los grandes obstáculos para los cristianos que buscan comunidad genuina. Aun así, aquellas personas a quienes les gusta hacer las cosas a su manera o creen que lo saben todo frustran e impiden el desarrollo del grupo con bastante frecuencia. Estas personas requerirán una conversión profunda antes de que puedan participar fructíferamente en cualquier comunidad de pacto. En este sentido, las palabras de Pablo a los filipenses (2:3-4) son especialmente aptas: «*No hagan nada por egoísmo o vanidad; más bien, con humildad consideren a los demás como superiores a ustedes mismos. Cada uno debe velar no sólo por sus propios intereses sino también por los intereses de los demás*» (NVI).

Otro ingrediente clave para una comunidad de pacto y del que a menudo no se habla o no se explora es el tema de la responsabilidad mutua. El mantenerse responsables unos a otros por los compromisos hechos puede ser una parte incómoda de la vida de grupo, especialmente en una cultura que enaltece el individualismo y las decisiones autónomas. La mayoría de nosotros nos cuidamos de no darle permiso a alguien más para que nos mantenga responsables de nuestras decisiones y acciones. Nos da miedo el autoritarismo y el juicio autocomplaciente. Sólo si aceptamos que nuestros hermanos y hermanas en Cristo nos amen incondicionalmente y deseamos ser responsable ante ellos/as al menos por ciertos aspectos de nuestra vida en fe, podremos ser capaces de aceptar esta dimensión de la comunidad cristiana. Nuevamente, es importante que cualquier grupo que esté buscando hacer un pacto que funcione, tome el tiempo para explorar el significado y beneficio de la responsabilidad, los sentimientos al respecto y cómo se practicarán éstos en el grupo.

Naturalmente, un elemento que está presente en cada búsqueda de comunidad es el deseo de experimentar el gozo del mutuo cuidado, compartir y descubrimiento en la jornada cristiana. Cuando los cristianos y cristianas forman una comunidad de pacto, tienen el derecho de esperar apoyo y aceptación sin paralelos. Pero ese apoyo y aceptación no suceden automáticamente. El discutir y planear con

suficiente tiempo puede incitar a cada miembro a estar alerta a las oportunidades de cuidar y ministrarse unos a otros.

Dios nos ha llamado a ser en medio de una comunidad, y nuestra vida como comunidad, si bien está cargada de problemas y fallas, es un acto poderoso de revelación, testimonio y servicio.

—Regla de la Sociedad de San Juan el Evangelista

Considere los costos y beneficios

Ahora, ¿qué del costo? ¿La comunidad de pacto vale lo que cuesta? Nuestra sociedad nos ha convertido en cazadores de rebajas que nos resistimos a «pagar» cualquier cosa que pueda costar mucho y ofrezca muy poco. Un análisis cuidadoso del costo y beneficio es una tarea que vale la pena. Los santos y santas que han viajado antes que nosotros el camino de la vida en comunidad nos animan a considerar el costo, pero a la vez nos animan con su reporte de los beneficios. El costo incluye ceder alguna porción de nuestra autonomía, renunciar al ser falso y fabricado, dar nuestro tiempo, practicar un escuchar cultivado y cuidadoso, y estar en disposición de llevar a cabo el duro trabajo de sostenerse unas a otras en cercanía y responsabilidad en amor.

¿Cuáles son los beneficios? Quienes han peregrinado antes que nosotros pueden contestar: «una probadita del cielo». A sus voces se unen las de muchas personas que hoy en día han experimentado de primera mano los frutos de la comunidad de pacto. Una participante en un grupo de mujeres describió a las personas a las que ha llegado a amar con una simple oración: «Son como una familia extendida, a quienes una no tiene que explicarles vez tras vez quién es usted».[5] Otro hombre, quien se sintió constructivamente desafiado por su grupo, describió los beneficios de esta manera: «El grupo me hace sentir incómodo cada semana, porque me desafía a dar un poquito más a crecer un poquito más, a llegar a ser un poco más honesto conmigo mismo y a tener un poco más de intimidad con Dios u otras personas. Y eso es lo que más necesito».[6]

Confiarse uno mismo—cuerpo y alma—al cuidado de una comunidad cariñosa y fiel es una de las experiencias más satisfactorias y bendecidas que existen. Saber que hay una comunidad que ora y me escucha, y que está lista para ayudarme a discernir la voluntad y el camino de Dios en cada eventualidad de la vida, me da gran confianza. Recordar que cada día mi vida está cerca del amante corazón de

Dios gracias a quienes buscan lo mejor de Dios para mí es un regalo maravilloso. Y tener la protección de una comunidad que tiene el ánimo y la fe para dar corrección cuando me extravío o una mano de ayuda cuando tropiezo es puramente un regalo. Simplemente saber que esta cuidadosa y comprometida comunidad está a mí lado, me sostiene, cuida de mí, y no me dejará caer es una enorme seguridad y bendición en un mundo donde tales dones son raros.

Morton Kelsey dice, «Caminar con otros en sus peregrinajes espirituales es un arte».[7] ¿Cómo podría cada uno de nosotros/as llegar a ser artistas ayudando a crear el hermoso mosaico de una comunidad viva, creciente y dadora de vida? Los grandes artistas tiene muchas destrezas innatas, pero su trabajo es el resultado del esfuerzo disciplinado y un deseo de tratar y tratar nuevamente. Cada uno de nosotros/as tiene la capacidad de vivir en pacto con otro hijo o hija de Dios. Y cada uno de nosotros/as tiene dones innatos para ayudar a establecer una vida fiel dentro de la comunidad. Sin embargo, de la misma manera en que los artistas constantemente trabajan usando sus dones innatos, así también nosotros constantemente invertimos nuestras destrezas y dones en el esfuerzo de crear una comunidad que refleje más y más la imagen divina.

Anímese y explore el significado de participar en una comunidad de pacto con aquellas personas enviadas por Dios para descubrir con usted un discipulado más lleno y rico de lo que usted jamás haya conocido. Recuerde, Dios llama, congrega y forma cada comunidad de fieles. Este conocimiento de por sí ya nos da esperanza y ánimo para continuar.

EJERCICIOS DIARIOS

Lea el quinto capítulo titulado «Vivir como comunidad de pacto», mantenga a la mano su diario, y ábrase al Espíritu de Dios a medida que empieza cada ejercicio. Los ejercicios de esta semana sirven como preparación para discernir un pacto para el grupo en su próxima reunión. Usted ya es parte de un grupo de pacto, ya que se ha comprometido a hacer las lecturas, ejercicios diarios y asistir a las reuniones semanales de *Compañerismo en Cristo*. Éste es sólo un paso más en clarificar la experiencia del tipo de grupo pequeño que usted está buscando y las prácticas que le gustaría escoger para apoyar esta comunidad.

EJERCICIO 1

Lea Marcos 3:13-19. Los doce escogidos por Jesús se congregan alrededor de él en comunidad, no simplemente para obtener conocimiento unos de otros, sino para responder a un llamado común y a una promesa de compartir la vida en el reino de Dios. Tome ahora tiempo para escuchar profundamente a su corazón. ¿Qué llamado oye, y qué promesa siente al ser parte de este grupo? ¿Qué le gustaría ver que el grupo llegara a ser a medida que continúan la jornada juntos en Cristo? Entregue sus esperanzas con toda honestidad a Dios. Apunte en su diario los pensamientos importantes, ideas y preguntas.

EJERCICIO 2

Lea Lucas 22:21-34. Este pasaje ofrece evidencia del gozo y el conflicto en la comunidad de discípulos que Jesús reunió. En su libro *La vida activa*, Parker Palmer observa que uno de los propósitos de la comunidad es «desilusionarnos»; es decir, quitarnos las ilusiones acerca de Dios, las demás personas, y de nosotros/as mismos a fin de traernos más cerca al gozo de la verdad. Hasta aquí, ¿cómo ha experimentado el gozo y los problemas al ser parte de este grupo? ¿Ha experimentado desilusiones? Si es así, escuche lo que Dios le puede estar diciendo a través de eso. Escriba sus ideas.

EJERCICIO 3

Lea Filipenses 2:1-4. El consejo de Pablo de «velar por los intereses de los demás» nos llama a un sentido mayor de quiénes somos, y al mismo tiempo, desafía el control de nuestra autonomía personal. Póngase en contacto con sus sentimientos de atracción y resistencia a un pacto por el cual ha acordado vivir a la luz de los intereses de las demás personas. Trate de nombrar lo que le gusta de ese pacto y lo que le da miedo. Escuche lo que el Espíritu puede estar diciéndole sobre sus sentimientos. Recuerde apuntar sus ideas y pensamientos en su diario.

EJERCICIO 4

Lea el Salmo 133. Reflexione en la relación entre el gozo de la comunidad expresado en este salmo y el contexto hebreo de comunidad—un pacto con Dios y unos con otros. En su experiencia ¿cuáles son los acuerdos y prácticas necesarias para que el congregarse en una comunidad humana sea «bueno y delicioso» y un anticipo de la «bendición y la vida eterna» de Dios? ¿Qué acuerdos y prácticas son necesarios para que su grupo pequeño crezca como una comunidad en la cual cada persona pueda perseverar en gracia y verdad?

EJERCICIO 5

Lea Marcos 6:30. El apoyo y la responsabilidad en los aspectos internos y externos de la jornada espiritual fueron parte integral de la comunidad de los discípulos con Jesús. ¿Qué clase de apoyo para prácticas, decisiones o cambios recibiría usted de este grupo? ¿A qué tipo de apoyo se opondría usted? ¿Qué tipo de apoyo estaría en disposición de ofrecer a otras personas del grupo? En oración, imagínese dando y recibiendo apoyo positivo en el grupo. ¿Cómo se ve ese apoyo mutuo? Escriba sus ideas.

Recuerde revisar su diario de la semana en preparación para la reunión de grupo.

Alimentarse de la Palabra: La mente de Cristo

E. Glenn Hinson

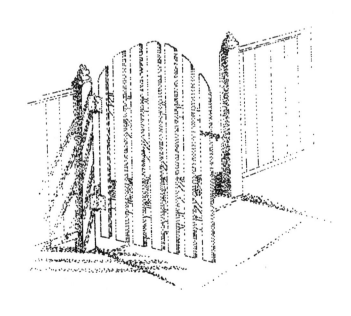

Parte 2, Semana 1

¿Por qué llamamos a la Biblia la Palabra de Dios?

Mi abuela me dejó mis primeros recuerdos de este fascinante libro, la Biblia. Todavía me parece verla sentada en su mecedora en la terraza, meciéndose hacia atrás y hacia adelante, con la Biblia abierta en su falda. Algunas veces se dormía. Pero mucho más a menudo, recuerdo haber visto lágrimas cayendo sobre las páginas de su Biblia bastante usada y marcada. Con frecuencia le preguntaba si había sucedido algo malo. Ella generalmente respondía: «¡Shh! Sólo estoy buscando palabra de Dios».

Cuando tenía cuatro o cinco años, tuve mi primera experiencia personal con la Biblia en una Escuela dominical luterana en Saint Louis, Missouri. Una maestra nos contó historias de la Biblia, y coloreamos figuras que las ilustraban. Como miembro de una familia en conflicto que ya contaba con recuerdos dolorosos, encontré algunos héroes en esas historia—José, Moisés, David, Jesús. Estaba deseoso de que llegara el día en que pudiera leer la Biblia por mí mismo. En los sesenta y tantos de años que han pasado desde entonces, he leído la Biblia muchas veces. Bueno, debo confesar que no he cumplido con el consejo bautista de leer la Biblia de principio a fin. Ni una sola vez he llegado más allá de Levítico cuando he tratado de leerla de esa manera.

Quizá usted se ha sentido atraída a la Biblia, pero fuera de la estructura de una clase de escuela dominical de iglesia, ha sentido que era

Si quiere un verdadero conocimiento de las Escrituras, trate de obtener una firme humildad de corazón, para que por la perfección del amor le lleve, no al conocimiento que infla, sino al que ilumina.

—Juan Casiano

difícil entender y relacionar la Biblia con su experiencia diaria. Quizá se haya sentido confundido por lo que parecieran ser contradicciones en la Biblia. O quizá haya querido establecer un patrón de lectura diaria de la Escritura pero descubrió que otras actividades continuamente usurpaban el tiempo. Al pensar como grupo en la Biblia como la Palabra de Dios para nuestras vidas, le invito a examinar sus actitudes hacia la Escritura y sus patrones de lectura. La oración y la lectura de la Biblia están profundamente relacionadas y nos dan una disciplina para escuchar y encontrarnos con el Dios que nos ama.

Cómo se formó la Biblia

¡Qué libro tan fascinante es la Biblia! En realidad, para hacerla todavía más intrigante, debo reconocer que no se trata de un libro sino de muchos. Está formada de diferentes tipos de escritos compuestos a lo largo de varios siglos y coleccionados poco a poco, primero por el pueblo judío y luego por el pueblo cristiano. La Biblia hebrea, a la que los cristianos se han referido comúnmente como el Antiguo Testamento, consiste de relatos de la historia del pueblo judío, historias de personas santas (Rut, Ester), una gran obra de sufrimiento (Job), una colección de cantos (Salmos), una antología de proverbios (Proverbios y Eclesiastés), un relato de la cita de amor de una pareja de recién casados (Cantar de los Cantares), y escritos de los profetas.

La Escritura cristiana (el Nuevo Testamento) está compuesto de cuatro relatos de la historia de Jesús (Evangelios), un relato de la primera dispersión de la cristiandad (Hechos de los Apóstoles), cartas de Pablo y otros apóstoles, un sermón de la iglesia primitiva (Hebreos), y un relato apocalíptico (Apocalipsis). Hasta la Reforma del siglo dieciséis y entre los católicoromanos hasta hoy en día, las Escrituras cristianas han incluido un grupo de escritos llamados apócrifos. Los reformadores protestantes los excluyeron de sus Escrituras porque carecían de los originales en hebreo y no pertenecían al canon judío. Hoy, sin embargo, muchas Biblias protestantes incluyen los libros apócrifos.

Dada tal diversidad y tantos períodos de tiempo, quizá se preguntará cómo fue que se formó la Biblia. Obviamente, su formación se dio en varias etapas. La primera etapa involucró el relato oral, por ejemplo, el del éxodo de los hebreos de Egipto y el del ministerio, muerte y resurrección de Jesús. La gente antigua confiaba mucho más en la memoria de lo que ahora lo hacemos nosotros. Después de un considerable período de tiempo, ciertas personas empezaron a escribir los relatos que la gente contaba, las canciones que cantaban, los proverbios que citaban.

La segunda etapa, por lo tanto, tiene que ver con la escritura. Los académicos modernos han demostrado que éste no era un proceso simple con un solo autor componiendo un escrito. En el caso de los libros históricos, por ejemplo, los académicos han descubierto la mano de varios editores y revisores en la producción de escritos tales como los primeros libros de la Biblia según los tenemos ahora. En el caso de los evangelios podemos ver que Mateo y Lucas usaron a Marcos y otras «fuentes» para componer sus relatos de las buenas nuevas. Lucas, de hecho, habla de «muchos» antes que él, que habían «*tratado de poner en orden la historia de las cosas que entre nosotros han sido ciertísimas*» (Lucas 1:1).

La etapa tres involucró la reproducción y transmisión de textos. La gente de ese entonces no tenía imprentas que pudieran hacer más fácil esa tarea. Copiaban los manuscritos a mano y los circulaban entre la gente que supiera leer. Podían haber montado un negocio de copiado, en el que varios escribas apuntaran lo que otra persona les fuera leyendo pero, como podrá suponer, los manuscritos hechos a mano costaban mucho y no circulaban ampliamente.

La etapa cuatro tuvo que ver con el uso autoritativo de ciertos escritos. La gente hebrea, por ejemplo, no reconoció inmediatamente el valor de un profeta como Jeremías. De hecho, según él se lamentaba, muchos de sus contemporáneos se rieron de él, lo denunciaron, y lo criticaron cuando habló (Jeremías 20:7-10). No fue sino más tarde que la gente reconoció que había hablado la verdad. Entonces consideraron sus profecías en una categoría especial, y las leían en el culto público. Las comunidades cristianas siempre reconocieron el Antiguo Testamento como autoridad, de la misma manera que lo

hicieron los judíos. Poco a poco, diferentes iglesias fueron seleccionando escritos cristianos que conocía para usarlos en el culto público. Roma, por ejemplo, probablemente usó el Evangelio de Marcos; Antioquía usó el de Mateo; Corinto usó algunas de las cartas que Pablo les escribió. Con el tiempo, las colecciones de escritos fueron reconocidas como autorizadas (canónicas); primero, las colecciones pequeñas, luego, las más grandes.

La quinta etapa involucró la formación de colecciones con autoridad en una escala más amplia. Para el Antiguo Testamento podemos ver tres bloques: la Ley (los primeros cinco libros), reconocida como oficial alrededor del año 400 a.C.; los profetas (incluyendo algunos escritos históricos), para el año 150 a.C.; y los escritos (el resto de las escrituras hebreas), que fueron reconocidos por los rabinos los reconocieron en sus reuniones en la escuela rabínica de Yamnia alrededor del año 100 d.C. El grado de autoridad variaba también. La Ley quedó bien establecida por encima de los profetas y otros escritos.

Si bien los primeros cristianos reconocieron las Escrituras hebreas como su Biblia, para el segundo siglo d.C. comenzaron a categorizar los escritos cristianos a la par de los primeros. Los cuatro evangelios, las cartas que se pusieron bajo el nombre de Pablo, Primera de Pedro, y Primera de Juan rápidamente lograron un lugar de autoridad en la mayoría de las iglesias. Otros escritos que ahora se encuentran en el Nuevo Testamento fueron usados en el culto público en algunas iglesias pero no en otros. Lo que la mayoría de cristianos reconoce ahora como el canon del Nuevo Testamento de veintisiete libros no se decidió sino hasta finales del cuarto siglo en los concilios que se llevaron a cabo en Cartago, en África del Norte.

La etapa final es la de traducción y circulación. Los escritos del Antiguo Testamento fueron compuestos mayormente en hebreo con unos pocos pasajes en arameo; el Nuevo Testamento fue escrito en el griego popular (koiné), que fue usado comercialmente a través del Imperio Romano cuando el cristianismo apareció en escena el primer siglo d.C. Como una fe intensamente misionera, el cristianismo enseguida tradujo las Escrituras hebrea y cristiana a docenas de lenguas populares de la gente que vivía en o cerca del Imperio Romano—tal

como el latín, cóptico (para Egipto), el armenio, y otros. Esta etapa continúa hasta nuestros días.

La relación entre las Escrituras hebrea y cristiana

¿Cuál es la relación entre las Escrituras hebrea y cristiana? El pueblo cristiano ha dado diferentes respuestas a esta pregunta. Aunque el cristianismo empezó como una secta del judaísmo, hacia finales del primer siglo el hijo se separó del padre. La Escritura cristiana, sin embargo, presenta aquí una pregunta muy importante: ¿Cómo puede entenderse a menos que veamos la conexión integral que tiene con la Escritura hebrea? La respuesta es, no puede entenderse. Está llena de alusiones y citas de la Escritura hebrea y de argumentos basados en ella. Los cristianos primitivos obviamente vivieron guiados por las Escrituras hebreas tal como Jesús y otros judíos lo hicieron. Consecuentemente, el pueblo cristiano está confinado a mantener los dos conjuntos de Escrituras que están inseparablemente juntas la una a la otra. El pueblo judío puede vivir de las Escrituras hebreas como lo ha hecho a través de los siglos, pero los cristianos no pueden encontrar su camino usando solamente la Escritura cristiana. Por sí mismas las Escrituras cristianas no serían entendidas ni hablarían con autoridad.

La curiosidad nos impide a menudo sacar provecho de la lectura de la Sagrada Escritura, porque queremos discutir y comprender pasajes que debiéramos leer sencillamente, y pasar adelante. Si quieres leerla provechosamente, léela con humildad, sencillez y fe, sin desear nunca ganar fama de sabio.

—Tomás de Kempis

Nuestra respuesta a la Biblia como Palabra de Dios

Los judíos y cristianos se han referido a esta compilación de escritos como la Palabra de Dios. ¿Qué quieren decir con esto? Hay quienes argumentan que las Escrituras son la Palabra de Dios en el sentido de que cada sílaba es inspirada y por lo tanto libre de error humano e infalible. Piensa que Dios, el Espíritu Santo, guió a cada autor a escribir exactamente lo que Dios quería.

Naturalmente, muchas otras personas no están de acuerdo con esta teoría de una inspiración verbal directa. Como alternativa, creen que la Palabra de Dios es revelación, la autorevelación de Dios. Las Escrituras contienen revelación, pero no cada palabra en sí misma es esa

Donde el Espíritu no abre la Escritura, la Escritura no se entiende aun cuando se lee.

—Martín Lutero

revelación. No creen que Dios dictó los escritos, pero sí que a través del Espíritu Santo capacitó a los seres humanos para discernir a Dios actuando en la naturaleza, la historia, y los asuntos ordinarios de la vida humana. Las Escrituras son, por lo tanto, la Palabra de Dios en el sentido que ellas registran la autorevelación de Dios de esa manera. Por lo tanto, la Escritura es la Palabra de Dios en el sentido de que, a través de sus palabras, Dios nos busca, invita, desafía y confronta. A través de la Biblia escuchamos a Dios dándonos una palabra personal.

Cuando nos referimos a la Biblia como Palabra de Dios, reconocemos la autoridad de la Escritura para nuestra fe y práctica. La Escritura representa un retrato vivo de Dios y la voluntad de Dios para los seres humanos. Como tal, conlleva autoridad. A decir verdad, los seres humanos luchamos para rendirnos a esa autoridad. Nuestro orgullo a menudo prevalece. Hay un sentido en el cual las Escrituras no llegan a ser la Palabra de Dios hasta que no las tomemos en nuestro corazón y vivamos el mensaje que tienen para nuestra vida. Conscientes de este complejo proceso por el cual eso puede suceder, hay una iglesia que conozco que, después de la lectura dominical, siempre añade la expresión: «Que estas palabras lleguen a ser para nosotros la Palabra de Dios».

Aquí es donde el Espíritu Santo debe venir en nuestra ayuda. El Espíritu iluminó las mentes para ver lo que Dios estaba revelando en la naturaleza, la historia y la experiencia humana. El Espíritu guió el complicado proceso de formar la colección de Escrituras. Ahora el Espíritu Santo debe ayudarnos a interpretar y aplicar la Palabra de Dios. Como Pablo recordó a los romanos en relación a la oración: «*el Espíritu nos ayuda en nuestra debilidad*» (Romanos 8:26). El Espíritu busca nuestros corazones, clarifica nuestro entendimiento y nos dirige en nuestros esfuerzos por aplicar el entendimiento bíblico a la vida diaria. El Espíritu también nos capacita a rendir nuestra voluntad a la voluntad de Dios, inspirándonos a obedecer. El Espíritu da vitalidad a la Palabra de Dios de modo que, como el autor de la carta a los Hebreos concluye: «*es viva, eficaz y más cortante que toda espada de dos filos: penetra hasta partir el alma y el espíritu, las coyunturas y los tuétanos, y discierne los pensamientos y las intenciones del corazón»* (Hebreos 4:12).

La Palabra de Dios nos hablará y transformará nuestras vidas si venimos a ella en espíritu de oración y expectativa. La invitación es para que busquemos la presencia viva de Dios en la Biblia y tengamos la disposición de escuchar y responder. Cuando leemos la Escritura con apertura y confianza, no nos decepcionaremos. Tomás Merton, un escritor profundo y de gran influencia en el siglo veinte, nos recuerda que conoceremos y experimentaremos la Biblia como Palabra de Dios porque cambiará y liberará nuestras vidas. Él escribe: «La 'palabra de Dios' se reconoce en la experiencia diaria porque hace algo a quien realmente la 'escucha'; transforma su existencia total».[1]

EJERCICIOS DIARIOS

Asegúrese de leer el capítulo antes de empezar estos ejercicios. Mantenga su diario o un cuaderno a su lado para apuntar sus pensamientos, preguntas, oraciones e imágenes. En preparación, aquiete su espíritu y reflexione en la siguiente cita de Robert Mulholland:

> La formación cristiana espiritual es el proceso de ser conformados a la imagen de Cristo... La Escritura está muy cerca del centro de este proceso de ser conformados a la imagen de Cristo. Como lo veremos, la Escritura es uno de los canales principales por los que Dios nos encuentra... y despierta a las dinámicas y posibilidades de una nueva forma de ser.[2]

EJERCICIO 1

Lea el Salmo 119:97-105. ¿Cuál es su historia o pasaje favorito de la Biblia? Reflexione en por qué y cómo lo ha llegado a apreciar. Identifique algún papel especial que haya jugado en su vida, el significado para usted, y cómo Dios le ha hablado a través de esa historia o pasaje.

EJERCICIO 2

Lea Génesis 1. Una y otra vez leemos: «*Dijo Dios... Y fue así*». Nuestras palabras y acciones no siempre corresponden, pero la Palabra de Dios y la acción son una y la misma. Lo que Dios dice llega a ser realidad—si no inmediatamente, sí eventualmente. Teniendo esto en mente, vuelva a leer 1:26-31. Contemple la promesa de abrir su vida a la Palabra: «*Dijo Dios... Y fue así*». ¿Qué podría suceder? Apunte sus reflexiones en su diario.

EJERCICIO 3

Lea el Salmo 1. Este Salmo fue puesto al comienzo del Salterio para ser un prefacio y para llevar una promesa: aquellos que estudian la ley de Dios y viven por la Palabra de Dios serán «como árboles plantados junto a corrientes de agua». Haga un dibujo de dos árboles— uno a cada lado de la página. Represente en un árbol su vida como es en la actualidad. Haga una segunda representación de un árbol de su vida como podría ser. Abajo y entre los árboles, haga una lista o escriba dos o tres pasajes de la Escritura que han sido para usted corrientes de nutrición y crecimiento. Pase unos momentos en reflexión silenciosa sobre lo que Dios le está diciendo. Anote sus pensamientos por escrito.

EJERCICIO 4

Lea Juan 1:1-18. El prólogo del Evangelio de Juan hace la declaración notable de que la Palabra de Dios no se limita a palabras y letras en un libro, sino que «el Verbo se hizo carne y habitó entre nosotros» en Jesucristo. ¿Cuando ha visto usted a Jesucristo como Palabra viviente? ¿Cuál es la promesa de recibir la «Palabra hecha carne»? ¿Cómo puede esta revelación cambiar el significado del «estudio» de la Biblia? Apunte las reflexiones en su diario.

EJERCICIO 5

Lea 2ª a los Corintios 3:1-6. El apóstol Pablo, siendo un excelente escritor de cartas, llama a sus fieles discípulos *«carta de Cristo, expedida por nosotros, escrita no con tinta, sino con el Espíritu del Dios vivo... en tablas de carne del corazón»*. ¡Qué recomendación! Piense en su vida como una carta que usted escribe con sus palabras, actitudes y acciones. ¿Qué dice o no dice su «carta»—la carta de esta semana —acerca de Cristo y su vida en usted? ¿Qué palabra de Cristo le gustaría al Espíritu escribir en la tabla de su corazón para que todos leyeran? Apunte sus pensamientos y ofrézcalos a Dios.

Recuerde revisar los apuntes de su diario de la semana como preparación para la reunión de grupo.

Estudio de la Escritura como una disciplina espiritual

Para que las palabras de la Escritura lleguen a ser la Palabra de Dios necesitaremos usar nuestras mentes y escuchar lo que Dios nos está diciendo. Esto implica atención cuidadosa y estudio de la Escritura. La palabra estudio se deriva de la palabra latina studere, que significa «ocuparse o aplicarse». Su definición contemporánea es «el acto o proceso de aplicar la mente a fin de adquirir conocimiento» o «atención cuidadosa a, y examen crítico e investigación de, cualquier tema, evento, etc.» Especialmente implica el intelecto, la fe que busca entendimiento a través del cuerpo de escritos que contienen testimonios de la revelación de Dios en la naturaleza, los eventos y las personas.

El estudio como algo esencial para entender

A través de los siglos, los fieles han reconocido que el crecimiento espiritual requiere disciplina y atención continua a la Escritura. Durante el período del exilio (589–20 a.C.) y después, a medida que la Ley aumentó en importancia, habilidosos estudiantes e intérpretes de la Ley llamados escribas se erigieron para dirigir el camino en el estudio de las Escrituras.[1] En los días de Jesús, los líderes religiosos judíos estudiaban las Escrituras porque ellos creían que «*en ellas tenéis la vida eterna*» (Juan 5:39).

Es la tarea de todos/as los cristianos/as buscar diligentemente las Escrituras. . . . Por mucho que este libro es útil en sí mismo, no nos serviría de nada si no nos familiarizásemos con él, al leerlo diariamente y meditar en él, de modo que entendiésemos la mente de Dios en él, y pudiésemos aplicar a nuestra vida lo que entendemos para nuestra dirección, censura y consuelo según sea la ocasión.

—Matthew Henry

Sólo seremos felices en nuestra lectura de la Biblia cuando nos atrevamos a acercarnos a ella como el medio por el cual Dios verdaderamente nos habla, el Dios que nos ama y que no dejará nuestras preguntas sin respuestas.

—Dietrich Bonhoeffer

Los primeros cristianos reconocieron cuán importante era aplicar sus mentes a la Escritura. Por una sencilla razón, convencer a quienes vivían en un contexto judío acerca de la verdad de su mensaje lo requería. Lucas pinta un cuadro gráfico de la aplicación de la mente a la Escritura en su historia de Felipe ayudando al eunuco etíope. «*¿Entiendes lo que lees?*», preguntó Felipe. El eunuco respondió: «*¿Y cómo podré, si alguien no me enseña?*» Este intercambio abrió el camino para que Felipe proclamara el «*evangelio de Jesús*» (Hechos 8:26-40). Nadie, sin embargo, sobrepasó al apóstol Pablo, un rabino convertido, en establecer un argumento para el cristianismo al escudriñar las Escrituras «*para ver si estas cosas eran así*» (Hechos 17:11). Él incluyó en cada carta cuidadosos argumentos basados en la Escritura. A medida que las iglesias traían más y más convertidos de entre los gentiles, mantuvieron resueltamente la importancia del estudio de las Escrituras. «*Toda la Escritura es inspirada por Dios*», explicó el apóstol a Timoteo, «*y útil para instruir, para reprender, para corregir y para enseñar en la justicia, a fin de que el siervo de Dios esté enteramente capacitado para toda buena obra*» (2ª a Timoteo 3:16-17, NVI).

Muchos han preguntado por qué es necesario usar el intelecto en la interpretación bíblica. «¿Si las Escrituras son la Palabra de Dios, de qué sirve la crítica académica? ¿Por qué no sólo confiamos en el Espíritu»?

Primero que nada, estudiamos las Escrituras porque, como uno de los primeros cristianos descubrió acerca de los escritos de Pablo: «*hay en ellas algunos puntos difíciles de entender*» (2ª de Pedro 3:16, NVI). Al igual que otros escritos complejos y profundos, las Escrituras difícilmente nos revelarán su sabiduría a no ser que aprendamos todo lo que podamos sobre el autor, el propósito, la fecha, el lugar, las circunstancias del escrito, y muchas otras cosas. Diferentes tipos de literatura presentarán diferentes desafíos. Para luchar con las verdades profundas que buscamos de estos escritos se requiere estudio disciplinado usando los mejores métodos e información disponibles.

Lo que es aún más importante, hacemos este esfuerzo porque queremos tener la mente de Cristo (Filipenses 2:5), una mente guiada por el amor, orientada al servicio, y humilde. ¿Cómo desarrollamos esa mente? No sólo nos sentamos y esperamos a que el Espíritu haga este cambio en nuestra vida. Si bien sólo Dios puede hacer esta transformación en nuestra vida, sabemos que tenemos que abrirnos a Dios y buscar su voluntad. El estudio nos involucra en la misma búsqueda ávida de las Escrituras en la cual los santos se han comprometido a través de los siglos. Como el popular autor Richard Foster ha dicho: «La disciplina del estudio es el primer vehículo que nos lleva a cumplir con el precepto: 'en esto [todo lo puro, todo lo amable, todo lo que es de buen nombre; si hay virtud alguna, si algo digno de alabanza] pensad» (Filipenses 4.8).][2]

Un grupo de devotas mujeres romanas nos dieron un ejemplo a finales del siglo cuarto. Se reunieron en el palacio de Marcella sobre la Colina Aventina en Roma para estudiar las Escrituras. La mayoría probablemente hablaba fluidamente el griego, pero también aprendieron hebreo. Cuando supieron que Jerónimo, el académico más notable de esos días, había venido a Roma en el año 382, Marcella lo persuadió para que las guiara en su estudio de la Biblia. Al principio, él lo hizo un poco renuente, pero pronto se dio cuenta que Marcella y algunas de las otras mujeres lo desafiaban aun a él en sus pensamientos y entendimiento. Ella lo acosó con preguntas y le compartió sus interpretaciones. Cuando Jerónimo tuvo que escapar de Roma e ir a la Tierra Santa en el año 385, algunas de las mujeres del Círculo de Aventina fueron con él. Allá continuaron con su ávido estudio de las Escrituras. Jerónimo dedicó mucho de su trabajo en preparar la Biblia Vulgata a una de ellas, llamada Paula.

Herramientas para el estudio de la Escritura

En nuestro estudio de las Escrituras tenemos que interesarnos en dos contextos—el contexto original del autor y el nuestro. Para interpretar apropiadamente, debemos evitar leer nuestras ideas e impresiones en el documento que estamos estudiando. La interpretación significativa de las Escrituras depende en gran parte del entendimiento apropiado de cada escrito en su lenguaje, cultura y contexto original.

Lenguaje. Existe una abundancia de excelentes traducciones y

[En la comunidad formada por los benedictinos], se asignaba tiempo para el estudio y acercamiento más sistemático a la Santa Escritura y otros escritos, pero no como un prerrequisito para permitir que Dios hablara a través de un texto o versículo de la Biblia. La meta principal de estar con la Palabra no era la disección acertada y académica de ésta. Más bien el plan era sentarse quietamente en la presencia de Dios, y con una apertura de corazón y mente, esperar hasta que el texto tocara un profundo lugar interior e invitara a la persona que escuchaba a entablar conversación con su Autor.

—Elizabeth J. Canham

paráfrasis para quienes quieren estudiar seriamente el texto bíblico. Una buena traducción no es literal. Al contrario, un traductor cuidadoso tomará las ideas usadas por los autores originales en su ambiente cultural y las pondrá en términos modernos que expresen las mismas ideas en nuestro contexto cultural. Leer varias versiones del mismo pasaje a menudo nos ayuda a comprender su significado.

Al escoger entre varias traducciones de las Escrituras, tenemos que ejercer un cuidado especial. Las traducciones más antiguas pueden confundirnos porque aun los idiomas modernos se vuelven obsoletos. Las palabras cambian. Tome, por ejemplo, la versión de Reina-Valera 1909 de 1ª a los Tesalonicenses 4:15: «*Por lo cual os decimos esto en palabra del Señor: que nosotros que vivimos, que habremos quedado hasta la venida el Señor, no seremos delanteros a los que durmieron*». Aunque es perfectamente entendible, esta traducción puede causar un poco de confusión hoy en día por la evolución del español. Más importante aún, los textos en los cuales la traducción se basó se han aclarado con el descubrimiento de nuevos manuscritos y cambios en la tecnología. También, la destreza y el conocimiento de los traductores jugará un papel integral en la calidad y claridad de las traducciones.

Cultura. El lenguaje es sólo una parte de la cultura con la cual los intérpretes necesitan trabajar a fin de entender la Escritura y dejarla hablar a la condición actual. Otros incluyen la psicología, la física, la perspectiva política y la visión del mundo de un autor. La psicología hebrea, por ejemplo, contrasta notablemente con la griega. Mientras los griegos consideran al ser humano como dividido en tres partes—cuerpo, alma y espíritu—los hebreos enfatizan la unidad. La física hebrea no separaba la materia y el espíritu.

Contexto. La mayoría de los libros de la Biblia fueron escritos en un estilo suficientemente sencillo como para que podamos entender el texto tal como está, pero son más claros cuando conocemos su contexto. El contexto tiene que ver con la fecha, el lugar, las circunstancias del escrito, y otros factores que nos ayudan a interpretarlo. Entre más entendamos el contexto de un escrito en particular, por ejemplo, que un cierto texto es realmente una carta, interpretaremos más acertadamente lo que el autor estaba diciendo.

Como un ejemplo de las escrituras hebreas, la mayoría de los académicos piensan que el profeta del siglo ocho, Isaías (742–701 a.C.) escribió sólo los capítulos 1–39 de Isaías. Los capítulos 40–66 pertenecen al tiempo de Ciro de Persia (539 a.C.) y después. Distinguir estos contextos diferentes ayuda a la interpretación adecuada del mensaje de Isaías.

Determinar el contexto de los evangelios y otros escritos del Nuevo Testamento presenta un mayor desafío, pero uno que nos ayuda a extraer su significado para hoy. Basta con una lectura casual para ver que Juan difiere marcadamente de Mateo, Marcos, y Lucas—que son llamados generalmente los evangelios sinópticos. Juan obviamente escribió en otro contexto. Un estudio cuidadoso de Mateo, Marcos y Lucas nos muestra que cada uno de ellos elaboró sus relatos de las Buenas nuevas en tiempos y lugares diferentes, para una audiencia diferente.

Las limitaciones del estudio

El desafío de la interpretación no debe intimidarnos para leer las Escrituras. Una buena Biblia de estudio le proveerá la mayoría de la información básica. El estudio crítico de las Escrituras, además, no es la preocupación más importante de la formación espiritual. El conocimiento histórico y lingüístico de la Escritura tiene sus límites. El estudio nos ayuda a usar nuestras mentes para enfocarnos en Dios; pero lo más importante es que nos provee un espacio para meditar, que es una forma de escuchar con el corazón. El estudio es lo que Tomás Merton ha llamado «la entrada principal» de la meditación. Él dice: «Al estudiar buscamos la verdad en libros o en alguna otra fuente fuera de nuestras propias mentes. En la meditación nos esforzamos por absorber lo que ya hemos asimilado».[3] La metáfora es útil, nos recuerda que debemos hacer más que solamente aprender sobre la Palabra de Dios. Queremos, más bien, conocer al Dios de la Palabra. La meditación, Merton añade: «busca poseer la verdad no solamente por medio del conocimiento, sino también por medio del amor».[4] En la meditación, buscamos entrar a la presencia de Dios,

La lectura de la Escritura es una disciplina espiritual. Uno de los problemas que tenemos, sin embargo, es que cuando nuestra lectura de la Escritura se vuelve seca y parece que ya no «hace» nada en nuestra vida, tendemos a buscar en otra parte... También hay la necesidad de estar en disponibilidad de esperar en la Palabra, la necesidad de ofrecer nuestra lectura de la Escritura a Dios para que la use según Dios decida y cuando Dios lo decida.

—M. Robert Mulholland Jr.

escuchar la voz de Dios, y responder en una acción de fe y amor. No es accidental que los monjes hayan sido los copistas e iluminadores de los manuscritos, los traductores y los intérpretes de la Escritura a lo largo de la mayoría de la historia cristiana.

Ellos tenían un deseo por Dios que alentaba su amor por aprender. Ese amor por aprender se enfocaba, sobre todo, en las Escrituras, y era un aprendizaje para la mente y el corazón.

EJERCICIOS DIARIOS

Lo más esencial para estudiar la Escritura es la atención mental y el escuchar cuidadoso. Escuchamos con el deseo de oír la voz de Dios y hacer su voluntad. De esta manera, la reflexión de las Escrituras llega a ser un medio por el cual Dios nos guía para llegar a ser las personas que Dios nos llama a ser. Esta semana, prepárese en oración, pidiendo estar en apertura ante Dios. En la primera lectura, hágase preguntas tales como: «¿Qué necesito saber a fin de oír este pasaje en su contexto? ¿Qué verdades generales transmite este pasaje sobre Dios, sobre mí y mis relaciones»? Si tiene una Biblia de estudio, revise las notas en cada pasaje. En una segunda lectura, haga preguntas como: «¿Qué partes de este pasaje me invitan a una exploración más profunda? ¿Qué quiere Dios que oiga o qué me llama a hacer»?

Ejercicio 1

Lea Génesis 3:1-13. Esta historia habla del desafío de poner atención a Dios. En una primera lectura, considere qué revela esta historia sobre las cualidades que Dios desea en una relación o los bloqueos que experimentamos al escuchar a Dios. En una segunda lectura, puede hacer pausas en ciertos puntos a lo largo del camino para permitir que las palabras e imágenes le salgan al encuentro. Por ejemplo, con el versículo 8, ¿cómo ha estado Dios «caminando» en el jardín de mi vida últimamente? Con el versículo 9, cómo respondo al llamado de búsqueda de Dios: «¿Dónde estás»? Con el versículo 13, qué es lo que se agita en mí cuando Dios pregunta: «¿Qué es lo que has hecho»? Apunte sus pensamientos y sentimientos.

Ejercicio 2

Lea Génesis 32:22-32. Este relato trata de Jacob cuando va al río donde lucha con Dios y es transformado. En la primera lectura, debe explorar el contexto en general: ¿de qué estaba Jacob preocupado, y por qué fue al río solo? (Este contexto en general puede verse en el capítulo 27 y capítulo 32:3-21.) O ¿qué sugiere la historia sobre la soledad y lo que uno debe hacer para tener tiempo a solas con Dios? En la

segunda lectura, póngase en contacto con las partes de usted que se identifican con la situación de Jacob o su necesidad de apartarse de otras personas por un momento. ¿Qué debe hacer para obtener ese tiempo a solas con Dios? ¿Por qué lucharían usted y Dios? ¿Cómo respondería a la pregunta de Dios: «¿Cuál es tu nombre»? ¿Cómo expresaría Dios la promesa para su vida: «Ya no te llamarás ____, sino _____»?

EJERCICIO 3

Lea el Salmo 81. Este llamado a la adoración se torna en una expresión del profundo desánimo de Dios debido a nuestra sordera espiritual. Dios nos pide escuchar y disfrutar los beneficios de la dirección divina. En la primera lectura, puede considerar lo que este salmo revela sobre el corazón de Dios y sobre el corazón de la gente hebrea. En la segunda lectura, haga una pausa para escuchar «un lenguaje que no entendía» con respecto a la condición de su corazón. ¿Cuáles son las características de su corazón cuando está empecinado, y cuáles han sido algunas de las consecuencias? ¿Cuáles han sido las características de su corazón cuando escucha, y qué diferencia puede hacer en su vida un corazón que escucha?

EJERCICIO 4

Lea Marcos 10:17-22. Esta historia es sobre un hombre rico que quería hacer lo que era requerido—dentro de los límites—para heredar la vida eterna. En la primera lectura, puede notar el contraste entre las palabras favorables del hombre hacia Jesús y su renuencia a obedecer, o reflexione qué limitó a este hombre para responder al llamado de Jesús. En la segunda lectura, explore lo que le detiene a vivir completamente su profesión de fe en el «Maestro bueno». Escuche lo que Jesús le dice sobre la única cosa que le falta. A medida que lo haga, no obstante, vea a Jesús mirándole con amor.

EJERCICIO 5

Lea Juan 10:1-10. Este pasaje trata de Jesús el Buen Pastor. En la primera lectura, note las diferencias que Jesús describe entre el pastor y el ladrón. En la segunda lectura, explore la atención que usted pone a la voz del Buen Pastor. ¿Cuáles son las cualidades? ¿Qué otras voces imitan a Dios, llaman su atención y toman el control de su vida? ¿Cómo diferenciaría esas voces y la voz de Dios en usted?

Revise su diario de la semana como preparación para la reunión de grupo.

Meditación en la Palabra

*H*ay muchos tipos de meditación cristiana, pero sobre todas está el escuchar a Dios a través de las Escrituras, reflexionar en la Palabra, una conversación profunda en la que se escucha y se responde. En la meditación, leemos no sólo para informarnos; probamos, pesamos y exploramos para que las palabras de la Escritura se transformen en la Palabra de Dios en nuestras vidas.

> *El Evangelio no es doctrina de meras palabras, sino de vida, y no se aprende únicamente con el entendimiento y la memoria, como las otras ciencias, sino que debe poseerse con el alma, y asentarse en lo profundo del corazón.*
>
> —Juan Calvino

La práctica de la meditación

La tradición hebrea que se centraba en la Ley animaba a la meditación. En Deuteronomio, el «libro de la Ley», Moisés instruye a la gente a: «*guardar estas palabras que les mando en su corazón*» (Deuteronomio 6:6). También mandó a Josué: «*Nunca se apartará de tu boca este libro de la Ley, sino que de día y de noche meditarás en él, para que guardes y hagas conforme a todo lo que está escrito en él, porque entonces harás prosperar tu camino y todo te saldrá bien*» (Josué 1:8).

El libro de los Salmos empieza: «*Bienaventurado el varón... que en la ley de Jehová está su delicia y en su Ley medita de día y de noche*» (Salmo 1:1-2). Otro salmista invoca: «*¡Sean gratos los dichos de mi boca y la meditación de mi corazón delante de ti, Jehová, roca mía y redentor mío!*» (Salmo 19:14; vea también 49:3). Otro preguntó: «*¿Con qué limpiará el joven su camino?*» Y responde: «*¡Con guardar tu palabra!...En*

mi corazón he guardado tus dichos, para no pecar contra ti» (Salmo 119:9, 11).

En el segundo siglo a.C., el escriba judío Jesús ben Sirach habló sobre la creciente atención que las Escrituras deben recibir, mucho más allá de lo que hoy llamaríamos estudio. «*Dichoso el que se ocupa en la sabiduría y se interesa por tener inteligencia, que pone atención al camino que ella sigue y se fija en sus senderos*» (Eclesiástico 14:20, 21, VPEE). La meditación en la Ley significa «no sólo pensar en la Ley, estudiar la Ley, sino vivirla con un total, o relativamente total, entendimiento de los propósitos de Dios en manifestarnos la voluntad de Dios».[1]

Jesús de Nazaret indudablemente pasó muchas horas meditando en las Escrituras hebreas, tal como los rabinos lo hacían. Su uso de la Escritura al discutir con sus críticos deja ver esto en claro. Y el rabino Saulo (que luego llegó a ser el apóstol Pablo) urgía a sus convertidos a meditar: «*Por lo demás, hermanos, todo lo que es verdadero, todo lo honesto, todo lo justo, todo lo puro, todo lo amable, todo lo que es de buen nombre; si hay virtud alguna, si algo digno de alabanza, en esto pensad*» (Filipenses 4:8; vea también Colosenses 3:2). Él usa la palabra pensar en el sentido de reflexión o meditación.

La meditación cristiana floreció de una manera única en el desierto de Egipto y Arabia entre los ermitaños y monjes de entre el siglo cuarto al sexto, quienes buscaban la pureza de corazón a fin de poder ver a Dios. En estos primeros siglos de la iglesia, pocos padres y madres del desierto podían ser dueños de una Biblia completa o ser capaces de leerla, pero los dichos de los monjes del desierto hablan a menudo de los beneficios de meditar en la Escritura. De manera individual y comunitaria, los monjes repetían las palabras de un texto en particular, lo meditaban en sus mentes, lo desmenuzaban, y lo digerían muy despacio. Tales prácticas los ayudaban a abandonarse en Dios para fortalecer y transformar sus vidas.[2]

La sabiduría meditativa de los padres y madres del desierto fue el trasfondo de la tradición espiritual benedictina. En el siglo sexto, Benito de Nursia fundó una de las órdenes monásticas más notables. La Regla de San Benito dividía el día de los monjes en tres partes: seis horas de labores manuales, cuatro horas de oficio diario (cantando los salmos), y cuatro horas en lecturas espirituales y oración. El tiempo de lectura podía incluir otros escritos devocionales tales como las vidas de los santos, pero se enfocaban, sobre todo, en las Escrituras. El objetivo era tener «una comunión más íntima con Dios no sólo en el futuro, sino también aquí y ahora».[3] Esa comunión requiere no sólo conocimiento sino también amor.

ACERCAMIENTOS A LA MEDITACIÓN

¿Qué implica la meditación? Su acercamiento dependerá en cierto grado de su personalidad. Algunas personas quieren escuchar despacio las palabras de la Escritura. Pueden preferir desmenuzar el texto en las partes que lo componen, haciendo pausas para reflexionar en cada pensamiento que viene a sus mentes. Algunos pasajes se prestan para tales acercamientos. Las bienaventuranzas, por ejemplo, le detienen en su camino con su lógica inversa y le hacen pensar. «*Dichosos los humildes, porque recibirán la tierra como herencia*» (Mateo 5:5, NVI). Usted se puede preguntar: «¿Hmm? ¿Cómo puede ser eso? Lo que generalmente vemos es el triunfo de los poderosos, no de los humildes. ¿Cómo puede la persona humilde heredar la tierra? ¿Jesús heredó la tierra? ¿Qué lograron Francisco de Asís o Gandhi o Martín Luther King o la Madre Teresa con su humildad? ¿No logra más la gente siendo agresiva?».

Ese es un nivel de lectura meditativa: preguntando lo que la Escritura pudo haber significado para la gente de los días de Jesús y qué significa para nuestras vidas en general. Hay, sin embargo, otro nivel de lectura; preguntar: «¿Qué me está diciendo? ¿Tiene el texto una 'palabra' para mí en este día y tiempo? Muy a menudo lo menos que hago es ser humilde o gentil—al manejar, al dar mis opiniones, al contestar a alguien cuyas palabras me han herido. ¿Y a dónde me ha guiado eso? ¿Cómo ha afectado esto mis relaciones? La persona humilde parece ser atropellada. Pero ¿cuáles son las consecuencias de los juegos de poder que jugamos? ¿Conflicto constante? ¿Violencia completamente fuera de control? ¿Estoy en disposición de oír el revolucionario desafío de Jesús de cambiar a un estilo de vida humilde? 'Señor, suavízame. Ayúdame a entender lo que significa ser humilde.'»

> *La meditación bíblica se fundamenta en la internación y en la aplicación personal del pasaje.*
>
> —Richard J. Foster

La forma en que algunas personas meditan en las Escrituras puede basarse más en la intuición, «capturándola en su totalidad como belleza en vez de como verdad».[4] Tome el Salmo 139, ese maravilloso salmo sobre la inescapable cercanía de Dios. El autor pareciera querer escapar de Dios, pero luego encuentra a Dios en medio de toda la creación. En los primeros siete versículos el escritor habla del conocimiento íntimo que Dios tiene de nosotros. Dios nos conoce mejor de lo que nos conocemos a nosotras mismas.

El salmista reflexiona en el hecho de que no hay lugar para escapar de la presencia de Dios. El versículo 8 establece la desconcertante pero confortante verdad: «*Si subiera a los cielos, allí estás tú; y si en el Seol hiciera mi estrado, allí tú estás*». Dos palabras me llaman la atención en mi meditación de la última mitad del versículo—hacer y Seol. El salmista no dice: «Si tropiezo y caigo». Él dice: «si hiciera». Eso me dice: «Glenn, tú puedes dañar tu vida a tal grado que Dios te abandone». En hebreo, sin embargo, Seol es por definición el lugar donde Dios no está. Para nuestro salmista, Dios puede ser hallado en todas partes. «*Si tomara las alas del alba y habitara en el extremo del mar, aun allí me guiará tu mano y me asirá tu diestra*» (Salmo 139:9-10).

En el siguiente capítulo, exploraremos cómo el uso de la imaginación puede ayudarnos en nuestra meditación de las Escrituras. Es mucho mejor entrar a la Escritura con la imaginación más vívida que podamos. Si estamos meditando en una historia donde hay animales, dice Ignacio, ¡huela el excremento! La meditación permite diversos acercamientos que nos ayudarán a prestar atención a Dios.

La Lectio se practica con la convicción de que la palabra de Dios ha sido escrita para ser una palabra «buena»; es decir, algo que lleva la vida propia de Dios en una forma que beneficia a quien la recibe fielmente.

—Norvene Vest

Un modelo básico de meditación

Benito de Nursia aconsejaba a sus comunidades a practicar un ritmo regular de lecturas espirituales de la Escritura. En el transcurso de los siguientes siglos, los benedictinos dieron a la práctica de meditación en las Escritura una forma más definida. Bosquejaron un sencillo pero profundo modelo que integra lectura, meditación y oración. Este modelo o método ha sido ampliamente usado a través de los siglos tanto por católicos romanos como por protestantes. A menudo se le conoce por su título en latín, Lectio Divina (que significa «lecturas sagradas o santas lecturas»). En la lectio divina, la persona que busca es invitada a escoger un lugar y tiempo favorable para la reflexión y oración, donde pueda sentirse cómoda y sin molestias. Típicamente la lectio divina es descrita en cuatro fases o etapas. Estas reflejan diferentes dinámicas de nuestra oración y lectura, y pueden ser más precisamente descritas como movimientos de la mente y el corazón.

La primera etapa es una lectura lenta del pasaje de la Escritura. Usualmente uno selecciona un pasaje corto ya que el foco no está en la cantidad de texto a ser cubierta, sino en la profundidad y concentración de la lectura. A menudo ayuda leer el pasaje más de una vez. Los imágenes y las palabras pueden pasar inadvertidas fácilmente con sólo una lectura. Debemos tener la disposición de permanecer con porciones del texto que parezcan hablarnos y permitir tiempos de silencio y relectura según resulten útiles.

La segunda etapa se enfoca en la meditación. Empezamos a reflexionar intencionalmente en un pasaje de la Escritura. Éste es el corazón de la meditación donde buscamos oír y explorar las palabras especiales, imágenes o frases a través de las cuales Dios nos puede hablar. Permitimos que las palabras penetren en nuestra conciencia y nos ayuden a vernos a nosotras mismas y ver nuestra relación con Dios.

Una autora contemporánea, Elizabeth Canham, ha escrito sobre esta experiencia durante una meditación en Marcos 1:35-39. En este texto, Jesús se ha levantado temprano a orar, pero Simón y los otros lo encuentran y le dicen que lo han estado buscando. En efecto, ellos reportan: «todos te buscan». Jesús les contesta que él está listo para ir a las aldeas vecinas y continuar proclamando el mensaje para el cual ha venido. Y así, él continua su ministerio de predicación y sanidad. En la meditación de Elizabet, este pasaje inmediatamente le recuerda a ella cuánta presión experimentó en su propia vida, y le ayudó a ver cómo las demandas en su tiempo habían generado resentimiento en ella. Ella empezó a pensar en Jesús, en cómo él establecía sus prioridades con su madrugar para orar y sin embargo, en respuesta a las palabras de los discípulos, cuán presto estuvo para retomar de nuevo su ministerio hacia un mundo herido. Ella se encuentra a sí misma

anhelando estar presente ante Dios en oración a fin de poder sentir más claramente su llamado al servicio. Ella quiere recibir nuevas energías y visión para ir a aquellos lugares de servicio y sobreponerse al resentimiento que coloreaba su perspectiva. Su meditación la había capacitado para ver lo que estaba pasando en su vida y también para ver lo que Dios le estaba ofreciendo.[5]

La tercera etapa de la lectio es la oración. Después de la meditación nos movemos naturalmente hacia un tiempo de oración, expresando nuestra respuesta a lo que hemos oído. Hablamos directamente a Dios de nuestras necesidades y problemas, nuestro arrepentimiento y nuestra gratitud. Abrimos nuestro ser a la nueva vida que Dios nos está ofreciendo y pedimos por la gracia para hacer lo que se nos ha llamado a hacer. El pasaje de la Escritura se ha movido de una lectura externa hacia una palabra que permanece dentro de nuestro ser.

En la última etapa, llegamos a una experiencia de contemplación, un tiempo de quietud y descanso. Nuestras palabras cesan, y simplemente permanecemos en la presencia de Dios. Nos abandonamos en Aquél que nos ama. Es un tiempo para abandonarnos y tener receptividad a lo que Dios busca darnos en ese momento.

Por supuesto, estas etapas o fases no siempre progresan en tal forma ordenada y en secuencia. Podemos movernos fácilmente entre las varias etapas—algunas veces una palabra nos «atrapa» e inmediatamente queremos orar o deseamos hacer una pausa y descansar en el entendimiento del amor acogedor de Dios. Algunas veces nuestra oración puede ser escrita. Cualquiera que sea el movimiento, estamos expresando nuestro deseo de que Dios nos dará una palabra de vida y de que seremos capaces de oír y responder.

Guías de ayuda

Tomás Merton ha dado algunos lineamientos para ayudarnos en la meditación. Una consideración importante es «la atmósfera correcta de oración», que básicamente significa que usted necesita un lugar tranquilo fuera de las distracciones normales—un cuarto en su casa, una capilla, un jardín, un parque. Usted puede meditar con otras personas o a solas. «Lo más importante», dice Merton, «es buscar silencio, tranquilidad, recogimiento y paz».[6]

Algunos de nosotros quizá tengamos que darnos permiso para meditar. Pertenecemos a una sociedad que valora la actividad y ve el tiempo gastado en soledad como vagancia. Si usted tiene este punto de vista, argumente su caso para usted mismo/a. Diga: «Necesito este tiempo para mi recreación. ¡Las otras personas no podrán soportar vivir conmigo si no hago esto!

Seré una persona más recogida y lograré hacer más cosas a largo plazo si hago esto. Puedo llegar a 'quemarme' si no lo hago. ¡Después de todo, no estoy haciendo nada!»

En cuanto a la meditación en sí misma, el punto crucial es la sinceridad. Usted sacará algo de la Escritura aún cuando el ejercicio llegue a ser rutina, pero la rutina estará lejos de ser lo que usted quiere. Los monjes del desierto y los puritanos hablaban a menudo de la «compunción». Compunción tiene que ver con el reconocimiento de que necesitamos de Dios. Como Pablo, confesamos, «*qué hemos de pedir como conviene, no lo sabemos*» (Romanos 8:26), y llamamos al Espíritu para que nos ayuden en nuestra debilidad.

A medida que luchamos sinceramente con las palabras de la Escritura, ellas empiezan a hablarnos a nuestra condición. Abba Isaac, uno de los santos del desierto, explicó cómo él y otros relacionaron los salmos a sus situaciones de vida: «Cuando usamos las palabras, recordamos, por un tipo de asociación meditativa, nuestras propias circunstancias y batallas, los resultados de nuestra negligencia o seriedad, las misericordias de la providencia de Dios o las tentaciones del maligno, los sutiles y resbalosos pecados de omisión o fragilidad o ignorancia impensada».[7]

La meditación requiere de concentración. Teresa de Ávila, la carmelita del siglo 16 reformadora y mística, ofreció una sencilla imagen de la meditación para principiantes. Para las personas que no están acostumbradas a la práctica, ella les advierte que la meditación puede cansar la mente, porque es como si estuvieran sacando agua de la cisterna con un cubo. Algunas veces podemos encontrar la cisterna seca, y algunas veces tendremos distracciones.[8] De hecho, podemos

Podría ser útil también, sí, mientras leemos [la Biblia], hiciéramos pausas frecuentes, y examinásemos nuestro ser por aquello que leemos, tanto en nuestros corazones como vidas... Y cualquiera luz que recibiese, debiera ser usada al máximo, e inmediatamente. No permita que haya demora alguna... Si encontrase que esta palabra es de hecho el poder de Dios para la salvación presente y eterna.

—Juan Wesley

experimentar que nuestras mentes están revoloteando alrededor «como colibríes en día de fiesta».[9]

El consejo de Teresa, quien batalló por veinte años para aprender a orar, era que no debemos darnos por vencidos. Sólo esperar que el Espíritu nos levante.[10] Si las distracciones vienen, esté consciente de ellas y déjelas pasar a fin de continuar escuchando.

Dietrich Bonhoeffer, el teólogo alemán que se opuso a la ideología nazi, parecía un monje benedictino cuando les pedía a los seminaristas en Finkenwalde meditar treinta minutos cada mañana por una semana en el mismo pasaje de la Escritura. En su libro *Vida en Comunidad*, él explicó lo que debía pasar:

> En la meditación leemos el texto que nos es dado, confiando en la promesa de que algo muy personal tiene que decirnos para el día de hoy y para nuestra condición de cristianos; de que es la Palabra de Dios no solamente para la congregación sino que es también la Palabra de Dios para mi personalmente. Tanto nos exponemos a cada frase, a cada palabra, hasta que haga en nosotros su impacto personal. Con ello no hacemos otra cosa de la que hace a diario el cristiano más sencillo, más indocto: leemos la Palabra de Dios como la Palabra de Dios para nosotros.[11]

No debemos esperar agotar el pasaje entero en una sola sentada. Una oración o aún una palabra nos pueden capturar. No necesitamos expresar nuestro pensamiento u oración en palabras, o descubrir nuevas ideas, o tener experiencias inesperadas, o extraordinarias. Lo que importa es que la Palabra «penetre en nosotros y encuentre en nosotros su moradada».[12] Queremos pensar sobre estas cosas en nuestros corazones, como María consideró lo que los ángeles dijeron a los pastores (Lucas 2:19). La Palabra de ánimo que nos da Bonhoeffer es: «Sólo en la Palabra debemos fijar nuestra atención, y debemos colocarlo todo bajo su eficacia».[13]

EJERCICIOS DIARIOS

Esta semana empezará a practicar el modelo de leer las Escrituras en oración (orando con la Escritura) llamada lectio divina, que en Latín significa «lectura divina o sacra». Las descripciones clásicas de *lectio divina* proponen una secuencia de cuatro movimientos: lectio (lectura), meditatio (rumiando y reflexionando), oratio (respondiendo a Dios), y contemplatio (recibiendo y descansando en Dios).

Lectio—Despacio lea un breve pasaje de la Escritura. Léalo como si estuviera escuchándolo ser leído para usted. Lea en silencio y en voz alta. Experimente leyéndolo con diferentes énfasis y modulaciones.

Meditatio—Piense sobre el texto; internalice las palabras. Escuche las frases que le llaman la atención a medida que lee el pasaje. Déles vuelta en su mente. Reflexione en por qué estas palabras llamaron su atención, qué traen a su mente, y lo que significan para usted ahora. Escriba en su diario las palabras importantes, notando asociaciones, reacciones, sentimientos o desafíos.

Oratio—Vuelva su meditación de un diálogo con usted mismo a un diálogo con Dios, que es la oración. Comparta con Dios con toda honestidad sus reflexiones, preguntas o sentimientos. Ofrezca su gratitud, confesiones, peticiones o intercesiones a medida que aparezcan durante su diálogo con Dios. Escuche la respuesta de Dios y su llamado interior.

Contemplatio—Descanse de su actividad mental y confíe su ser completamente al amor y cuidado de Dios. Relájese en la presencia de Dios. Tome una frase del texto a la cual usted puede regresar una y otra vez a medida que mantiene su atención en Dios. Permita que esta oración-frase mantenga su presencia con Dios a lo largo del día. Después de unos pocos minutos de «practicar en la presencia de Dios» en esta forma, puede concluir con el Padrenuestro, un himno, o un momento final de agradecido silencio.

Capture su meditación, oración, los nuevos acercamientos y posibilidades que Dios le dio a lo largo de su jornada. Considere un gesto—un pequeño acto—que usted pueda ofrecer hoy día en respuesta de agradecimiento a la palabra de vida de Dios durante este tiempo especial con la Escritura.

Los escritores clásicos han comparado este proceso con comer. Al leer, usted muerde un pedacito del texto. A través de la meditación, lo mastica, extrayendo los nutrientes y los jugos. En oración, usted traga, incorporando los resultados de su meditación y permitiendo que alimenten su vida. Y en la contemplación, usted saborea el buen sabor que ha dejado en su boca, celebra el regalo de la Palabra de Dios para usted, y acoge la nueva vida que ha recibido. Lectio divina es más que un método, es un estilo de vida enraizado en el escuchar diario de la Palabra de Dios.

A medida que vaya pasando por los ejercicios diarios esta semana, estará usando los cuatro movimientos de lectio divina. Antes de empezar, prepárese durante un período de tiempo para estar con Dios. Aquiete su ser respirando despacio y profundamente. Prepárese para ser tratado personalmente por la Palabra de Dios. Ore antes de empezar su lectio cada día: «Que estas palabras lleguen a ser para mí la Palabra de Dios». Entre a cada pasaje con la pregunta: «¿Qué es lo que Dios me está diciendo a través de este pasaje»? Honre los movimientos naturales de las palabras de los ojos y labios (al leer) hasta la mente (en reflexión) hasta el corazón (en respuestas de oración a Dios) al espíritu de su vida (recibiendo el don de Dios y descansando en el amor de Dios). Deje que el Espíritu le guíe en su jornada hacia Dios a través de cada texto. Considere las sugerencias escritas abajo sólo como eso—sugerencias si necesita ayuda para empezar.

EJERCICIO 1

Lea el Salmo 23 en silencio y luego en voz alta como si lo leyera por primera vez.

Medite despacio en cada versículo. Mantenga las imágenes que son ricas en significado. Explore por qué esas imágenes le atraen.

Ore a Dios con sus pensamientos y sentimientos (gratitud, gozo, o anhelo). Dígale a Dios dónde necesita que las palabras del salmo le hablen. Abra su corazón con toda honestidad, luego escuche.

Contemple el regalo del cuidado de Dios. Confíe a Dios situaciones en su vida que le preocupan.

Apunte su experiencia.

EJERCICIO 2

Lea el Salmo 27 completamente una vez, luego hágalo otra vez—línea por línea, despacio.

Reflexione en los significados que usted encuentra en cada frase; por ejemplo: «*El Señor*», «*es mi luz*», «*y mi salvación*».

Responda a la pregunta, «¿de quién debo tener miedo»? Cuéntele al Señor de los miedos que le controlan. Personalice cada verso como una manera de hablar con Dios; luego escuche.

Descanse en la luz de Dios con una afirmación como la del versículo 14: «*¡Espera en Jehová! ¡Esfuérzate y aliéntese tu corazón!*».

Apunte su experiencia.

EJERCICIO 3

Lea Mateo 16:13-16 y cualquier nota de estudio que su Biblia le provea.

Reflexiones en las preguntas de Jesús como si fueran dirigidas a usted. ¿Quién dice la gente hoy en día que es Jesús? ¿Quién dice usted que es Jesús? Explore sus afirmaciones y preguntas.

Responda a Jesús directamente. Dialogue con él en oración, escuche sus respuestas y sus insinuaciones.

Descanse en la increíble confianza que Jesús tiene en nosotros para ser su iglesia. Resuelva actuar conforme reciba dirección.

Apunte sus ideas.

EJERCICIO 4

Lea varias veces Lucas 12:22-32 y repita los versículos que le atraigan más profundamente.

Medite en el versículo 25. Mencione sus preocupaciones o necesidades sobre el futuro.

Converse con Jesús sobre cualquiera de sus reservas con respecto a su consejo de «no angustiarse» y «buscad, mas bien, el reino de Dios». Escuche su respuesta.

Empápese de la seguridad de cuánto usted vale para Dios y cuán libre es como para dejar ir esas cosas que le causan preocupación.

Apunte sus ideas y pensamientos.

EJERCICIO 5

Lea Romanos 8:31-39. Regrese al versículo que para usted es el que mejor captura el significado del pasaje.

Reflexione en lo que significa vivir con tal fe en amor y cuidado de Dios.

Responda en oración contándole a Dios las circunstancias en donde usted u otras personas realmente se sienten separadas del amor consciente de Dios. Ponga atención a la guía del Espíritu.

Descanse en la presencia de Dios a medida que le entrega cada circunstancia a Dios, pidiendo por fe para decir en cada una: «*Por lo cual estoy seguro que ni la muerte ni la vida,... ni ninguna otra cosa creada nos podrá separar del amor de Dios, que es en Cristo Jesús, Señor nuestro*» (v. 38-39).

Apunte sus ideas.

Revise su diario de la semana como preparación para la reunión de grupo.

Parte 2, Semana 4
Dirigir la imaginación

Como la lección anterior mencionaba, la meditación en la Escritura puede también beneficiarse del uso de la imaginación, entrando a las Escrituras de la forma que un niño/a escucha un buen relator de cuentos. ¿Usted ha sido testigo de eso, verdad? Los niños se levantan y representan parte de la historia. Contestan preguntas que no se les han preguntado. Hacen de la historia su propia historia.

Entre más vívida sea su imaginación, más profundamente la historia se fijará en su memoria y pensamiento, y más profundamente penetrará en su inconsciente, para usar la terminología de los analistas junguianos. Lo que sucede se asemeja a lo que pasa cuando usted sueña, excepto que está despierto. Está tratando con la Escritura a nivel consciente—viendo, oyendo, tocando, probando, oliendo y reflexionando—y a nivel inconsciente. Como resultado, la meditación puede dejar sus marcas en los dos niveles.

En el entendimiento junguiano, nuestra psique humana es mucho más grande y más compleja que la parte que opera en el nivel consciente y racional. El nivel inconsciente es responsable en muchas maneras de quiénes somos y cómo actuamos como personas. Experimentamos todo tipo de cosas desde fuera de nosotros a un nivel inconsciente. Las experiencias de la vida, algunas buenas y otras malas, penetran al inconsciente y permanecen escondidas hasta que otro evento las trae nuevamente al consciente.

Imaginación es la capacidad de hacer conexiones entre lo visible y lo invisible, entre el cielo y la tierra, entre el presente y el pasado, entre el presente y el futuro. Para los cristianos/as, cuya mayor inversión está en lo invisible, la imaginación es indispensable, pues es sólo por medio de la imaginación que podemos ver la realidad completa, en contexto.

—Eugene H. Peterson

La imaginación, como los sueños, tiene lugar no sólo en nuestro proceso de observar y pensar, sino también en el vasto y grande inconsciente. La imaginación humana es altamente compleja. Como en los sueños, trata con símbolos que a menudo tienen un efecto mucho más grande que las palabras o los pensamientos. Ellos nos tocan sutilmente a los niveles más profundos de nuestro ser. Tome, por ejemplo, la experiencia de Pablo que se encuentra en 2ª a los Corintios 12:1-10. Catorce años antes, él dice que tuvo la experiencia de haber sido arrebatado hasta el cielo o el paraíso. Sea que eso pasara en o fuera de su cuerpo, no lo podía decir. Ahí escuchó y vio cosas que un mortal no puede repetir—visiones y revelaciones del Señor. Repetibles o no, ellas lo afectaron profundamente. Transformaron su vida para siempre. Las visiones como las de Pablo son generalmente expresadas a través de símbolos e imágenes.

Entrar a la Escritura con imaginación

¿Cómo trabaja la imaginación con la Escritura? Primero, trabaja mejor con las porciones narrativas de la Biblia: historias con personajes, diálogos y movimiento. Pasajes de los evangelios o de Hechos son ideales para este tipo de meditación. Usando la imaginación, podemos llevar una conversación con los personajes bíblicos y eventos a través de los cuales Dios escogió hablar. Tratamos de llegar a ser parte de la historia, imaginándola e identificándonos con los personajes descritos. Entrar al relato de esta manera puede abrir nuevas percepciones, inspirarnos y animarnos.

Dos importantes líderes cristianos vieron la dirección adecuada de la imaginación en la meditación bíblica como la clave para una vida santa. Uno fue Ignacio de Loyola (1491–1556), el gran reformista católico y fundador de la Compañía de Jesús (jesuitas). El otro fue Richard Baxter (1615–91), un pastor y escritor puritano inglés muy influyente. Ellos dos diferían en la forma en que expresaban la meta de la meditación imaginativa. Para Ignacio, la meta era preparar el alma para «quitar de sí todas las afeccionnes desordenadas», y ver y descubrir la voluntad de Dios para la vida de uno.[1] Para Baxter, era

La frecuencia en la contemplación celestial es particularmente importante, para prevenir una timidez entre Dios y tu alma. La compañía frecuente crea familiaridad, y la familiaridad aumenta el amor y el deleite, y nos hace más acertados en nuestros encuentros. El fin principal de esta tarea es tener conocimiento personal y compañerismo con Dios; y por lo tanto, si rara vez lo tienes, te seguirás manteniendo aún como un extraño/a.

—Richard Baxter

alcanzar «el reposo eterno de los santos».[2] Hoy día quizá expresaríamos la meta en términos de intimidad con Dios.

Sorprendentemente, Ignacio y Baxter estaban de acuerdo en el método de la meditación—ingresar a las Escrituras imaginativamente y permitirles tocar y formar nuestra vida. La meditación de la Escritura asume una íntima y profunda familiaridad con la Biblia, no sólo es una experiencia casual. Los puritanos devotos, estaban convencidos que ellos encontrarían respuestas a las preguntas más urgentes de la vida sólo en la Escritura, pasaban horas estudiando y meditando, leyendo atentamente la Biblia y memorizando todo lo que podían. John Bunyan, el autor de *El progreso del peregrino* en el siglo diecisiete, dijo que durante su traumática batalla con su enfermedad maniaco depresiva, él «nunca dejó la Biblia, ya sea leyéndola o meditándola».[3] Los puritanos esperaban que los textos familiares estuvieran en sus mentes y corazones y les dieran la guía que necesitaban.

Para prepararse para esta meditación, Baxter dio consejos similares a los que dio Tomás Merton. Encuentre un lugar donde pueda tener tranquilidad y considere cuidadosamente la disposición de su corazón. El corazón debe ser liberado de todas las distracciones posibles. Luego, arregle todo para el trabajo «con la mayor solemnidad del corazón y la mente».[4] La clave para dirigir el corazón al «reposo eterno» o intimidad con Dios está en ejercitar los afectos: amor, deseo, esperanza, ánimo y gozo. Debido a que las emociones pueden ser engañosas y confusas, sin embargo, debemos preocuparnos de que ellas nos lleven más cerca de Dios. Esta es la tarea de la «consideración».[5]

Para Baxter, la consideración como una forma de meditación descansa en la imaginación y puede salir del profundo pozo de las Escrituras memorizadas. Él pintó cuadros con palabras en los cuales contrastó escenas del cielo con escenas de la tierra para ayudar a los devotos a aspirar al cielo. Como Ignacio, él quería una imaginación vívida de las glorias del cielo y los juicios terrenales. A fin de inspirar a los cristianos a considerar las glorias del cielo con sentimientos profundos, Baxter alienta la imaginación de los sentidos en la misma manera que Ignacio. Escuche las palabras de Baxter animando a la meditación en la visión de la gloria celestial del libro de Apocalipsis.

[En meditación], mantenga su corazón tan libre del mundo como se pueda. Descarte por completo sus pensamientos de negocios, problemas y deleites, y todo aquello que pueda tomar un espacio en su alma. Vacíela tanto como pueda, para que sea más capaz de ser llenada con Dios.

—Richard Baxter

Está adaptada al español moderno a fin de que podamos entenderla claramente (recuerde que «suponer» es esencialmente imaginar):

> Extraiga las suposiciones más fuertes que pueda de sus sentidos para ayudar a sus afectos... Imagínese a usted mismo viendo la ciudad de Dios; y que usted ha sido compañero de Juan en la inspección de esta gloria; y ha visto los tronos, la Majestad, las huestes celestiales, el esplendor brillante que él vio: supóngase... que usted ha visto a los santos vistiendo las túnicas blancas, con palmas de victoria en sus manos: supóngase que ha oído el canto de Moisés y el Cordero; o que aún ahora los escucha alabando y glorificando al Dios vivo... Obtenga la imagen más vívida que pueda de ellos en su mente. Medite en ellos, como si usted fuera partícipe con ellos mientras los ve, y como si usted estuviera oyendo los aleluyas mientras piensa en ellos, hasta que pueda decir: «¡Creo que he visto un pedacito de gloria! ¡Creo que he oído los gritos de gozo y alabanza! ¡Creo que he estado junto a Abraham y David, Pedro y Pablo... aún creo que he visto al Hijo de Dios apareciendo entre las nubes... creo que le he oído decir: «Ven, tú bendito de mi Padre!»[6]

Podemos ver cómo Baxter anima a sus lectores a ponerse ellos mismos imaginativamente dentro de ciertos parámetros descritos en la Biblia. Luego, mientras ilustra este método con una de sus meditaciones, Baxter rompe en un diálogo espontáneo entre Cristo y su propia alma, una forma que Ignacio también recomienda frecuentemente para tomar personalmente el mensaje de la Escritura.

Baxter cuidadosamente sugiere que los devotos pueden ayudarse en su meditación con el uso de objetos sensoriales siempre y cuando no dibujen ni adoren los objetos.

Ejemplo de meditación

Aquí tenemos un ejemplo de una de mis meditaciones del encuentro de Jesús con Zaqueo en Lucas 19:1-10. En los ojos de mi mente me imagino ser como Zaqueo ese día que Jesús pasó por Jericó camino a Jerusalén. Soy un *«jefe de los cobradores de impuestos»*, no una posición muy agradable de tener. Los cobradores de impuestos hoy en nuestra sociedad no son bien considerados, aún y cuando trabajan para nosotros, «el gobierno de la gente». Me puedo imaginar lo que esa gente que está clamando alrededor de Jesús piensa de mí, un judío, cuando cobro los impuestos para los romanos que ocupan nuestro país. Para hacer peor las cosas, se me conoce por haber sacado dinero de los impuestos para hacerme rico.

Además, soy bajo de estatura. Soy tan bajo que tengo que correr y subirme a un gran árbol sicómoro para poder ver a Jesús. La gente pequeña a menudo tiene que ser ingeniosa para poder sobrevivir. Llegué justo cuando Jesús iba pasando.

Para mi sorpresa, no pasó de largo. Se paró, miró hacia arriba y dijo: «*Zaqueo, date prisa, desciende, porque hoy es necesario que me hospede en tu casa*». ¡Tremendo! Casi me caigo del árbol, yo esperaba que viera a todas partes menos hacia arriba; pudo haber mirado hacia arriba y no tomarme en cuenta por miedo de que la gente pensara que él se asociaba con gente como yo, o pudo darme una mirada seca como hacen los otros. Pero no lo hizo. Me vio directo a los ojos y se invitó a mi casa.

¿Qué siento? ¿Qué otra cosa sino un gozo inexplicable? ¡Gozo! ¡Gozo! Jesús me ha dado el precioso regalo de la atención y la aceptación. No sólo que me vio a los ojos; me pidió ser su anfitrión. ¿Pero se da cuenta de lo que está haciendo?

Ahora hago una pausa para hacer un poco de «meditación asociativa». Empiezo a pensar sobre los momentos cuando he experimentado el dolor de la indiferencia del mismo modo que lo sintió Zaqueo. Una vez fui a una fiesta y empecé a conversar con alguien, y ella se mantuvo recorriendo el cuarto con sus ojos buscando a alguien más interesante para hablar. En otra ocasión traté de presentar una nueva propuesta a mis colegas y me di cuenta de que ellos no compartían mi misma emoción. Escucharon educadamente, pero demostraron muy poca respuesta a mis ideas. Luego pensé en los tiempos en los que he experimentado el dolor de ser rechazado.

Pero aquí, por lo menos, hay uno cuyo amor es lo suficientemente amplio como para acoger a un cobrador de impuestos. ¿Quién no podría ser aceptado? Si tengo dudas de su aceptación, sólo necesito ver lo que pasó después.

Vea el precio que Jesús pagó inmediatamente. No había llegado todavía a mi casa cuando la murmuración ya había empezado, los

Las Escrituras son un vasto depósito de dramas humanos, y nos ofrecen un sin fin de libretos para explorar nuestros sentimientos, interpretaciones y compromisos. Con tan sólo un poco de imaginación pueden recobrar vida con poder y eficacia para nuestro diario vivir contemporáneo.

—Juan Killinger

Aprendí a escuchar mientras leía. A veces no escuchaba nada excepto las palabras de mi lectura. Otras veces estaba simplemente consciente de que los pasajes estaban entrando a mi mente y corazón y llegaban a ser parte de mí. Pero con mayor frecuencia, hubo momentos cuando algunos aspectos de lo que estaba leyendo me tocaron con tal fuerza y claridad que no me quedó duda alguna de que Dios tenía algo que decir no sólo al salmista, al profeta, o al discípulo— sino a mí.

—Avery Brooke

pretendidos gritos de incredulidad: «Ha entrado para comer en casa de un hombre pecador».

Quizá empiece a preocuparme otra vez. Pero a estas alturas ya he tenido un cambio de corazón y digo: «Señor, la mitad de mis bienes doy a los pobres; y si en algo he defraudado a alguien, se lo devuelvo cuadruplicado». Me imagino los pensamientos y sentimientos que me han llevado a este cambio de corazón.

Ahora observo la respuesta de Jesús. Una vez más, él no me desilusiona. No sólo Jesús me ha aceptado, una persona universalmente despreciada; sino que me reafirma. No, no por mi promesa, pero por su amor. «*Hoy ha venido la salvación a esta casa, por cuanto él también es hijo de Abraham, porque el Hijo del hombre vino a buscar y a salvar lo que se había perdido*». ¡Ah, qué bueno que Jesús estaba dentro de la casa cuando dijo eso! ¡Esta gente que lo adoraba solo minutos antes, ahora lo podría haber matado! Por la simple idea de llamarme a mí, un despreciable cobrador de impuestos, «un hijo de Abraham».

Su meditación en este pasaje le puede guiar a tener diferentes sentimientos e imágenes, basados en sus experiencias vividas en relación al texto de la Escritura. La meditación me ha llevado a oír nuevamente la afirmación en esta historia, la misma afirmación que recibimos de la cruz. Como dice un himno: «Hay una anchura en la misericordia de Dios como la anchura del mar». Y como Pablo nos recuerda en Romanos 8, nada en todo el mundo puede separarnos del amor de Dios. Considere esa afirmación por un momento. Le invito a pasarla de su cabeza a su corazón. Ésta es la meta de la meditación.

EJERCICIOS DIARIOS

Antes de empezar los ejercicios para la semana, recuerde leer el nuevo capítulo y escribir en su diario sus notas, respuestas, preguntas y preocupaciones. Los pasajes de esta semana se mueven a través de la versión de Lucas de la historia de la Navidad y nos ayudan a usar nuestra imaginación en la meditación de la Escritura. Por favor, trate de seguir las instrucciones aún cuando las encuentre difíciles o incómodas. Recuerde escribir en su diario a medida que considera las preguntas y/o después de que haya terminado su contemplación.

Ejercicio 1

Lea Lucas 1:5-23. Vuelva a la historia de Zacarías y póngase en el lugar de la persona «de edad avanzada». Visualice lo que está haciendo en el santuario, luego lo que ve y siente cuando el ángel aparece primero. ¿Cómo cambian sus sentimientos cuando el ángel le dice «*tu mujer Elisabet dará a luz un hijo*»? Imagínese una conversación honesta con el ángel sobre esta noticia. Si es posible, capture el diálogo por escrito. Imagínese guardando la noticia en silencio por varios meses. Note lo que su imaginación en esta historia le hace agitarse—respecto a una promesa no revelada en su vida, oraciones retenidas por largo tiempo, o su habilidad de cambiar. Ore al Señor, y descanse en la promesa de Dios.

Ejercicio 2

Lea Lucas 1:24-25. Trate de ponerse en la historia en el lugar de Elisabet, una mujer en una edad en la que ya no podía tener hijos. Imagínese cómo se entera de la experiencia de Zacarías y descubre así lo que ha sucedido. ¿Cuál es la reacción? ¿Por qué decide recluirse, y cómo le ayuda esto? Imagine cómo pasa su tiempo y en lo que medita y ora durante esos cinco meses que está apartada. Reflexione en las formas que se identifica con Elisabet. Por ejemplo, ¿está Dios tratando de hablarle de algo nuevo que está pasando en su vida? ¿El apartarse por un tiempo ayudaría para que se hiciera realidad?

EJERCICIO 3

Lea Lucas 1:26-38. Después de leer la historia de la anunciación, en su imaginación haga un recorrido a través de la historia despacio, poniéndose en el lugar de María. Trate de imaginarse usted mismo/a como María, escuchando el mensaje del ángel. ¿Dónde se encuentra? ¿Qué ve y escucha? ¿Qué diferentes emociones tiene? ¿Cómo responde al ángel? ¿Cómo «el Espíritu Santo vendrá sobre» usted? Reflexione en cómo lo que imagina de la historia se mezcla dentro de usted. ¿Qué conexiones hace usted con la promesa divina en su vida? Compare su respuesta con la respuesta de María.

EJERCICIO 4

Lea Lucas 2:8-20. Identifíquese con la historia de los pastores y sus cambios de emociones. ¿Cuáles son las buenas nuevas que usted oyó del ángel? Deje que su corazón se llene con música: villancicos, coros o porciones del *Mesías* de Handel. Escriba sus propias palabras de alabanza. Lleve a cabo su búsqueda de María, José y el niño. Cuando los encuentra, ¿qué ve, huele, o siente? ¿Qué les dice? Reflexione en lo que más le sorprendió conforme experimentó la historia en su imaginación.

EJERCICIO 5

Lea Lucas 2:22-38. Imagínese como un observador en la multitud cuando María y José traen a Jesús al Templo. Cierre sus ojos e imagine la escena lo más vívidamente posible que pueda, usando los cinco sentidos. Observe cómo la historia se desarrolla a medida que Simeón y Ana actúan sus partes. Siéntase en libertad de referirse al texto, pero mantenga la escena en su mente. Si quiere interactuar de alguna forma—háblele a Simeón, cargue al niño y déle sus alabanzas—continúe. Después, escriba sobre las acciones que usted tomó en la escena, sus reacciones, sentimientos, pensamientos. Pase unos momentos reflexionando en lo que su meditación puede significar para su vida.

Recuerde revisar su diario de la semana en preparación para la reunión de grupo.

Meditación en grupo con la Escritura

Si bien los protestantes se han mantenido firmes en la convicción de que cada persona que busca la Palabra de Dios pude encontrarla en las Escrituras, han tenido que reconocer también los valores de escuchar a Dios en la compañía de otros creyentes. La meditación corporativa puede contribuir en varias formas a escuchar la Palabra de Dios en la Escritura.

Puedo encontrar mi verdadera identidad, mi verdadero nombre, sólo al compartir en la vida de la comunidad, el pueblo de Dios, y al tomar mi propio lugar ahí.

—Mary Jean Manninen

Los beneficios de la meditación en grupo

La meditación de la Escritura en grupo amplía nuestras perspectivas. La cultura ejerce una poderosa influencia sobre la manera en que escuchamos y lo que escuchamos. Nos golpea, martilla, moldea y graba a tal punto que podemos oír lo que la cultura dice en lugar de lo que Dios nos dice a través de la Escritura. Entre más restringida sea nuestra experiencia cultural, más limitada será nuestra habilidad de escuchar a Dios a través de las Escrituras. Un grupo puede también tener una perspectiva estrecha. Entre más diverso sea el grupo, más posibilidades habrá de que los miembros sean capaces de ampliar los puntos de vista de unas y otros. Es maravilloso cuántas y cuán diversas son las perspectivas que los participantes escuchan en una reunión del Concilio Mundial de Iglesias donde están representadas más de trescientas denominaciones de 120 naciones.

Aún cuando pocos de nosotros tenemos oportunidad de compartir en ese tipo de reuniones, podemos encontrar grupos que pueden expandir nuestro punto de vista individual.

La meditación en grupo puede corregir idiosincrasias individuales. Gente que toma en serio la meditación en la Escritura a veces ha venido con interpretaciones forzadas de la Escritura y ha culpado a Dios así como al diablo por todo tipo de pensamientos cuestionables. Los pasajes tomados fuera del contexto a menudo llevan a conclusiones extrañas. Cuando Juan Bunyan usó el método puritano de buscar al azar en las Escrituras para que acertaran hacia su mente y corazón y le dijeran si era uno de los «elegidos», por ejemplo, lo puso en un torbellino emocional. Algunas veces escuchó una palabra de afirmación: «Quien viene a mí yo no lo echo fuera...». La mayor parte del tiempo, sin embargo, no obtuvo una palabra positiva. El pasaje en el que Esaú vende su primogenitura estuvo constantemente surgiendo. Llegó a convencerse de que él era un Esaú moderno que había vendido, no su primogenitura natural, sino su primogenitura cristiana. Temió haber cometido el pecado imperdonable. Su estado de ánimo estuvo fluctuando de arriba abajo abruptamente. Nunca pudo alcanzar un nivel estable. Lo que ayudó más para rescatarlo fue el pastor Juan Gifford y su participación en un grupo pequeño en la casa de Gifford.[1] En su clásica alegoría *El Progreso del Peregrino*, el personaje principal de Bunyan, Cristiano identifica esa iglesia en Bedford como la Casa del Intérprete, donde había visto «cosas raras y de mucho provecho, cosas placenteras, temibles, cosas para hacerme estable en lo que he empezado a ocuparme».[2] La interacción en grupo fuerza a las personas participantes a pensar más profunda y cuidadosamente sobre lo que escuchan y cómo aplican sus descubrimientos.

Compartir ideas con otras personas debe aumentar nuestra seguridad de que estamos oyendo bien y escuchando correctamente. Es posible que sólo una persona puede oír a Dios correctamente y que una multitud completa pueda estar mal. De otro modo, no tendríamos profetas. Piense en Martín Lutero, padre de la Reforma Protestante, de pie contra todo el Parlamento Alemán declarando que él no podía actuar en contra de su conciencia.

A menos que sea convencido por la Escritura o por la justa razón (porque no confío en papas ni en concilios, ya que ellos a menudo han errado y se han contradicho a sí mismos)—a menos que se me convenza de lo contrario, yo me guío por los textos de la Biblia, mi conciencia está cautiva a la Palabra de Dios, yo tampoco puedo ni me retractaré de nada, ya que ni es correcto ni seguro actuar contra la conciencia. [3]

Pero cada uno de nosotros, no importa cuán educado o espiritualmente maduro sea, debe temblar cuando nos encontremos en tal posición y admitir que podemos estar equivocados. Los miembros de un grupo que toman seriamente el escuchar corporativo llegarán, con mayor frecuencia, a acercarse a la verdad que una persona aislada.

Debemos obtener gozo de descubrir cierta sabiduría en grupo junto con otras personas. ¡Qué placer es saber que no estamos solos en la búsqueda! Las ideas de otra persona pueden amplificar, clarificar o añadir ciertas perspectivas a las nuestras. Alguien más en el grupo puede poner en palabras la experiencia que tenemos, pero que no podemos expresar.

Descripción de la meditación en grupo

¿Cómo funciona la meditación de grupo con la Escritura? Indudablemente hay varias maneras de hacerlo, pero todas deben incluir los siguientes elementos: (1) un período de apertura en silencio o algún otro ejercicio para centrarse, (2) una lectura en voz alta de un pasaje en particular de la Escritura, (3) un segundo período de silencio para permitir que cada persona medite lo suficiente para ingresar al pasaje con la imaginación más vívida o reflexión seria, (4) un tiempo de compartir las ideas que cada persona tiene, y (5) algún tipo de clausura. [4]

Iniciar la meditación de grupo con un tiempo de silencio permite que los participantes se alejen de las distracciones del día, estén atentos a Dios, y dirijan sus mentes a lo que Dios pueda comunicarles a través del texto. La mayoría llegará todavía parloteando sobre las actividades del día, el manejar en el tráfico, y el recuerdo de encuentros no placenteros o de otras distracciones que obstruyen el camino para escuchar. Un período de silencio permitirá que las personas se

Cuando limitamos la verdad a nuestra manera de ver, a menudo fallamos en recibir las muchas sorpresas que Dios nos ofrece cada día. Cuando abrimos nuestros ojos, y buscamos ver—a través de los ojos de la niñez o desde perspectivas diferentes a la nuestra—con frecuencia podemos experimentar el mundo de Dios (y a Dios) en formas que jamás imaginamos.

—Dwight W. Vogel
y Linda J. Vogel

re-enfoquen antes de que traten de escuchar. Si los miembros del grupo tienen problema aquietándose y alistándose, el líder del grupo puede usar algún tipo de ejercicio de relajamiento u otro proceso de concentración, como una música o una sencilla oración hablada; pero el silencio a menudo es la mejor preparación para escuchar.

La meditación cristiana se ha enfocado especialmente en los Evangelios porque en ellos tenemos «la historia de las historias», la historia de Jesús.[5] Esto no impide que se usen otros pasajes de las Escrituras, por supuesto, pues todos forman parte de la autorevelación de Dios para nosotros. Muchos han sido profundamente nutridos a través de la meditación en los salmos. Si un grupo continúa semana a semana, puede ir consecutivamente a través de uno de los Evangelios o seguir las lecturas del leccionario para el año cristiano. El líder del grupo puede escoger usar diferentes versiones de la Biblia, pero la preferencia debe ser dada a la traducción más clara y contemporánea.

Como se notó anteriormente, podemos hacer nuestra meditación de diferentes formas. Algunas serán más reflexivas, otras más intuitivas, y aun otras más imaginativas. Diferentes tipos de Escritura necesitaran diferentes acercamientos. Meditar en Proverbios probablemente será más meditar en la lógica que en la imaginación, mientras que la meditación en las historias bíblicas invitan a una imaginación activa. Hoy en día, el ritmo agitado de vida que impera, la tecnología que lo controla todo, y la crisis económica que nos hace ver la vida en función de pesos y centavos, nos han acostumbrado a usar más la lógica que la imaginación; la cultura nos empuja más a desarrollar nuestra aptitud racional más que nuestra capacidad intuitiva o sentimental. Consecuentemente, esto último requerirá mayor atención. Puede ser de ayuda animar a los participantes a escuchar el texto como una niña que nunca antes lo ha oído. Esta forma de escuchar no necesita estar en conflicto con el estudio de la Escritura, si bien es cierto que algunas personas entrenadas en el acercamiento crítico al texto pueden tener problemas usando su imaginación. El objeto de la meditación es ir del proceso intelectual hasta el punto de dejar que nuestro ser interior sea transformado por la Palabra.

Un período de quince o veinte minutos de silencio después de la lectura le dará tiempo a cada persona para explorar el pasaje cuidadosamente. El himno «¿Presenciaste la muerte del Señor?» presenta la pregunta apropiada. A través de la imaginación nos ponemos en la escena. La vasta revolución de una cultura más verbal hacia una cultura más visual como resultado del reciente desarrollo tecnológico puede servirnos de ejemplo aquí. Una de mis estudiantes me dijo que ella era una «persona más bien visual». ¿Es usted también una persona más orientada a lo visual, o aprende mejor escuchando, leyendo, o actuando?

En el tiempo de clausura, cuando se hayan compartido las ideas de todo el grupo, la persona líder puede preguntar a los participantes: «¿Qué fue lo que más le llamó la atención? ¿Qué le habló a su condición?» Esta es una buena manera de comenzar, pero la gente usualmente no necesita que se la empuje mucho. Después de varios minutos de silencio, las personas estarán listas para dejar que la conversación fluya. Una precaución: Es importante no planear un resultado o efecto. Es a la Palabra que queremos oír y a la que queremos responder.

El mutuo compartir de las experiencias intimas de Dios—cuando se ofrece libremente y no es obligado—nos capacita a todos/as a llegar a ser más plenamente quienes somos.

—Norvene Vest

Ejemplo de una meditación en grupo

Para ilustrar, permítanme compartir en breve la experiencia de un grupo de estudio que dirigí en una meditación en la parábola del padre cariñoso o del hijo pródigo (Lucas 15:11-32).

Líder: «¿Qué les llamó la atención? ¿Qué habló a su condición?»

a: «El hermano mayor. Creo que yo sería más como el hermano que se quedó en casa, hizo todo lo que el padre esperaba y sintió mucho resentimiento cuando el hijo pródigo regresó a casa».

L: «¿Qué fue lo que le impactó sobre el hermano mayor?»

a: «El amor del padre hacia él, sin importar su disgusto y enojo. Él no quería entrar, pero dice el texto, 'El padre salió y le rogaba'. Yo habría necesitado oír eso, porque me he sentido culpable por estar enojado».

b: «Yo me identifico más con el hijo pródigo. He tenido una vida un poco dura. No tenía una herencia que reclamar, pero me aparté de mi familia, tal como él lo hizo. No podía aguantar a mi viejo. Siempre estaba tras de mí. Nunca me dejaba en paz, así que me fui. Pero no era lo suficientemente maduro como para manejar mi vida por mí mismo. Caí en malas compañías—tomaba como un pez, fumaba marihuana, vivía con mujeres, e hice lo mismo que él hizo. Finalmente, toqué fondo».

L: «¿Qué hizo entonces?»

b: «No hice lo que el hijo pródigo hizo. No podía ir a casa. No hasta que mi padre muriera. Pero encontré a Dios a través de Alcohólicos Anónimos. ¿Sabe cómo funciona ese programa, verdad?»

L: «Sí».

c: «Lo que me admira en esta parábola es cómo el padre estaba esperando y saliendo. Está en las dos partes. En la parte sobre el hijo pródigo dice: 'Mientras él estaba aún lejos, el padre lo vio'. En esa parte sobre el resentido hermano mayor, cuando él se resistía a entrar, dice: 'El padre fue afuera y le rogaba'. Eso me llega hasta el alma. Eso no es lo que mi padre habría hecho».

L: «Él es también diferente a lo que era un padre en el medio-oriente. Él tuvo que hacer de lado su dignidad».

c: «Bueno, ¿qué dice esto sobre Dios?»

d: «Para mí sugiere un amor extraordinario, pero parece un poco extraño que Dios tomara la iniciativa en la reconciliación. Los padres humanos querrían que el hijo pródigo viniese arrastrándose y el hermano mayor que se disculpara antes que lo aceptaran».

L: «Creo que has visto un punto ahí. Dios no es un padre ordinario. El amor de Dios no es un amor ordinario».

e: «Sí. Si lo piensas de ese modo, reconocerás por qué Dios tiene que tomar la iniciativa. Los físicos ahora nos dicen que nuestro universo está hecho de más de ciento cincuenta billones de galaxias. ¿Cómo podríamos los seres humanos tener la atención de Dios si Dios no hubiese tomado primero la iniciativa?»

d: «Ah, sí, veo tu punto. Nosotros no podríamos gritar lo suficientemente alto, sacar una antena lo suficientemente larga, o enviar una nave espacial lo suficientemente lejos para tener la atención de Dios si Dios no lo hiciera».

f: «A medida que hablábamos de la parábola, lo que me intrigó a mí es que ésta llegó a ser llamada 'la parábola del hijo pródigo'. Realmente es sobre el padre amoroso, ¿no les parece?»

L: «Sí, empieza diciendo, 'Un hombre tenía dos hijos'. Esa es una indicación».

c: «Correcto. El padre es el personaje central que amarra las dos partes de la parábola. Puedo ver ahora que Jesús estaba tratando de decirnos algo sobre Dios, sobre la amplitud de la misericordia de Dios».

a: «He escuchado que Jesús dijo la mayoría de sus parábolas en respuesta a las críticas de su ministerio. ¿A quién piensan que estaba contestando aquí?»

b: «Probablemente a algunos de los líderes religiosos que criticaban su conexión con los marginados y pecadores como el hijo pródigo».

d: «Ah, eso hace más poderosa la historia, ¿cierto? Puedes ver a Jesús confrontando a esos que querían reclamar a Dios sólo para los respetables. El amor de Dios no conoce barreras».

L: «Bueno, ese será un buen punto para cada uno de nosotros: 'El amor de Dios no conoce límites'. ¿Puede oír esas palabras interiormente, confirmando lo que es más profundo en usted?»

La meditación en grupo puede ser mucho más extensa que este resumen de los puntos importantes. Sin embargo, las personas participantes pueden querer algún tipo de clausura. El líder puede traer la meditación a un cierre teniendo otro breve tiempo de silencio, recitando el Padrenuestro, haciendo una breve oración verbal, cantando una estrofa de un himno conocido, o lo que usted considere más apropiado según lo que se haya compartido.

La meditación en grupo es otra forma de alimentarse en la Palabra de Dios. Ayudará a nuestro estudio de la Escritura y a escuchar a

Dios a través de ella. A medida que usamos los diferentes acercamientos, no obstante, mantenemos en mente que nuestra meta no es simplemente conocer las Escrituras, sino entrar en una aún más profunda relación con el Dios viviente. Que nuestra oración sea como la del salmista: «*Como el ciervo brama por las corrientes de las aguas, así clama por ti, Dios, el alma mía. Mi alma tiene sed de Dios, del Dios vivo*» (42:1-2).

EJERCICIOS DIARIOS

Lea el capítulo antes de comenzar con los ejercicios diarios. Ha aprendido diferentes formas de meditar en la Escritura. Esta semana siéntase libre de usar cualquier acercamiento con el que se encuentre más cómodo o que sea apropiado a medida que ora con estas historias de la vida de Cristo. Apunte sus pensamientos y experiencias en su diario.

EJERCICIO 1

Lea Marcos 3:1-6—Jesús sana a un hombre con la mano seca.

EJERCICIO 2

Lea Lucas 13:10-17—Jesús sana a una mujer encorvada.

EJERCICIO 3

Lea Marcos 6:45-52—Jesús camina sobre el agua.

EJERCICIO 4

Lea Juan 13:1-17—Jesús lava los pies de sus discípulos.

EJERCICIO 5

Lea Lucas 22:30-46—Jesús ora en Getsemaní.

Recuerde revisar su diario de la semana en preparación para la reunión de grupo.

Parte 3

Profundizar en la oración: El corazón de Cristo

Adele González

Parte 3, Semana 1
La oración y el carácter de Dios

*¿A*lguien le ha preguntado alguna vez sobre su vida de oración? Si lo han hecho, ¿cómo se sintió con esa pregunta? ¿Qué respondió? Con los años he descubierto lo difícil que es para la mayoría de los cristianos y cristianas hablar o aun pensar sobre su vida de oración. Algo de esta duda puede venir de la presuposición de que la oración es un asunto privado. Puede también ser que nos sintamos inadecuados para comprender nuestra vida de oración o hablar claramente de ella. Cualquiera que sea la razón, parece que la oración, uno de los elementos fundamentales de nuestra fe, permanece incierta o incómoda para muchos cristianos. Esta semana veremos algunas de nuestras creencias básicas y presuposiciones sobre la oración.

La palabra orar viene del verbo en latín orare, significa «rogar o solicitar». Esta definición indica que siempre estamos en necesidad delante de Dios, aun cuando nuestra intención no es pedir. En la oración no hablamos sobre Dios, hablamos con Dios. Escogemos hacernos presentes ante Dios, quien está siempre presente para nosotros y para responder a Aquél que continuamente busca comunicarse con nosotros. La oración es ofrecer a Dios hospitalidad y abrirnos a una relación profunda y personal. En oración nos comunicamos con Dios verbal o silenciosamente, y damos tiempo y espacio

Sin una clara concepción de cómo es Dios, dónde se puede encontrar a Dios, y cómo se relaciona Dios con el mundo, es probable que nos encontremos renuentes y limitados en la oración. De modo que el punto de partida para una discusión sobre lo que pensamos de la oración puede muy bien ser una reflexión de cómo podemos pensar acerca de Dios.

—Martha Graybeal Rowlett

para que Dios se comunique con nosotros. Orar es rendirnos a Dios y abrir nuestros corazones, entendimiento y voluntad a Dios.

El Dios a quien oramos

Para poder entender mejor la naturaleza de la oración cristiana, necesitamos entender algo de Aquél a quien oramos. ¿Quién es Dios? Lo que creemos de Dios moldea nuestra oración profundamente. La teología cristiana afirma que Dios es imponente en majestad, esplendor y poder. Todo el vasto e intrincado orden de la creación testifica esto. Sin duda, el retrato que recibimos del relato bíblico nos muestra a Dios como la fuente suprema de toda vida cuyo poder para crear y recrear es completo. Porque «*nada hay imposible para Dios*» (Lucas 1:37). Más aun, Dios es también sabio, justo y sobre todo amoroso. Por lo tanto, el poder de Dios es ejercido sólo en relación al amor, pues «*Dios es amor*» (1ª de Juan 4:8). Dios escoge usar su poder en una manera que es completamente consistente con la naturaleza del amor divino. Sólo tal amor puede permitirnos decir sin ninguna reserva: «Dios es bueno». El amor divino nos libera para acercarnos al maravilloso poder de Dios sin ser sobrecogidos por el miedo.

La sabiduría de Dios es una expresión tanto de poder como de amor. La sabiduría incluye justicia y misericordia junto con bondad amorosa y compasión. La sabiduría de Dios es una fuente de profundo consuelo para nuestra vida. Aun cuando no podamos entender su profundidad, podemos confiar que Dios sabe lo que es mejor. El entendimiento de Dios abarca infinitamente más de lo que podemos ver, permitiendo a Dios actuar para el bien de muchas personas simultáneamente y aún para toda la creación.

Una afirmación única para el pueblo cristiano es que Dios es Trinitario. Es decir, Dios es tres personas: Padre, Hijo y Espíritu Santo. El comienzo de esta doctrina descansa en la creencia de la Encarnación. Creemos que en Cristo, el Dios inefable ha sido revelado. Cristo es la visible «*imagen del Dios invisible*» (Colosenses 1:15), y Dios vino a «*habitar en él con toda su plenitud*» (Colosenses 1:19). Jesucristo nos revela a Dios, quien esencialmente es relacional, quien irrumpe a través de la historia, quien ama apasionadamente, y quien se despojó de su mismo ser divino (Filipenses 2:1-11).

El Espíritu Santo revela y confirma estas verdades en nuestros corazones (1ª a los Corintios 2:6-16). Por el Espíritu llegamos a creer que Cristo es el poder y sabiduría de Dios (1ª a los Corintios 1:24) y el amor de Dios con nosotros «*en la carne*» (Juan 1:14; 3:16).

Las tres personas de la Trinidad están unidas en una comunión de perfecto y mutuo amor. Como personas hechas a la imagen del Dios Trinitario, somos creadas para estar en comunión con Dios y en comunión unas con otras. La oración, en este contexto, es entrar a la comunión a la cual Dios nos llama, una respuesta natural del corazón a Aquél por quienes fuimos creados. Tal oración es definitivamente personal, pero nunca privada. La comunión nos une a todos en el corazón de Dios.

Estos conceptos de la naturaleza de Dios afectan nuestra percepción del acto de orar y cómo entramos en él. Sin embargo, nuestras historias personales e ideas también moldean cómo vemos y nos relacionamos con Dios. El pueblo cristiano a través de los siglos ha aprendido que a medida que descubrimos más de Dios en oración, también encontramos más de nuestro verdadero ser. Lo que somos ante Dios es lo que somos y nada más. La oración produce humildad y veracidad, revelando tanto nuestros talentos como nuestras limitaciones. La verdadera oración es siempre honesta y auténtica.

A medida que la oración clarifica nuestro auto entendimiento, a menudo descubrimos discrepancias entre la realidad de Dios y nuestra imagen de Dios. Nuestras ideas sobre Dios afectan profundamente las maneras en las que escogemos comunicarnos con Dios. ¿Quién es Dios para mí? ¿Veo a Dios como un padre, juez, amigo, o amante? ¿Qué recuerdos están conectados a mis imágenes? Si percibo a Dios como un amigo, probablemente desearé pasar tiempo de calidad en oración. Si veo a Dios como un juez implacable, probablemente evitaré pasar mucho tiempo a solas en la compañía de Dios.

Hace algunos años atrás, una amiga mía perdió a su hijita de tres años a causa de un cáncer. Un amigo, bien intencionado, la trató de consolar diciéndole que se animara porque ahora «su pequeña niña

> *Si queremos crecer en Cristo, debemos tener la disposición de empujar los límites y aceptar la posibilidad de cambio—no cambio en el Dios inmutable que fue y es, sino cambio en nuestra percepción y entendimiento de quién es Dios y quiénes somos nosotros/as en relación a Dios.*
>
> —Margaret Guenther

Oh Dios, he estado hablando con la gente; las ruedas de mi pensamiento girando vertiginosas me circunda en una zona de fuego, y al retorno del oleaje etéreo de mis palabras mi corazón se rehúsa atenderlas por el orgullo que me llena. Por tanto postro mi ser rendido ante ti: Pon tu refrescante mano sobre mi cerebro que se quema, y saca el inmenso vacío de mi débil corazón.

—George MacDonald

estaba en un mejor lugar». El amigo le explicó que Dios necesitaba «un angelito en el cielo» y que había escogido a su hijita. La madre, que estaba adolorida, inmediatamente rechazó a este «dios» que parecía no importarle la pérdida y el sufrimiento humano. Cualquier Dios que pudiera quitarle a su hija con el fin de tener otro ángel en el cielo se parecía más al ladrón que «venía a robar, matar y destruir» en vez del pastor que había venido «*para que tengan vida, y para que la tengan en abundancia*» (Juan 10:10). Por años esta mujer buscó a Dios en una variedad de religiones. Ahora parece que ha encontrado algo de paz orando a María, la madre de Jesús, como la única capaz de entender el dolor de una madre. En este caso específico, la inadecuada y falsa imagen de Dios como «ladrón» fue un obstáculo en su relación con el Dios vivo.

Durante una reunión en la que se compartía acerca de la fe, un joven declaró cuán cansado estaba de «buscar a Dios», de tratar de alcanzar a Dios. Un miembro del grupo le preguntó quién pensaba él que era Dios. El hombre contestó que, durante su infancia, Dios fue siempre un juez autoritario y remoto. Luego dijo que desde entonces su imagen había cambiado a una de un Dios misericordioso y cariñoso. Otro miembro del grupo sugirió que quizá este hombre estaba esforzándose demasiado y que en cierto modo Dios lo intimidaba. El hombre respondió que no se había esforzado lo suficientemente, que todos sabían cuán esenciales eran las prácticas y disciplinas religiosas para lograr una relación con Dios.

Las imágenes de Dios que este hombre tuvo en su niñez estaban tan profundamente enraizadas en él de modo tal que no podía ver cómo éstas continuaban limitando su percepción del deseo de Dios de estar en comunión con él. A menudo nuestras imágenes de Dios necesitan ser sanadas antes de que podamos abrirnos a una relación de oración vivificante.

Actitudes clásicas de oración

Si nuestras imágenes de Dios están enraizadas en la gracia y la verdad, nuestra oración será fruto de la confianza en la bondad y fidelidad de

Dios. Abriremos nuestros corazones a esta relación porque nos sabemos amados y deseamos responder a este amor en oración.

Al igual que en una relación, la oración es dinámica y toma varias expresiones. Las variedades clásicas de oración en la tradición cristiana son adoración y alabanza, confesión o contrición, acción de gracias y súplica (petición e intercesión). Juan Casiano, uno de los primeros padres de la iglesia, escribió varios tratados acerca de la manera en que la oración estaba organizada en los monasterios hacia finales del siglo cuarto y principios del quinto. Explicó: «Hay muchos tipos de oración como hay diferentes personas orando, no tantos como hay diferentes estados de ánimo» (Colaciones 9:8). Casiano trató de presentar en un orden ascendente los tipos de oración que Pablo mencionó brevemente en 1ª a Timoteo 2:1 (rogativas, oraciones, peticiones y acciones de gracias).

Sea que consideremos estas variedades de oración en orden ascendente, o simplemente como expresiones diferentes de nuestra relación con Dios, el punto importante que debemos recordar es que todas estas variedades están interconectadas y que cada oración contiene alguna expresión de las cuatro. En la oración reconocemos nuestra necesidad y nuestras limitaciones. Hemos nacido indefensos. Cuando éramos infantes llorábamos porque teníamos hambre o no estábamos cómodos; dependíamos de otras personas para que suplieran nuestras necesidades. Como adultos, particularmente en nuestra cultura, luchamos por llegar a ser independientes y autosuficientes. Algunas veces esta actitud nos impide darnos cuenta de que ante Dios estamos siempre en necesidad. Reconocer nuestra necesidad no significa tener una actitud de esclavitud o disfuncionalidad, pero la oración revela la verdad de la criatura ante el Creador. Es un acto de fe a medida que reconocemos que la creación pertenece a Dios y que la creativa presencia de Dios está en todo. Cuando confesamos nuestras limitaciones o pedimos ayuda, reflejamos nuestra gran confianza en un Dios que cuida de nosotros y que desea escuchar los deseos profundos de nuestros corazones. De este modo, la petición y confesión contienen elementos de adoración y acción de gracias. A medida que descubrimos la presencia de Dios en nuestras vidas, adoramos

gozosamente el misterio y la grandeza divinas, y al mismo tiempo agradecemos a Dios por la acción liberadora de Jesucristo en la historia de la humanidad.

Orar como Jesús lo hizo

A medida que consideramos la importancia de la oración en la vida cristiana, el ejemplo de la vida de oración de Jesús y sus enseñanzas concernientes a la oración son instructivas. Para Jesús, la oración era siempre un encuentro con Abba, el Padre, un nombre de extraordinaria intimidad en hebreo. En esta comunión, Jesús gradualmente aprendió más plenamente el significado de su propia identidad y los planes de salvación de Dios. En los evangelios vemos la centralidad de la oración para la forma de vida que Jesús vivió desde el comienzo hasta el final. Jesús oró al comienzo de su ministerio público cuando fue bautizado por Juan (Lucas 3:21-22), y fue en oración hacia el final de su vida terrenal que Jesús entregó plenamente su voluntad a la voluntad del Padre (Lucas 22:41-42). En momentos importantes de su vida, Jesús prestó especial atención a la oración. Por ejemplo, pasó la noche en oración antes de escoger a sus doce discípulos (Lucas 6:12), y fue a un lugar desierto para orar después de un largo día de ejercer su ministerio de sanidad (Lucas 4:42). Hizo una oración de gratitud y alabanza cuando los discípulos retornaron de uno de sus viajes misioneros (Mateo 11:25-26). Mientras oraba se transfiguró ante Pedro, Santiago y Juan (Lucas 9:28-29). Jesús se volvió a Dios en su momento de profundo dolor y soledad (Marcos 15:34) en la cruz, y, finalmente, con su último suspiro, entregó todo a Dios (Lucas 23:46).

Jesús enseñó la necesidad de orar cuando nos enfrentamos al mal (Marcos 9:29), y enseñó sobre el poder de unirse con otros en oración (Mateo 18:19-20). Jesús siempre pidió honestidad en la oración. Llamó a toda persona que estaba en disposición de escuchar a orar sinceramente del corazón y validar su oración en la acción (Mateo 7:21-23; 15:8-9; Marcos 12:40; Lucas 18:11-13). Nuestro Señor animó a sus seguidores a orar con confianza (Mateo 21:21-22). Así como la oración estaba en el centro de la vida y ministerio de Jesús, así lo es

El crecimiento en la vida de fe demanda una constante disposición a dejar ir y saltar de nuevo. La oración no siempre es un progreso fácil y pacífico, sino una serie de desprendimientos de todo... lo que no es Dios.

—Maria Boulding

para nosotros como sus seguidores. Nuestra oración debe estar marcada por las mismas cualidades que las suyas: confianza en Dios, intimidad, sinceridad, honestidad, integridad y gratitud.

Oración y compromiso

La oración de Jesús en Getsemaní nos revela más claramente su deseo de confiar absolutamente en la bondad de Dios y la sabiduría de lo alto. En esa noche, antes de su arresto, Jesús estaba en agonía y agitado, experimentando profundo dolor (Marcos 14:34). Jesús había empezado su vida pública con la profunda afirmación bautismal de Dios: «*Tú eres mi Hijo amado, en ti tengo complacencia*» (Marcos 1:11). Ahora tenía que probar completamente eso. Getsemaní nos muestra un tiempo de intensa lucha interior en el corazón y alma de Jesús. La tarea mesiánica parece muy dolorosa de llevar. En estas horas finales, Jesús, en una agonía de espíritu, ora una vez más: «¡*Abba, Padre!, todas las cosas son posibles para ti. Aparta de mí esta copa*» (Marcos 14:36). Luego, su abandono y compromiso ante Dios prevalecen: «*pero no se haga lo que yo quiero, sino lo que quieres tú*» (Marcos 14:36).

El evangelio de Marcos, el más corto y el más antiguo de los cuatro evangelios, presenta un Jesús apurado y humano. Se ha dicho de este evangelio que si Jesús alguna vez se sentó, ¡Marcos se olvidó de apuntarlo! El escritor del evangelio presenta el dolor de Jesús y la aceptación de la voluntad de Dios en un solo versículo, dando la impresión que sólo le tomó a Jesús unos segundos cambiar de un sufrimiento intenso a un total abandono ante Dios. Sin importar la duración de su lucha, la profundidad y vitalidad de la oración de Jesús le permitió en ese momento crítico asirse a su vocación y permanecer fiel a Dios aun frente a la muerte (Filipenses 2:8; Hebreos 5:7-10). Jesús tenía un compromiso más fuerte con el reino de Dios que con su propia vida.

Igualmente, cuando oramos, hacemos un compromiso implícito con la visión del reino de Dios ofrecida por Jesús y expresamos nuestra decisión de seguir en sus pisadas. Esto es particularmente evidente en la oración que llamamos el Padrenuestro. Lucas nos dice que un día, cuando Jesús estaba orando en un cierto lugar, uno de sus discípulos le dijo, «Señor, enséñanos a orar». La respuesta que Jesús les dio es hoy el corazón de la oración cristiana:

Padre, santificado sea tu nombre.	*Adoración*
Venga tu Reino	*Sumisión*
El pan nuestro de cada día, dánoslo hoy.	*Súplica*
Perdónanos nuestros pecados,	*Confesión*
porque también nosotros perdonamos	
a todos los que nos deben.	*Compromiso de seguir*
Y no nos metas en tentación	*Súplica*
(Lucas 11:1-4)	

Vivir la vida de oración significa salir de mi letargo, despertar a la corriente de comunión, dirección, sanidad, claridad y transformación del Espíritu Santo de Dios en la cual estoy inmerso/a.

—Douglas V. Steere

Podemos orar tal oración con un corazón agradecido cuando verdaderamente creemos que «*ni la muerte ni la vida, ni ángeles ni principados ni potestades, ni lo presente ni lo por venir, ni lo alto ni lo profundo, ni ninguna otra cosa creada nos podrá separar del amor de Dios, que es en Cristo Jesús, Señor nuestro*» (Romanos 8:38-39). Sólo a medida que crecemos en una profunda seguridad del amor y cuidado fiel de Dios podemos comprometemos sin reserva al reino de Dios.

Nuestra relación con Dios es multifacética. A veces, es como la relación de un padre-hijo/a; otras veces, es como la relación entre amigos. Aun puede parecerse a la intimidad entre amantes. A medida que maduramos en la fe, tendemos a crecer de la relación infantil o de siervo/a a la relación que existe entre amigos o amantes. Jesús les dice a sus discípulos al final de los tres años juntos que él no los llamará más siervos sino amigos porque él ha compartido con ellos su propio conocimiento íntimo de Dios (Juan 15:15). Entre más conozcamos a Dios personalmente en la relación de oración, más esa relación llegará a ser de amistad entre Dios, quien es amor, y nosotros, los amados y amadas de Dios.

En oración se nos invita a responder a la iniciativa de Dios con atención, apertura, humildad y honestidad. A medida que crecemos en intimidad profunda con el Amigo divino, nuestra oración llega a ser más confiada. Confiamos en la presencia de Dios aun cuando no podemos percibirla o sentirla, aun cuando no podamos orar o no sepamos cómo orar. Tenemos la seguridad del inamovible amor de Dios en nuestro dolor y en nuestro gozo. Llegamos a entender que nuestro Dios no nos pide oraciones perfectas, cualquiera que sea la imagen que tenemos de ellas, sino fidelidad a la relación que Dios, el amor de nuestras almas, tan profundamente desea. La meta principal de la vida cristiana es unión con Dios a través de Cristo. Es una unión de voluntades, en amor, expresada simbólica y hermosamente en el poema conocido como el Cantar los Cantares.

> *Yo soy de mi amado,*
> *Y en mí tiene contentamiento.*
> *Ven, amado mío,*
> *salgamos al campo,*
> *pasemos la noche en las aldeas…*
> *¡Allí te daré mis amores!* (7:10-12)

EJERCICIOS DIARIOS

Lea el capítulo para la Semana 1 titulado «La oración y el carácter de Dios». Marque las partes que le inspiran pensamientos, desafíos, o preguntas. Como preparación, aquiete su ser y reflexione en las siguientes palabras:

> Como la vida espiritual en sí misma, la oración es iniciada por Dios. No importa lo que pensemos sobre el origen de nuestras oraciones, todas ellas son una respuesta a la obra del Espíritu en nuestro interior.[1]

Los ejercicios diarios de esta semana se enfocan en el desarrollo de la práctica de la oración en su vida.

EJERCICIO 1

Lea 1ª de Samuel 3:1-14. Esta es la historia sobre el niño Samuel y cómo Elí le ayudó a reconocer y responder a la voz del Señor. ¿Cuáles son sus primeras experiencias de oración? ¿Cuál era su entendimiento de la oración cuando era niño/a, y cómo ha cambiado éste? ¿Quién o qué le ayudó a reconocer y a responder a la presencia de Dios en su vida?

Dé al menos cinco minutos de tiempo para llegar a la presencia de Dios—el Dios que está con usted ahora—y para enfocarse en el amor que Dios le tiene. Haga eso en cualquiera de las formas que le ayuden y que sean auténticas para usted.

EJERCICIO 2

Lea Lucas 11:1-4. Uno de los discípulos de Jesús le pidió que les enseñara a orar. ¿Qué siente usted que este discípulo realmente quería? Póngase en su lugar y personalice esa petición ante Jesús. ¿Qué ve respecto usted? ¿Qué está buscando al embarcarse en esta jornada de «profundizar en la oración»?

Dedique al menos cinco minutos de su tiempo para hacerse presente ante Dios—el Dios que está con usted ahora. Hágalo de la manera que mejor le ayude y sea real para usted. Tome tiempo para apuntar la experiencia en su diario.

Ejercicio 3

Lea Lucas 11:1-4. Lea la historia con los ojos y oídos puestos en la oración que Jesús enseñó a sus discípulos. En la página 138, observe cómo las frases sucesivas del Padrenuestro le invitan a asumir distintas «variedades» de oración (adoración, sumisión, etc.) en su relación con Dios. ¿Cuál frase en la oración representa su variedad más común delante de Dios? ¿Cuál es la variedad menos cómoda que le desafía a crecer en su vida con Dios?

Dedique cinco minutos de su tiempo para llegar a la presencia de Dios y responder en su totalidad al llamado de Dios. Hágalo en la manera que pueda. Tome un momento para apuntar la experiencia en su diario.

Ejercicio 4

Lea el Salmo 18:1-2, un salmo de adoración y alabanza al Señor. ¡Note cómo en dos versículos el salmista emplea más de diez imágenes para alabar a Dios y decir quién es Dios! Reflexione en lo adecuado de estas imágenes como expresiones de su propia oración y adoración a Dios. Personalice el Salmo 18:1-2 reescribiéndolo y añadiendo sus propias imágenes de Dios.

Tome cinco minutos para celebrar la presencia de Dios y expresarse en cualquier manera que le parezca mejor (sentado, caminando, danzando, cantando). Apunte la experiencia en su diario.

Ejercicio 5

Lea la siguiente oración (de las *Confesiones de San Agustín*) despacio, en voz alta si es posible. Deje que penetre en su corazón.

> ¡Tarde os amé, hermosura tan antigua, y tan nueva, tarde os amé! Y he aquí que estabais Vos dentro de mí, y yo fuera, y fuera os buscaba yo y sobre esas hermosuras que Vos creasteis me arrojaba deforme. Lejos de Vos me tenían aquellas cosas, que si no estuviesen en Vos, no tendrían ser. Clamásteis y dísteis voces, y rompísteis mi sordera; relampagueásteis, resplandecísteis y ahuyentásteis mi ceguera; exhalásteis fragancia, la respiré y anhelo por Vos; gusté de Vos y tengo hambre y tengo sed; me tocasteis y me abrasé en deseo de vuestra paz.[2]

Dedique cinco minutos para permitir que la oración de San Agustín le dirija hacia la conciencia de la presencia de Dios. Tome un momento para apuntar la experiencia en su diario.

Revise su diario de la semana como preparación para la reunión de grupo.

Parte 3, Semana 2
La lucha con lo que impide la oración

Recientemente, escuché a una mujer hablar sobre su vida de oración con algunos amigos en su grupo de compañerismo cristiano. Estaba frustrada, y sus amigos querían ayudarla. A instancia del grupo, ella explicó que durante las pasadas semanas su oración había sido «árida», y no estaba obteniendo nada de ella. Como me habían invitado a participar esa noche en su grupo, le pedí a la mujer que nos dijera más acerca de lo que ella llamaba aridez. Ella nos habló de cómo siempre había sido capaz de expresar sus necesidades al Señor y de sentirse reconfortada en sus tiempos de oración. «Las palabras me fluían», dijo ella, «¡y siempre era una hermosa experiencia! Sentía la presencia del Señor tan profundamente, y siempre me sentí inspirada y animada. Pero ahora, no siento nada, y las palabras no vienen a mi mente. Cuando vienen, parecen no tener sentido, como si estuvieran chocando contra el techo o como si dieran vueltas en mi cabeza. ¡Ya no me siento conectada»! Otros miembros del grupo confesaron que a veces ellos habían experimentado el mismo problema en su oración.

Esta situación es común. Muchos cristianos piensan que la oración siempre debe ser fácil, natural y espontánea. Queremos expresarnos de manera significativa y experimentar un sentido de la presencia de Dios a medida que oramos. Tenemos un sentido de logro cuando podemos decirle a Dios claramente todo lo que está en nuestros

corazones y mentes. Y ciertamente experimentamos consuelo e inspiración en los sentimientos que pueden acompañar nuestras oraciones. ¿Le estaremos dando mucha importancia a lo que decimos y sentimos, y no suficiente atención a lo que Dios quiere decirnos?

La oración no siempre es fácil, natural o espontánea. Si tomamos nuestra vida de oración seriamente, experimentaremos tiempos cuando la oración es un desafío y una lucha. Muchas cosas como la fatiga, el miedo, la duda, la enfermedad, el cambio de percepciones, y las emociones fuertes pueden interponerse entre nosotros y la oración. Ayuda el revisar estos problemas y ver qué podemos aprender de ellos acerca de nosotros y nuestra relación con Dios. Esta semana veremos algunos malentendidos muy comunes sobre la oración. También reflexionaremos en lo que experimentamos como obstáculos para orar y cómo podemos lidiar con ellos.

Malentendidos en la oración

La Primera Carta de Juan nos recuerda: «*En esto consiste el amor: no en que nosotros hayamos amado a Dios, sino en que él nos amó a nosotros*» (4:10). Como hemos dicho, la oración es siempre nuestra respuesta al Dios que nos ama y desea estar en comunión con nosotros. Una vida de oración significativa no es algo que podemos lograr señalando nuestros propios méritos o llegando a ser «gimnastas espirituales» que dominan una variedad de técnicas. Si bien las practicas y métodos espirituales facilitan nuestra disposición para orar, la oración en sí misma es una respuesta del corazón a la libre iniciativa de nuestro amante Dios.

Mucha gente duda del amor incondicional y la disponibilidad de Dios. Algunas veces las experiencias de nuestra vida hacen esta verdad difícil de creer. Tendemos a comparar a Dios con la gente y a imaginar a Dios de formas humanas. Si mi padre no estuvo en mi vida cuando era niña y cuando yo lo necesitaba, entonces bien puedo creer que Dios, el Padre, tampoco estará a mi lado. Si nuestros padres eran severos, disciplinadores rígidos, siempre listos a juzgar y criticar, tendremos dificultad aceptando la idea del amor incondicional de

La oración es comunión con Dios. Es una cuestión de hacer conexiones con Aquél que está al centro de todo el gozo y la vida, y de aprender a vivir con esas conexiones en todo momento.

—Juan Killinger

Dios o de que «el juicio divino» sirve al propósito más grande de la redención y la restauración. Si nos frustramos en nuestros intentos de orar, nos podemos imaginar que Dios también está cansado de tratar de conectarse con nosotros. Debido a que el amor humano tiene límites, tendemos a poner límites al infinito amor de Dios. Pero la oración nos invita a considerar el misterio de la total y fiel manera de amar de Dios.

En el libro del profeta Oseas encontramos un pasaje especialmente alentador. Usando una de las imágenes más conmovedoras en la literatura profética, Oseas compara a Israel con una esposa a quien el Señor le dice: «*Te desposaré conmigo en fidelidad, y conocerás a Jehová*» (Oseas 2:20). El profeta también compara el amor de Dios con el de un padre: «*Cuando Israel era muchacho, yo lo ame... yo enseñaba a andar a Efraín tomándole de los brazos. Con cuerdas humanas los atraje, con cuerdas de amor; fui para ellos como los que alzan el yugo de sobre su cerviz*» (Oseas 11:1, 3-4). Pero Dios también lamenta profundamente el rechazo de la gente y el culto a otros dioses.

Dios lucha con el deseo de darse por vencido acerca de Israel en «*enojo intenso*» (Oseas 11:9). En un hermoso soliloquio que ha sido preservado como una gema de la tradición profética, el Señor exclama, «*No ejecutaré el ardor de mi ira ni volveré a destruir a Efraín, porque Dios soy, no hombre*» (Oseas 11:9). Este es el corazón de la verdad que se nos hace difícil entender. ¡Dios no es como nosotros los seres humanos! Cuando entramos en oración, no necesitamos temer que Dios esté demasiado cansado o irritado para hacerse presente a nosotros. Dios no es mortal. ¡Dios es fiel!

Por esta fidelidad, podemos confiar que en oración siempre encontramos a Dios, ya sea que nuestra experiencia de oración sea fácil o difícil. Podemos también confiar que el amor de Dios y su deseo por nosotros son más grandes que nuestra habilidad de hacer «buenas oraciones» o aun de sentir profundamente las oraciones. Ingresamos a la oración como una respuesta a Dios, quien ya nos posee por amor, no como un esfuerzo de alcanzar a Aquél que está tratando de evadirnos. Para el pueblo cristiano, la oración es un encuentro seguro con Dios, pero no necesariamente en la manera que esperamos o

Siempre que no nos demos por vencidas/os, el Señor guiará todas las cosas para nuestro beneficio, aun cuando no encontremos a alguien que nos enseñe. No hay otro remedio para este mal de darse por vencidas/os en la oración más que comenzar de nuevo; de lo contrario el alma gradualmente perderá más cada día.

—Teresa de Ávila

deseamos. En nuestros esfuerzos de «triunfar» con nuestras agendas personales, podemos fallar en recibir el amor incondicional y la intimidad que Dios gratuitamente nos ofrece de maneras inesperadas.

La oración cristiana es siempre contextual; es decir, está afectada por quiénes somos, lo que hacemos, dónde vivimos, y cómo nos sentimos. Somos finitos en la manera que respondemos a Dios. A menudo experimentamos ciertos elementos de la vida como impedimentos para la oración. Estamos muy cansados, no tenemos suficiente tiempo, no tenemos suficiente espacio en nuestras repletas casas, o no sentimos de la manera que pensamos que deberíamos sentir. La oración puede propiciar una de las luchas emocionales más dolorosas de la vida cristiana y sin una vida de oración vital, el verdadero crecimiento en fe se verá obstruido.

Entre la variedad de obstáculos para orar, he escogido tres que surgen con más frecuencia en mi vida y ministerio.

El tiempo como un obstáculo

El primer impedimento a menudo se expresa de esta manera: «¡No tengo suficiente tiempo! ¡Entre mi trabajo, familia, y otros compromisos, veinticuatro horas no son suficientes!» Vivimos en una sociedad complicada, ocupada y nuestras preocupaciones son muchas. Sin embargo, me asombro de las muchas cosas extras que metemos en nuestros ocupados horarios cuando nos parecen lo suficientemente importantes.

Recuerdo una mañana cuando había decidido que no tenía tiempo para orar. Mientras me preparaba para salir al trabajo, sonó el timbre de la puerta. Un hombre del almacén local estaba ahí para arreglar un aparato que habíamos instalado. Se disculpó por venir sin anunciarse pero explicó que estaba en el vecindario y tomó la oportunidad de pasar por la casa. Le di la bienvenida afectuosamente y le agradecí por haber pensado en nosotros. Enseguida llamé a mi oficina avisando que llegaría una hora más tarde. Yo sabía que esto me iba a dañar mi día, pero no podía dejar pasar la oportunidad de tener el aparato de mi cocina arreglado. Luego, mientras manejaba a la oficina, me vino la pregunta a la mente: ¿De dónde vino esa hora? ¡Lo importante era que yo necesitaba la reparación y mi decisión era efectiva! No estaba segura de que me habría sentido mejor si hubiera reservado esa misma hora para orar en esa mañana tan agitada. Con el hombre de la reparación obtuve los resultados que deseaba; con Dios quizá no los habría obtenido a mi manera.

Algunas veces el factor tiempo sirve como una excusa para enmascarar sentimientos de apatía o ansiedad en la oración. Si bien nuestros sentimientos son importantes y Dios los usa para comunicarse con nosotros, no debemos permitir que ellos determinen nuestra fidelidad a la relación. Oramos, no para «sentirnos bien», sino para ser fieles.

Mientras que algunos de nosotros tenemos mucho tiempo libre, a menudo no tomamos ventaja del tiempo que tenemos. Tome, por ejemplo, la sala de espera en la oficina de un doctor. Miramos nuestros relojes frecuentemente, esperando que el tiempo se mueva rápido. Leemos revistas, vemos un poco de televisión, o miramos a la gente. ¿Por qué no usar esos preciosos minutos u horas para conectarnos intencionalmente con Dios? La semana pasada una amiga me dijo que toda su actitud sobre manejar había cambiado drásticamente cuando empezó a orar en el carro (¡no con los ojos cerrados!). Ella me contó cómo, cuando se detenía por el tráfico pesado, se ponía muy frustrada y aun violenta. Ahora da gracias por este tiempo lento a solas y siente que por primera vez está poniendo atención al consejo de Pablo de «*Orar sin cesar*» (1ª a los Tesalonicenses 5:17).

Dedicar tiempo para la oración es un asunto de prioridad e intención. Si verdaderamente lo deseamos, haremos tiempo para la relación de oración. Más aun, con nuestros corazones a tono en la presencia de Dios en medio de la vida, descubriremos llamadas para orar en medio de las actividades diarias.

> *Finalmente, debemos guardarnos con toda diligencia en todas nuestras peticiones de no sujetar ni ligar a Dios a unas determinadas circunstancias, ni limitarle el tiempo, el lugar, ni el modo de realizar lo que le pedimos... Por esta razón, antes de hacer alguna oración por nosotros mismos, le pedimos que se haga su voluntad; con lo cual ya sometemos nuestra voluntad a la suya.*
>
> —Juan Calvino

Necesidad de control

Un segundo obstáculo clave para una profunda y verdadera vida de oración es nuestra necesidad de controlar los resultados. En la oración estamos llamados soltar, a rendirnos a Dios, quien nos ama y nos conoce de maneras que ni siquiera podemos empezar a imaginar. Dejar ir es difícil, en parte, porque no confiamos que Dios contesta nuestras oraciones, o aun la experiencia de orar en sí misma, queremos que sea como nosotros queremos. Como cristianas/os, algunas veces decimos que confiamos completamente en los caminos de Dios. Sin embargo, muchas de nosotras tratamos de decirle a Dios exactamente lo que queremos, así como cuándo y cómo lo queremos. Cuando oramos, ¿estamos confiando en Dios o en nuestra inteligencia y opiniones? He escuchado que la gente dice que mostramos gran confianza en Dios cuando esperamos obtener lo que estamos pidiendo. Quizá esto se base en los pasajes de la Escritura que nos aseguran que «*todo el que pide recibe*» (Mateo 7:8).

Sin embargo, muchos de nosotros practicamos lo que yo llamo oír selectivo de la Palabra de Dios. Fallamos al oír que cualquiera que sean los deseos específicos y deseos de nuestras oraciones, Dios «*dará buenas cosas a los que le pidan*» (Mateo 7:11). ¿Estamos seguros de que en nuestra oración estamos pidiendo esas cosas buenas? Dios nos pide «*Buscad primeramente el reino de Dios y su justicia, y todas estas cosas os serán añadidas*» (Mateo 6:33). ¿Nuestra oración busca primero el reino o las cosas que se nos van a dar? En el evangelio de Lucas, Jesús le dijo a Marta que estaba afanada y turbada por muchas cosas (Lucas 10:41). Me pregunto si nuestra oración es honestamente tan confiada como la de Jesús: «*Padre... pero no sea como yo quiero, sino como tú*» (Mateo 26:39); «*Hágase tu voluntad, como en el cielo, así también en la tierra*» (Mateo 6:10).

María cuestionó al ángel que le dijo del nacimiento de Jesús; José también tenía sus dudas. Muchas veces los discípulos parecían no entender cuando Jesús hablaba del Reino de Dios. Aun así, gracias a su sí, hoy día es posible creer en Jesús. ¿Es acaso la actitud que tenemos hacia la oración nuestro propio sí, una sumisión a la voluntad de Dios, confiando en la misericordia y amor de Dios por nosotros? Estar en oración significa tomar un riesgo. Podemos no oír lo que queremos oír, o aun peor, podemos no oír nada. Un escritor espiritual francés del siglo diecisiete, Jean-Pierre de Caussade, escribió:

El gran y firme fundamento de la vida espiritual es el ofrecernos nosotros mismos a Dios y estar sujetos a su voluntad en todas las cosas. Una vez que tenemos este fundamento, todo lo que necesitamos hacer es pasar nuestras vidas regocijándonos que Dios es Dios, y estar tan completamente abandonados a su voluntad que seamos bastante indiferentes a lo que hacemos e igualmente indiferentes hacia qué uso él hace de nuestras actividades. Nuestra tarea principal es abandonarnos a Dios.[1]

Desear controlar los resultados de la oración puede ser resultado de nuestros miedos y ansiedades o falta de fe. Una necesidad excesiva de control está basada ya sea en los valores seculares o en necesidades psicológicas profundas en vez de en el mensaje del evangelio y el estilo de vida de los discípulos cristianos.

Miedo de lo que podamos descubrir sobre nosotros

Una experiencia reciente con una amiga ilustra el último obstáculo para orar que quiero tratar. Hace unas semanas atrás, esta amiga se comprometió a pasar una hora cada día orando con la Palabra. Cuando la vi la semana pasada, parecía ansiosa de compartir su experiencia. Después de alguna duda al inicio, confesó que los últimos días habían sido difíciles para ella. «Cosas que yo pensaba que había olvidado, surgieron otra vez», exclamó con desmayo. Mientras escuchaba, ella continuó: «Hay áreas en mi vida que consideraba sanadas, pero algunas memorias han vuelto a molestarme. No me gusta como me siento. Estaba segura de que había dejado atrás todo el enojo y el resentimiento, pero todavía están en mí. ¡No me gusto a mí misma cuando me siento de este modo!» Cuando le pregunté cómo estaba tratando con su incomodidad, me contestó: «No creo que haya sido una buena idea orar tanto tiempo. Quizá vuelva a empezar esta disciplina otra vez más adelante».

Cuando oramos, no nos encontramos sólo con Dios, sino con nuestra propia verdad, lo caído de nuestra condición humana. Esta no es una realidad agradable de enfrentar. Puede ser útil recordar la identificación de Jesús con todo lo que es profundo en nuestra

Comience en donde está. Obedezca ahora. Use la poca obediencia de la que sea capaz, aun cuando sea tan pequeña como un grano de mostaza. Comience en donde está. Viva este momento presente, esta hora presente según está sentado/a en su asiento, en absoluta, total sumisión y apertura hacia [Dios].
—Tomás R. Kelly

humanidad, incluyendo las emociones fuertes como el miedo y el resentimiento. Las oraciones de Jesús permanecen como evidencia de su relación íntima con Dios aun cuando se enfrentó a los desafíos de su humanidad. La oración cristiana no es una terapia para obtener tranquilidad ni una técnica de relajación. Encontrarse con el Dios viviente algunas veces quebranta la superficie pacífica de nuestras vidas.

La oración ha sido comparada a un horno de transformación. Si estamos en disposición de ver claramente lo que está en nuestros corazones y ofrecerlo a Dios, gradualmente descubriremos lo que significa ser conformados a la imagen de Dios. Pero permanecer en apertura al proceso a menudo es doloroso y frustrante. Si Dios nos busca y nos ama, y nosotros por propia voluntad respondemos, ¿por qué suceden todas estas dificultades? Nuevamente nos volvemos a Jesús, Dios entre nosotros, tomando todos los aspectos de nuestra humanidad, incluyendo nuestra fatiga, frustración, y desilusiones. Su total rendimiento en la cruz no fue cuestión de entender sino de rendirse. Podemos traer nuestros sentimientos de frustración, incomodidad y desilusión justo a nuestra oración y esperar en fe por la respuesta de Dios. Podemos expresar honestamente nuestros miedos e incomodidades y escuchar la palabra que Dios nos hablará. Junto con Jesús, tomamos la oración como una relación entre dos amigos, aceptando humildemente que la condición humana es limitante para uno de los dos. A medida que continuamos en la jornada en fidelidad, nos unimos al hombre ciego del evangelio de Mateo: «¡*Ten misericordia de nosotros, Hijo de David*!» (Mateo 9:27).

EJERCICIOS DIARIOS

Lea el capítulo para la Semana 2, «La lucha con lo que impide la oración». Mantenga un diario o cuaderno en blanco junto a usted para apuntar sus pensamientos, preguntas, oraciones e imágenes. Empiece sus ejercicios pensando en las siguientes citas:

Para aprender a orar, no hace falta un laboratorio, sino un cuarto; no hace falta un equipo complejo, sino nosotros mismos. El Dios viviente es el campo de fuerza en el cual entramos en oración, y realmente la única falta es dejar de orar y no empezar nuevamente.[2]

Estos ejercicios le desafiarán a identificar los impedimentos para orar en su vida y mirar cuidadosamente la resistencia a la presencia de Dios en su vida.

EJERCICIO 1

Lea Isaías 44:6-11. ¿Cuáles son los ídolos comunes de nuestro día? Identifique una imagen popular de Dios con la cual usted tiene problema o que hace que la oración sea difícil para usted (tales como la del padre enojado, el creador distante, el contador divino, el juez legalista, el director ejecutivo del universo, el Dios masculino). Dibuje esa imagen.

Ahora considere ¿qué imagen de Dios hace que usted se abra a la presencia divina y facilita la oración (por ejemplo: pastor, padre amante, creador, luz)? Dibuje un símbolo que exprese su imagen más genuina de Dios.

Dedique varios minutos para hacerse presente a Dios, quien excede todos nuestras imágenes y todavía es real para nosotros en Cristo, «*la imagen del Dios invisible*» (Colosenses 1:15). Apunte su experiencia en su diario.

EJERCICIO 2

Lea Mateo 26:36-46. En este pasaje, Jesús ora en el jardín de Getsemaní, y los discípulos no pueden permanecer despiertos con él ni por una hora. ¿Qué piensa usted pudo haber causado que los discípulos tuvieran problemas para permanecer despiertos y disponibles

para Jesús? Reflexione en los tres impedimentos para orar descritos en el capítulo de esta semana. ¿Cuál contribuye más a su dificultad de permanecer despierto/a espiritualmente? Apunte sus ideas en su diario.

Dedique por los menos cinco minutos para hacerse presente y disponible a Cristo sin caer dormido. Apunte su experiencia, sus ideas y sus desafíos.

EJERCICIO 3

Lea el Salmo 139:1-18. Explore cómo se siente acerca de que Dios le esté buscando y conociendo. Dibuje una imagen de su vida como una casa con cuartos para cada dimensión de su vida (tal como familia, trabajo, iglesia, etc.). Invite al Señor a tomar una caminata imaginaria con usted a través de la casa. Note sus sentimientos sobre Dios y sobre usted a medida que van de cuarto en cuarto. También observe la reacción de Dios a cada cuarto. Reflexione en su diario en cómo sus sentimientos sobre su vida o Dios pueden traducirse en disposición o renuencia a orar.

Dedique algunos minutos para abrir alguna parte de su vida a la presencia indagadora y conocedora de Dios. Apunte sus experiencias.

EJERCICIO 4

Lea Marcos 9:2-9. En esta historia, Jesús dirige a sus discípulos «*aparte solos a un monte alto*», para experimentar juntos la presencia transformadora de Dios. Pedro interrumpe la experiencia con ideas sobre cómo mejorar, preservar o hacer algo útil con ello. ¿Qué es lo que en usted siempre interrumpe su hacerse presente a Dios?

Dedique al menos 10 minutos para presentarse ante Dios, centrando su atención en la voz que dice: «*Este es mi Hijo amado; a él oíd*». Apunte sus ideas y experiencias.

EJERCICIO 5

Lea Mateo 11:28. Use todo su tiempo para escuchar profundamente a Dios. Deje su tiempo de oración en las manos de Dios. No trabaje tan duro. Puede empezar con la invitación de Jesús: «*Venid a mí todos los que estáis trabajados y cargados, y yo os haré descansar*». Descanse en el Señor y deje su pesar a Dios. Al final de su tiempo de silencio, apunte en su diario sus percepciones, sentimientos, ideas, sorpresas u otras respuestas.

Revise su diario de la semana como preparación para la reunión de grupo.

Parte 3, Semana 3
Oraciones de petición e intercesión

Hace algún tiempo, el padre de mi amiga Sara sufrió un ataque al corazón. Felizmente Sara estaba visitándolo a esa hora. Ella le administró resucitación cardiopulmonar hasta que los paramédicos llegaron y lo llevaron a un hospital cercano. Luego que su condición mejoró, Sara dio gracias en un grupo de la iglesia por la oportunidad de haber salvado la vida de su padre. Sentía que Dios la había guiado y había protegido a su padre. Muchos de los amigos de la iglesia se reunieron para hacer oraciones de gratitud por lo que Sara consideraba su «pequeño milagro». Después de una recuperación rápida, el padre de Sara fue dado de alta del hospital y regresó a la casa con su familia.

Unos pocos meses después, Sara me llamó. Le habían diagnosticado a su padre un tumor maligno en el cerebro. Tenía visión doble y otros síntomas. El doctor había dicho que el tumor era inoperable. Su condición rápidamente se deterioraba. Al momento de su muerte unos pocos meses después, estaba ciego, sordo y no podía hablar; era un cuerpo marchito tendido en la cama, sin esperanza de recuperación. Mi amiga se sentía profundamente angustiada. No sólo su padre había muerto de una enfermedad dolorosa y humillante, sino que ella se consideraba a sí misma responsable de la catástrofe. «Debí haberlo dejado morir en paz». ¿Por qué permitió Dios que pasara

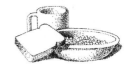

esto?» Nunca encontré las palabras correctas para consolarla. Sólo podía escucharla y tenerla en mis oraciones.

Esta historia perturba nuestras más profundas sensibilidades, levantando muchas preguntas naturales y difíciles. ¿Qué pasó aquí? ¿Le falló Dios a Sara? ¿Le «falló» Sara a su padre al salvarlo en la primera crisis? ¿Acaso los amigos y familiares oraron por la petición equivocada?

Las oraciones de petición e intercesión pueden ser enigmáticas. Algunas veces sentimos que nuestras oraciones no son contestadas, y cuestionamos el valor de pedir cualquier cosa. Otras veces, como en el caso de Sara, nos preguntamos si hemos buscado o pedido por algo que no debíamos. ¿Si realmente no podemos saber qué es lo mejor para cada uno en determinado tiempo, entonces para qué pedirlo? Por siglos estas preguntas han sido el objeto de debate e incontables conversaciones en los círculos religiosos. Muchos libros se han escrito sobre este tema, y los cristianos continúan preguntándose al respecto. Quizá podamos no tener claridad en todos estos asuntos, pero sí sabemos que Cristo nos anima a hacer conocidas nuestras peticiones a un Dios que nos ama y nos cuida. Esta semana nos enfocaremos en las oraciones de petición e intercesión, oraciones por nosotros mismos y oraciones por otras personas.

En oración nos abrimos a la oportunidad de que Dios haga algo con nosotros/as que no nos habíamos propuesto.

—Emilie Griffin

Oraciones de petición

Petición significa «pedir o suplicar». La petición es una de las actitudes más fundamentales de los seres humanos ante el misterio de Dios. De la misma manera que en la adoración reconocemos la grandeza de Dios, en nuestras oraciones de petición reconocemos nuestra profunda dependencia de Dios. Porque creemos en un Dios relacional, también creemos que Dios desea una relación personal con nosotros. En este contexto ofrecemos peticiones a nuestro favor. La petición conecta nuestra necesidad humana con la fe en un Dios a quien le importamos y desea nuestro bien. El problema surge cuando creemos saber lo que es mejor para nuestra vida y permitimos que la convicción de nuestro «conocimiento» moldee nuestra petición. Intensamente oramos por lo que percibimos ser el gozo, la sanidad o la bondad que necesitamos, olvidándonos de que la oración de petición no es una herramienta para manipular a Dios, sino una respuesta a Dios a partir de nuestra pobreza y necesidad. Los seres humanos no pueden controlar el misterio de la voluntad de Dios. A menudo, cuando no recibimos las respuestas deseadas a nuestras oraciones, nos sentimos resentidos y sin esperanza.

Me gustaría sugerir dos elementos necesarios en nuestra oración de petición: (1) la disposición de pedir, confiando en la profunda bondad y amor de la respuesta de Dios, ya sea que la podamos ver como tal o no; y (2) la disposición de recibir lo que viene como de la mano de Dios, rindiéndonos a la voluntad divina en un acto de fe.

Pedir. Presentamos nuestras necesidades a Dios, aun cuando Dios ya las conoce de antemano. «*Pues aún no está la palabra en mi lengua y he aquí, oh Jehová, tú la sabes toda*» (Salmo 139:4). La conciencia del salmista de la omnisciencia de Dios no le impide clamar ante Dios: «*Dios mío eres tú; escucha, oh Jehová, la voz de mis ruegos*» (Salmo 140:6); «*Inclina, oh Jehová, tu oído, y escúchame, porque estoy afligido y menesteroso*» (Salmo 86:1). Al igual que el salmista, no debemos orar para informarle a Dios de nuestras necesidades; oramos porque dependemos de Dios y confiamos en el amor que Dios nos tiene.

A menudo nuestras oraciones nos ayudan a percibir nuestras verdaderas necesidades de manera más clara. Quizá imaginemos que estamos en necesidad de sanidad física, cuando en realidad la raíz de la necesidad es la sanidad emocional o de nuestras relaciones. Quizá comencemos orando intensamente por una respuesta particular y con el tiempo encontremos que nuestras oraciones fueron «cernidas» en la presencia de Dios. Los aspectos egocéntricos, de ansiedad y superficiales de nuestra oración simplemente son eliminados conforme el Espíritu purifica nuestros deseos. Esta eliminación es parte de cómo Dios trabaja para rehacer nuestra voluntad, de modo que ésta se conforme más completamente a la voluntad perfecta de Dios. Jesús nos anima a buscar, a pedir, y a tocar para que encontremos y recibamos buenas dádivas de Dios (Lucas 11:9-10). Más que nada, Dios quiere dar «*el Espíritu a los que se lo pidan*» (Lucas 11:13). Este

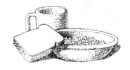

es el más grande de todos los regalos, el que ordena todo lo demás que pudiéramos esperar buscar, porque el Espíritu discierne verdaderamente cuál es la voluntad de Dios (Romanos 8:27).

La petición, entonces, no está dirigida a cambiar el corazón de Dios, porque Dios de antemano ya quiere lo mejor para nuestra vida. Más bien, la petición une nuestros deseos a aquellas cosas que ya Dios desea darnos, pero que requieren nuestro consentimiento para que sean concedidas. Cada vez que le pedimos a Dios que venga en nuestra ayuda, nos abrimos a la venida del reino de Dios en nosotros y entre nosotros. Cuando oramos como Jesús nos enseñó a orar, pedimos muchas cosas: el sostén material, perdón, fortaleza en nuestra debilidad, sabiduría en nuestra confusión, y consuelo en nuestro sufrimiento. Venimos en fe a pedirle a Dios, el dador de la vida, que sostenga nuestra vida espiritual, física y emocional. Pedimos por la profunda sanidad que puede o no incluir la curación de nuestras enfermedades. Sobre todo, pedimos por la gracia del Espíritu Santo y el cumplimiento del reino de Dios (Mateo 6:10).

Recibir. Cuando presentamos nuestras peticiones a Dios, nos rendimos al que nos formó en el vientre de nuestra madre (Salmo 139:13) y quien nos conoce mejor de lo que nos conocemos a nosotros mismos: «*Antes de que te formara en el vientre, te conocí*» (Jeremías 1:5). Mi amiga Sara no sabía lo que era mejor para su padre. Dios es el único que realmente lo sabía. Ella pensó que habría sido mejor que hubiera muerto «en paz» de un ataque al corazón. Otros pensaban que su padre necesitaba tiempo extra para prepararse mejor para su encuentro final con Dios. Sólo podemos adivinar lo que estaba en la mente de Dios en esta situación; pero lo que es más importante, podemos confiar en lo que hay en el corazón de Dios.

En las oraciones de petición e intercesión, clamamos con el salmista, «*el hacer tu voluntad, Dios mío, me ha agradado, y tu Ley está en medio de mi corazón*» (Salmo 40:8). Receptividad a la respuesta de Dios no significa una receptividad pasiva a lo que Dios ya ha decidido sin nuestra intervención. Al contrario, cuando por propia voluntad nos rendimos a Dios, llegamos a ser colaboradores activos en el plan divino, participantes de tiempo completo en los proyectos de creación

Orar por otras personas significa ofrecerles un lugar acogedor donde puedo realmente escuchar sus necesidades y dolores.

—Henri J. M. Nouwen

de Dios. Al unir nuestra voluntad a la voluntad de Dios, nos unimos a Jesús en la oración de Getsemaní. Al aceptar totalmente la voluntad de Dios, Jesús cumplió su identidad como Hijo de Dios, el Amado, con quien Dios estaba muy complacido (Lucas 3:22). A medida que llegamos a aceptar y desear la voluntad de Dios totalmente, también cumplimos con la identidad humana que se nos ha dado como hijos e hijas del Dios vivo.

Oración de intercesión

Porque creemos que somos hijos e hijas del Dios único, expresamos nuestra solidaridad y comunión cuando oramos en favor de otras personas. En la Escritura hebrea encontramos grandes intercesores tales como Abraham, Moisés y los profetas, quienes se mantuvieron llamando a la gente a que volviera a su fidelidad al pacto e intercedieron por sus pecados. El Siervo Sufriente ofrece un modelo bíblico de oración intercesora: «*habiendo él llevado el pecado de muchos y orado por los transgresores*» (Isaías 53:12). El autor de la Carta a los Hebreos asigna este rol a Jesús: Jesús como el gran intercesor, el sumo sacerdote, el mediador del nuevo pacto, ofrecido una vez para llevar el pecado de muchos (Hebreos 7:26; 9:15, 28). Pablo ofrece el rol intercesor de Jesús como nuestra esperanza en su Carta a los Romanos, la cual representa a Cristo, no como el que ha de condenar, sino como el que «*murió; más aun, el que también resucitó, el que además está a la diestra de Dios, el que también intercede por nosotros*» (Romanos 8:34). Como cristianos sostenemos que Dios sólo nos puede dar buenas cosas y que Cristo es nuestro verdadero mediador o intercesor ante Dios. Cuando ofrecemos oraciones de intercesión en favor de otra gente, expresamos nuestra necesidad común como hijos e hijas de Dios, y unimos nuestras intenciones con el corazón de Cristo, quien purifica y presenta nuestras necesidades ante Dios.

Dios está continuamente operando un proceso redentor en este mundo, y Dios usa la fe de las personas creyentes en el misterioso trabajo de este proceso. Nuestras oraciones pueden hacer la diferencia. Ellas son, como lo dice un escritor: «un factor cósmico, que…puede

No tenemos suficiente convicción acerca de la oración. Si oramos solamente un poquito, nuestras oraciones son respondidas sólo hasta ese punto. Si oramos mucho, recibimos muchas respuestas. La actividad de Cristo estuvo fundada en la oración. No debemos volvernos el centro, sino que nuestras oraciones deben mostrar un sentido de responsabilidad hacia Dios…por todo el mundo.

—Toyohiko Kagawa

> *La intercesión no sólo es la mejor árbitro de todas las diferencias, la mejor promotora de la verdadera amistad, la mejor cura y antiséptico contra todos los malos temperamentos, todas las pasiones iracundas y arrogantes, sino que es también de gran ayuda para descubrirnos el verdadero estado de nuestros propios corazones.*
>
> —William Law

inclinar la balanza».[1] El tremendo privilegio y dignidad de ser capaces de unirnos a las intenciones salvadoras y transformadoras de Dios para este mundo debieran darnos gran valor en nuestras oraciones.

Qué pedir en la oración

Sara y sus amigos cuestionaron la legitimidad de sus oraciones. Al igual que ellos, nosotros tampoco sabemos qué es lo mejor para las demás personas. Entonces, ¿qué debemos pedir en oración en nuestras peticiones e intercesiones?

He dicho que oramos porque confiamos en la promesa de Dios de ayudarnos en nuestra necesidad. Entonces la pregunta es: «¿Qué es lo que realmente necesitamos?» En algunas situaciones, la necesidad es más obvia, y queremos orar por esas necesidades en una forma concreta. Pero más allá de las necesidades obvias, me gustaría sugerir tres necesidades humanas muy comunes, elementos necesarios en nuestra búsqueda de sanidad, que a menudo pasamos por alto en nuestras oraciones de petición e intercesión. Me refiero a nuestra necesidad de amor, perdón y paz.

Cuando estamos ante Dios, nos damos cuenta de cuán heridos estamos, cuán pecadora y limitada es nuestra respuesta humana al amor de Dios. Como el cobrador de impuestos y los pecadores en el tiempo de Jesús, nos acercamos hacia él para escucharlo. Algunos nos recordarán que no merecemos estar cerca de Jesús, que no somos lo suficientemente buenos para disfrutar de su amor. Ante esos argumentos, Jesús responde con la parábola del hijo pródigo (Lucas 15:11). A través de esta poderosa historia, Jesús nos revela el amor incondicional de un Dios que desea darnos la bienvenida de vuelta a la casa del Padre, no por nuestro profundo arrepentimiento, sino por el maravilloso amor de Dios. Cuando oramos, necesitamos pedir por apertura a este amor, para invitar la misericordia de Dios a entrar en nuestras vidas. El deseo más grande de Dios es estar en comunión con cada uno de sus hijos e hijas. Esta fue la promesa de Jesús: «*El que me ama, mi palabra guardará; y mi Padre le amará, y vendremos a él y haremos morada con él*» (Juan 14:23). Nada puede ser más íntimo. ¡Necesitamos pedir gracia para aceptar el amor que Dios nos tiene y que tiene por los demás, de modo que a cambio amemos a Dios y nos ofrezcamos como la morada del eterno Amante!

También necesitamos pedir perdón para nosotros y para los demás, y la gracia para aceptarlo. Muchas de las personas tenemos dificultad para dejar ir el pasado. Nos adherimos a nuestra culpa y pecado, aun cuando ya Dios lo ha olvidado. Recientemente oí a alguien sugerir que Dios tira nuestros pecados en un lago y luego pone un letrero de «no pescar». Aceptar el perdón de Dios y perdonarnos a nosotros mismos por no ser perfectos es una condición necesaria para nuestra apertura a perdonar a los demás. Nuestras oraciones de petición incluyen pedir por perdón y por la gracia para extender ese perdón a quienes nos ofenden.

Finalmente, cuando oramos necesitamos pedir paz. Podemos pedirle a Dios que transforme nuestras vidas en un don de paz para las demás personas, y pedir que aquellas por quienes oramos lo reciban. Una oración muy bella atribuida a Francisco de Asís, un santo del siglo trece, empieza con el pedido: «Señor, haz de mí un instrumento de tu paz; donde haya odio, ponga yo amor; donde haya agravio, perdón». Cuando oramos así, nos abrimos al poder transformador de la paz del Cristo resucitado. Después de su resurrección, él dio este regalo de shalom a un grupo de atemorizados discípulos: «¡*Paz a vosotros*! [*Shalom*]» (Juan 20:19-21). La oración es personal, pero nunca privada. Cuando oramos, estamos siempre en comunión con el cuerpo de Cristo, la iglesia, la comunidad de todos los creyentes. En nuestras oraciones de petición e intercesión pedimos por lo que creemos son nuestras necesidades y las de los demás, pero confiamos en que Dios conoce mejor lo que nos hace falta. Pedimos abierta y honestamente a partir de nuestra pobreza, no como un intento de controlar a Dios. Además, cuando pedimos por algo, también hacemos un profundo compromiso de ser fieles seguidores de Cristo. A medida que presentamos nuestras peticiones a Dios y pedimos por la venida del reino de Dios, también nos comprometemos a trabajar por su realización con lo mejor de nuestras habilidades.

Nuestras oraciones de petición e intercesión no son una actividad quieta, sino llena de energía y acción. A medida que pedimos, nos rendimos; a medida que expresamos nuestras necesidades y esperanzas, confiamos. No hay nada pasivo en esta forma de oración. Nos llama a la fe, a la apertura y a un profundo compromiso a trabajar con Dios hacia la venida del reino por la cual oramos tan intensamente.

EJERCICIOS DIARIOS

Lea «Oraciones de petición e intercesión» antes de empezar el ejercicio. Mantenga su diario a su lado para apuntar sus pensamientos, preguntas, oraciones e ideas. Prepárese al considerar el significado de la siguiente cita:

> Todo el amor, el crecimiento, la esperanza, la sed, Dios los está creando en ti de modo que [Dios] pueda llenarte… [Dios] está en el interior del anhelo.[2]

Los ejercicios de esta semana le invitan a hacer suyos los anhelos de su corazón en oración, y a unirlos con los grandes anhelos de Dios para usted y para toda la gente en Jesucristo.

EJERCICIO 1

Lea Lucas 11:9-13. ¿Qué es lo que usted pide típicamente en oración? Haga una lista de algunas de sus peticiones en su diario. Note cuán consciente está de las respuestas de Dios. ¿Qué relación tienen las palabras de dirección de Jesús (*pedir, buscar, llamar*) con su experiencia?

Dedique por lo menos 10 minutos a su oración del corazón. Apunte su experiencia en su diario. Continúe usando su oración del corazón cada día tan a menudo como la recuerde.

EJERCICIO 2

Lea Juan 15:7. Note las condiciones de esta promesa del Nuevo Testamento: «*Si permanecéis en mí y mis palabras permanecen en vosotros, pedid…*». Cuando le pide algo a Dios, ¿tiene usted una actitud de impaciencia («¡Estoy decidida/o a continuar pidiendo lo que deseo, no importa qué!») o de disposición («Presento mis necesidades a Dios, pero estoy dispuesto/a a ceder a las persuasiones de la sabiduría y amor de Dios»)? Aplique las condiciones de Juan 15:7 a algo que usted está buscando, quizá a su oración del corazón. ¿Siente algún desafío? ¿De qué maneras cambia su oración?

Dedique por lo menos 10 minutos a su oración del corazón. Apunte su experiencia en su diario. Continúe usando su oración del corazón frecuentemente cada día.

Ejercicio 3

Lea varias veces Mateo 6:31-33. Para reflexionar en lo que significa enfocarse en el reino de Dios, dibuje un círculo grande en una página de su diario. Alrededor de la circunferencia, ponga «todas esas cosas» por las cuales siente ansiedad. Ahora considere lo que las palabras de Jesús, «buscad primeramente el reino de Dios», significan para usted. A medida que obtenga claridad sobre lo que ésta prioridad significa para usted, escriba su prioridad en el centro del círculo. Reflexione en cómo con el tiempo esta prioridad podría cambiar su vida.

Dedique al menos unos minutos para su oración del corazón. Note cualquier idea sobre la relación de su oración del corazón con su reflexión sobre las prioridades.

Ejercicio 4

Lea Colosenses 1:9-12. Enfóquese en la generosidad de la esperanza y la oración de Pablo por sus compañeras y compañeros cristianos. Ahora escriba una carta a las personas en su familia, en su clase de escuela dominical, o en su trabajo haciéndoles saber que está orando por ellas. Al hacerlo, deje que el amor de Cristo en usted reine totalmente para expresar sus más altas esperanzas y pasión por su bienestar espiritual.

Dedique varios minutos para hacer su oración del corazón. Vea si puede naturalmente incorporar a su oración a otras personas como lo expresó en su carta. Continúe haciendo su oración del corazón a lo largo del día, recordando las palabras de Pablo: «*no cesamos de orar por vosotros*».

Ejercicio 5

Lea Efesios 6:18-20. Estas palabras implican espontaneidad e intencionalidad en orar por las demás personas. «*Orad en todo tiempo*». A medida que hace su oración del corazón, ponga atención a la gente y las situaciones que espontáneamente vienen a su mente. Déles la bienvenida en su oración en el amor de Cristo. Preséntelos a Dios en amor, confiando en que el Espíritu trabajará en los detalles. Espere ver enemigos, gente difícil y caras que no ha visto desde hace mucho tiempo. Confíe en el Espíritu para hacer de su oración un medio por el cual el amor de Dios toque a esas personas hoy.

«*Velad en ello con toda perseverancia y suplica por todos los santos*». Experimente al hacer una lista de personas por las que usted sienta compromiso de orar regularmente, si es que no puede diariamente. Añada a la lista otras personas por quienes usted sienta especial responsabilidad o preocupación. Si la lista se hace un poco larga, divídala en siete segmentos, uno para cada día de la semana. Empezando hoy día, pase unos minutos llevando a varias de estas personas a la presencia de Dios en oración.

Deje que su oración del corazón se adapte al fluir del amor de Dios. Recuerde repetirla cada día frecuentemente.

Recuerde revisar sus ideas apuntadas en su diario de la semana como preparación para la reunión de grupo.

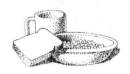

Parte 3, Semana 4
Orar tal como somos

arol y Jorge han estado casados por quince años. Han sido pastores de jóvenes en su iglesia por varios meses. Recientemente, el pastor les invitó a asistir a una conferencia sobre la importancia de la oración dada por un conferencista invitado. Las palabras del conferencista les tocaron profundamente, y decidieron visitar un grupo de oración al cual algunos amigos asistían.

La primera noche que el grupo se reunió, Jorge estaba muy entusiasmado. Esperaba encontrarse con nuevas personas y hablar con otros sobre su vida de oración. Carol, por otro lado, estaba arrepintiéndose de su decisión y se preguntaba si pertenecía al grupo de oración.

La comunidad de oración se reúne regularmente en la casa de uno de los miembros. Luego de llegar, Carol y Jorge recibieron la bienvenida cariñosa de todos los presentes. Después de una breve introducción, se cantaron varias cantos y se leyó un pasaje de la Escritura. Inmediatamente, alguien empezó a agradecer y alabar a Dios por la palabra que se había compartido; enseguida, todas las personas se unieron en un coro espontáneo de alabanzas y acciones de gracias. Luego de una breve pausa, uno de los participantes se sintió movido a compartir un testimonio de un cambio operado en su vida a través de un encuentro con Jesús el año anterior. Más expresiones de alabanzas y acción de gracias por la bondad y misericordia de Dios

siguieron a esta historia conmovedora. Enseguida después de eso, el líder invitó a los presentes a hacer algunas oraciones sencillas de petición. Cuando el tiempo de oración concluyó, los anfitriones pidieron a las personas que se quedaran para tomar algunos refrescos y compartir informalmente sobre la reunión. Jorge se sintió maravillado, lleno de energía y entusiasmo. Carol estaba agotada, sobrecogida, y no podía esperar llegar a casa. Una vez en el carro, y al escuchar a Jorge, Carol se sintió miserable y pensó que seguramente ella era menos santa y piadosa que Jorge. Jorge le mostró apoyo, animándola a ser paciente y darse tiempo para sentirse cómoda orando en un grupo. Ni Carol ni Jorge entendieron las dinámicas de su conversación y llegaron a su casa confundidos y frustrados.

Estas situaciones ocurren frecuentemente en nuestras congregaciones. La gente responde en formas diferentes al mismo estímulo y experiencia. Tendemos a asumir que un grupo está bien y el otro mal, o al menos que uno esta más avanzado que el otro. En este caso, Carol se sentía «menos abierta a la oración» que Jorge. Ella aparentemente asumía que él era más receptivo a la oración que ella. Pero podía ser lo opuesto. Carol podría argumentar que su grupo no fue capaz de mantenerse en silencio y reflexionando ni por un minuto y que las oraciones eran muy emocionales y superficiales. ¿Debería Carol tratar de juntarse con el grupo de oración más espontáneo? ¿Deberíamos como cristianos buscar uniformidad en nuestras respuestas a Dios?

A veces nos sentimos desanimados porque no oramos como alguien a quien amamos y admiramos. Sin embargo, los escritores y guías espirituales han advertido constantemente en contra de poner a la gente en un cierto molde. Muchos grandes santos y místicos han prevenido a los cristianos en contra de forzar a la gente a seguir los caminos espirituales de otros. Un profesor moderno, Urban T. Holmes, ha provisto un breve estudio de la variedad y riqueza de la experiencia espiritual cristiana en su libro *A History of Christian Spirituality*. Él presenta dos escalas que se interceptan, resultando en una tipología de la espiritualidad cristiana. Varios autores han usado y adaptado las ideas de Holmes para ayudar a la gente a identificar su estilo natural de espiritualidad. Corinne Ware en su libro *Discover*

Your Spiritual Type ha desarrollado la «Rueda selectiva de la espiritualidad» como un instrumento para ayudar a individuos y congregaciones a explorar sus preferencias.

Durante esta semana usaremos ésta y otras fuentes para reflexionar en los cuatro tipos de espiritualidad que resultan cuando usamos las dos escalas en intersección. Mi esperanza es que este estudio nos ayude a entender mejor el predicamento de Carol y Jorge.

La escala horizontal: Misterio/revelación

Como cristianos, creemos que el Dios todo trascendente es indescriptible e incomprensible. El libro de el profeta Isaías nos recuerda: «*Porque mis pensamientos no son vuestros pensamientos ni vuestros caminos mis caminos, dijo Jehová. Como son más altos los cielos que la tierra, así son mis caminos más altos que vuestros caminos y mis pensamientos más que vuestros pensamientos*» (Isaías 55:8-9). A la vez, creemos que todas las cosas creadas proveen medios para conocer a Dios. Pablo escribe: «*Lo invisible de él, su eterno poder y su deidad, se hace claramente visible desde la creación del mundo y se puede discernir por medio de las cosas hechas*» (Romanos 1:20).

A primera vista, estos versículos pueden parecer contradictorios. Sin embargo, ellos reflejan todo el misterio del Dios cristiano: El Dios que está con nosotros, Emmanuel, pero a la vez sigue siendo el totalmente Otro. La tradición cristiana ha reflejado siempre estas dos maneras de hablar sobre y en relación a Dios: el camino del misterio y el camino de la revelación.

El camino del misterio enfatiza la gran diferencia entre Dios y la creación. Llama a una búsqueda humilde y al autovaciamiento en imitación al amor de Cristo. Como un modo de orar, el camino del misterio exhorta a quien busca a «dejar atrás…todo cosa percibida y entendimiento… y…esforzarse…hacia la unión con aquél que está más allá de todo ser y conocimiento».[1] Esto se traduce en un modelo de oración que no descansa en la razón, los sentidos, las imágenes o los símbolos. Es una expresión de la tradición cristiana descrita por un escritor como «una fe desnuda, a través de la cual la persona es guiada en pobreza y gran anhelo más allá de todos los conceptos e imágenes, hacia un profundo conocimiento escondido de nuestra unión con Dios en Cristo».[2]

Como contraste, el camino de la revelación enfatiza las semejanzas entre Dios y la creación, y enfatiza la encarnación de Dios en la persona de Jesús. Como un modo de orar, usa las cosas creadas, la razón, la imaginación y los sentidos como medios de relacionarse a Dios, quien se ha revelado y es comprensible. El conocido santo del siglo trece, Francisco de Asís, representa claramente este tipo de espiritualidad. Francisco tuvo una profunda reverencia por todas las criaturas de Dios y buscó comunión con ellas como un encuentro con Dios. Para él, toda la creación era transparente como un sacramento de la presencia de Dios. Francisco vio a Dios en todas las cosas: en la tierra, el sol, la luna, las estrellas y el fuego, y en su propias enfermedades físicas, su ceguera, y, por último, en su encuentro con «la hermana muerte». En su amado poema de alabanza, «El cántico de las criaturas», expresó una relación fraternal con todo lo creado.

Los caminos del misterio y la revelación no están en competencia uno con el otro. En cierto grado son complementarios y pueden colocarse en extremos opuestos del mismo espectro de oración. Están conectados porque la revelación de Dios está siempre ligada al misterio y a lo oculto de Dios. Más aún, un camino no es mucho más deseable que el otro. El misterio enfatiza que nada puede totalmente capturar o describir la realidad de Dios, así que es aceptable ir a Dios en «la nada».

La revelación implica que cada cosa creada muestra algo de lo Divino, de modo que es aceptable ir a Dios a través de todas las cosas. La oración a través del camino del misterio busca movernos más allá de la conciencia mental o sensorial hacia una experiencia directa de unión con Dios. La oración a través del camino de la revelación busca a Dios en todas las cosas, porque todas las criaturas son la expresión de la vida divina y pueden, por lo tanto, también guiarnos a la unión con Dios. Los dos caminos de oración están solidamente enraizados en la espiritualidad bíblica y, por lo tanto, son opciones válidas para el cristiano/a que está en búsqueda espiritual.

Conocer a Dios es conocer nuestro verdadero Ser, el fundamento de éste. De modo que la oración es una intensa experiencia humana en la cual nuestros ojos son abiertos y comenzamos a ver más claramente nuestra verdadera naturaleza.

—Kenneth Leech

¿En dónde pondríamos a Carol y a Jorge en esta escala? De lo poco que conocemos sobre ellos, parece que Jorge encontró a Dios fácilmente en los testimonios concretos de fe compartidos en el grupo. Quizá Carol se habría sentido más cómoda si hubiera habido un tiempo de silencio que le hubiera permitido entrar en el misterio de la presencia de Dios en su forma preferida. ¿Es mejor una forma que la otra?

La escala vertical: mente/corazón

La segunda escala sugerida por Urban T. Holmes[3] es la escala de la mente/corazón. En nuestro deseo de conocer a Dios, algunos de los cristianos buscan iluminación de la mente, mientras que otros buscan iluminación del corazón. La primera tiene una relación más racional o intelectual con Dios. Dios para estas personas es conocido a través de categorías del pensamiento tales como bondad, amor, verdad. La otra busca más tener una relación afectiva o sentimental con Dios. La tensión entre la preferencia de la mente y el corazón es probablemente una de las más fácilmente identificadas en nuestras congregaciones. ¿Ha escuchado alguna vez a los miembros de su iglesia abogando arduamente por la necesidad de sermones con mejor contenido o la formación de grupos de estudio de la Biblia? ¿Se ha encontrado con personas que sienten que la calidad de los cantos de comunión o de inspiración en la iglesia es más importante que cualquier sermón? ¿Está bien uno y el otro mal? Sabemos que los dos son necesarios para ayudar a la congregación a crecer. Puesto que siempre encontraremos gente a los dos lados de la balanza, el desafío es ver esos polos como partes integrales de una sola realidad y no como opuestos en competencia. En mi propio ministerio yo invierto un tiempo bastante considerable ayudando a la gente a resolver las tensiones causadas por estas dos posiciones. Para algunas, tener una idea intelectual de Dios o una conciencia de la voluntad de Dios es el elemento central de su fe. Para otras, sentir la presencia y el amor de Dios es el centro de su experiencia religiosa. De nuevo, ¿es una mejor que la otra?

> *Creo que nuestras emociones—todas ellas—deben ser incluidas en nuestras oraciones... Nuestras oraciones representan no sólo lo que decimos sino lo que somos, con todos nuestros anhelos y complejos sentimientos.*
>
> —Timothy Jones

171

En el caso presentado en este capítulo, ¿podría la personalidad de Jorge estar más centrada en el corazón y la de Carol más intelectualmente orientada? ¿Es posible que las emociones mostradas en el grupo hayan puesto a Carol incómoda?

Entender nuestras preferencias nos ayuda a reconocer y respetar las diferentes maneras en que cada persona refleja la imagen de Dios. Esta interpretación, a su vez, sugiere diferentes acercamientos a la oración. Lo que le ayuda a una persona en su vida de oración puede bloquear el desarrollo espiritual de otra persona. Necesitamos tener cuidado en cuanto a poner a la gente en un molde y asumir que un camino espiritual o estilo de oración, si es de ayuda para nuestra vida, debe ser de ayuda para todas las demás personas. Debemos recordar que cada persona es una imagen única de Dios, creada con personalidad, cualidades y preferencias específicas que tienen que ser respetadas a medida que respondemos a la iniciativa de Dios en oración. Pablo escribe a los cristianos primitivos: «*De la manera que en un cuerpo tenemos muchos miembros, pero no todos los miembros tienen la misma función, así nosotros, siendo muchos, somos un cuerpo en Cristo… tenemos, pues, diferentes dones, según la gracia que nos es dada*» (Romanos 12:4-6).

¿Si sus dones son diferentes y tenemos roles diferentes en el cuerpo, tendría sentido suponer que todos nos relacionamos con Dios de formas diferentes?

Cuatro tipos de espiritualidad

Cuando permitimos que estas líneas representadas por estos dos espectros se crucen, vemos el cuadrante designado por Holmes como los cuatro tipos de espiritualidad. El siguiente diagrama está tomado del libro de Corinne Ware, en el que amplia la interpretación de Holmes sobre los tipos espirituales.[4]

Relación especulativa
o intelectual con Dios

Mente

Misterio
Dios trascendente

Revelación
Dios inmanente

4 1
3 2

Corazón
Relación afectiva
o sentimental con Dios

Tipo 1: Revelación/mente. Este tipo de espiritualidad favorece la reflexión teológica en conceptos tales como la Encarnación, el amor de Dios o asuntos éticos. Las personas cristianas que están en esta categoría disfrutan los grupos de estudio y formas concretas de profundizar en el entendimiento de su fe. El don de este tipo es la reflexión teológica en el contenido de la fe cristiana. El peligro es lo que Holmes llama «racionalismo» o la intelectualización excesiva de la vida espiritual.

Tipo 2: Revelación/corazón. Los miembros de este grupo favorecen una espiritualidad más afectiva y carismática. Su camino a Dios no es el de la mente racional sino la experiencia del corazón. Su don incluye calor, entusiasmo y energía en la expresión religiosa. El peligro estriba en llegar a convencerse tanto del gran valor de la experiencia que han sentido que tiendan a desechar la reflexión teológica como irrelevante.

Tipo 3: Misterio/corazón. Ware considera a este tipo como el más místico. Este grupo desea unión con Dios, el Santo. El don de este tipo es una espiritualidad inspiracional y elevada que desafía a otros a abrirse totalmente a Dios. El peligro está en que este tipo de espiritualidad puede volverse demasiado pasiva o apartada de la realidad.

Tipo 4: Misterio/mente. Ware considera este grupo como el más pequeño y, por lo tanto, el más difícil de describir. La gente que personifica este tipo tiende a ser idealista y radical en su deseo de hacer real el reino de Dios. Tienen una pasión por transformar la sociedad.[5] Para ellos oración, teología y acción son una misma cosa. Estas personas son intelectuales visionarias, y su don es precisamente su visión de lo ideal y su compromiso con ello. Su tentación es tener una visión extremadamente moralista. Este grupo puede desechar a quienes no apoyan su «causa» con la misma fuerza que ellos.

Identificar nuestro tipo espiritual no quiere decir encajonarnos en una determinada categoría. Como Ware interpreta a Holmes: «una vez que hemos encontrado dónde nos ubicamos dentro del círculo completo, entonces tenemos la oportunidad de crecer (1)reconociendo y reforzando nuestros dones presentes, (2)creciendo hacia nuestro cuadrante opuesto, y (3) apreciando más perceptivamente los cuadrantes a ambos lados de nuestro tipo dominante»[6]. Es importante evitar estereotiparnos o simplificar la jornada espiritual. Ninguna escala o esquema puede explicar adecuadamente el misterio de Dios y el misterio de la respuesta humana a la iniciativa de Dios. El Dios de Jesucristo permanece mucho más allá de nuestra habilidad para describirle y elude nuestros débiles esfuerzos por controlarle, poseerle o definirle. Paradójicamente, en Jesús, la Otredad de Dios se ha unido a la creación. El fallecido teólogo alemán Karl Rahner expresó esto de manera elocuente:

> [Señor,] Tú debes adaptar Tu palabra a mi pequeñez, a fin de que puedas entrar en la pequeña morada de mi finitud…Debes hacer tuya algunas de las palabras humanas, porque esa es la única manera en la que puedo comprender… ¡O infinito Dios, por voluntad propia has querido decirme esa palabra a mí!... Has venido a mí en una palabra humana. Porque Tú, el Infinito, eres el Dios de nuestro Señor Jesucristo.[7]

Respire en el aliento del Espíritu. Sea libre. Sea simple. La oración es una relación perfectamente natural entre Dios, quien le amó primero, y usted quien trata de amar a Dios en respuesta.

—Catherine de
Hueck Doherty

Esta creencia en la Encarnación nos anima a tratar de entender nuestra humanidad y a descubrir la riqueza de las varias maneras en las cuales Dios desea revelarse a nosotros.

Cuando vemos a Jesús tal como fue presentado en los Evangelios, encontramos que en varios momentos de su vida, Jesús reflejó diferentes estilos de oración. Él ciertamente se vació a sí mismo de todo a fin de hacer que su voluntad fuera una con la voluntad de Dios. Él también vio la presencia de Dios en cada uno y en cada cosa: los niños, los lirios del campo, la generosidad de la viuda pobre, la fe del centurión. Jesús sabía las Escrituras y las usó para enseñar a sus seguidores las demandas radicales del discipulado. Pero Jesús también lloró cuando Lázaro murió y estaba profundamente conmovido sobre la ciudad de Jerusalén. Jesús oró solo, apartado de los discípulos, y también les animó para que oraran con él. Ser uno con su Padre era el gozo más profundo del corazón de Jesús, y deseó esta unidad para todos nosotros/as: «*para que todos sean uno; como tú, oh Padre, en mí y yo en ti, que también ellos sean uno en nosotros*» (Juan 17:21).

Como cristianos, creemos que «*donde está el Espíritu del Señor, allí hay libertad*» (2ª a los Corintios 3:17). Jesús vivió completamente en esa libertad. Cada escritor del evangelio describe a Jesús en una manera única y nos ayuda a ver cómo Jesús reveló las varias dimensiones de Dios. Al proveer tal rica variedad de imágenes de Dios, el Nuevo Testamento nos invita a entrar en el misterio de Dios, quien evita toda definición y aun así ha escogido caminar con nosotros como un compañero peregrino.

El regalo dado por Jesús después de la resurrección es shalom: paz, armonía, unidad, integridad dentro del ser mismo de Dios (Juan 20:19). Unidad no significa uniformidad sino ser uno en medio de la diversidad. Hay diversidad en la Trinidad. Hay diversidad en Jesús. Hay diversidad en los escritores de los evangelios. Hubo diversas lenguas en el Pentecostés, y aun así el regalo del Espíritu fue la unidad en la diversidad. «*Además, el cuerpo no es un solo miembro, sino muchos*» (1ª a los Corintios 12:14). Hay varios estilos diferentes de oración, varias maneras de presentarse a la presencia de Dios en nuestras vidas. El desafío es entender el estilo individual de uno mejor, y

al hacer esto, liberarse para apreciar y respetar los acercamientos de los demás.

Carol nunca podrá entender por qué a Jorge le gustó tanto el grupo de oración. Jorge ciertamente no entiende por qué Carol no disfrutó de tan maravillosa experiencia. La esperanza es que a medida que ellos se desarrollan espiritualmente, lleguen a respetar y apreciar las diferencias entre ellos y la rica variedad de dones entre los miembros del cuerpo de Cristo.

EJERCICIOS DIARIOS

Lea el capítulo para la Semana 4 titulado «Orar tal como somos». Asegúrese de apuntar cualquier pregunta o inquietud en su diario. Empiece sus ejercicios reflexionando en la siguiente cita:

> Ora como puedes, no como no puedes.[8]

Con los Ejercicios 1–4, experimentará formas de orar que son expresivas de los cuatros tipos espirituales discutidos en la lectura de esta semana. Podemos caracterizar los tipos como cabeza (revelación/mente), corazón (revelación/corazón), místico (misterio/corazón), y activo (misterio/mente).

EJERCICIO 1: ESPIRITUALIDAD DE LA «CABEZA»

Lea Juan 3:16. Piense sobre lo que este versículo significa. Parafrasee el versículo en una oración o dos que capturen la esencia de su significado para usted. Luego escriba una oración a Dios que exprese sus pensamientos sobre lo que Dios ha hecho por nosotros y por qué necesitamos lo que Dios nos ha dado.

EJERCICIO 2: ESPIRITUALIDAD DEL «CORAZÓN»

Lea Juan 3:16. Haga una lista de varias personas que usted ama y aquellas a quienes tiene dificultad para amar. Lea el versículo lentamente por cada persona de su lista, personalice el versículo como una expresión del amor de Dios para él o ella: «De tal manera amó Dios a (nombre), que ha dado a su Hijo unigénito, para que todo aquel que en él cree no se pierda, sino que tenga vida eterna». Inclúyase usted. Haga una pausa para añadir su oración por cada persona y para orar por lo que usted necesita a fin de amar a esa persona. Note cualquier cambio en usted a medida que afirma el amor de Dios por esa persona. Decida cómo va a expresar el amor de Dios y su amor a la gente de su lista. Apunte su experiencia.

EJERCICIO 3: ESPIRITUALIDAD «MÍSTICA»

Lea Juan 3:16. Repita este versículo a modo de oración como una manera de enfocarse en Dios. Abra su espíritu a la actitud amorosa de Jesús, quien se dio a sí mismo por nuestra salvación. Entréguese al flujo del amor sin límites de Dios por todo el mundo, un amor que fluye en y a través suyo. A medida que le vengan a su mente personas y situaciones, tráigalos al flujo y déjelos ser lavados en el amor sin límites de Dios. Finalmente, lleve con usted alguna parte de Juan 3:16 en sus actividades diarias como una manera de practicar la apertura al amor de Dios. Apunte su experiencia.

EJERCICIO 4: ESPIRITUALIDAD «ACTIVA»

Lea Juan 3:16. Hoy no estará buscando entender, sentir, o contemplar el amor descrito en este versículo. Hoy será una oración viva, una expresión de amor sacrificial de Dios. A medida que le sea posible, haga un recorrido por su casa, su lugar de trabajo o su vecindario. Bendiga a toda persona y a cada cosa que vea usando las siguientes palabras: «*Porque de tal manera amó Dios al mundo…*» ¿Dónde ve una necesidad del amor de Dios? Considere lo que Jesús haría en esa situación, y escoja una manera de personificar el amor de Dios en acción. Apunte su experiencia.

EJERCICIO 5

Lea 1ª a los Tesalonicenses 5:16-19. Tome un momento para reflexionar en lo que estos versículos dicen sobre lo que significa vivir en oración. Pase la mayoría de su tiempo en la práctica de estar presente ante Dios y permanecer en el amor de Dios. Use cualquier acercamiento que le ayude y le sea más natural. Durante los últimos minutos, reflexione en su diario en las preguntas: (a) ¿Cómo estoy experimentando la presencia de Dios y mi presencia ante Dios estos días? (b) ¿Qué estoy descubriendo sobre mi manera de orar y relacionarme con Dios? (c) ¿Qué me ayuda a orar y qué se interpone?

Revise su diario de la semana como preparación para la reunión de grupo.

Parte 3, Semana 5

Salmos, el libro de oración de la Biblia

¿Qué sentimientos experimenta usted más frecuentemente: gratitud, sorpresa, gozo, aburrimiento, enojo, desesperanza? ¿Ha sentido alguna vez vergüenza de sus sentimientos de odio o ira? ¿Qué hace con estas emociones fuertes? ¿Cómo las expresa y cómo se siente en relación a su fe?

Cualquiera que sean nuestros sentimientos, con toda seguridad los encontraremos expresados en los salmos. Este libro contiene una colección de 150 oraciones del pueblo de Israel que se suponía eran cantados con el acompañamiento de instrumentos musicales. Los salmos son la poesía y la música de la gente judía en la oración y están profundamente enraizados en la espiritualidad hebrea.

El Dios de Israel está definitivamente interesado en la creación. Las Escrituras hebreas cuentan de un Dios que entra en la historia y es el Señor de la historia, un Dios quien se comunica con el pueblo y lo busca. El Dios hebreo está profundamente involucrado en los asuntos humanos. Dios se le aparece a Abram y le ofrece hacer un pacto con él (Génesis 17:1-2). Dios pone atención a la oración de Raquel y abre su vientre (Génesis 30:22). Dios habla con Moisés, asegurándole que el llanto de la gente ha sido escuchado, y que serán liberados de los egipcios (Éxodo 3:7-8). El Dios de los israelitas también puede ser convencido de cambiar de dirección. Cuando Dios amenaza con destruir Sodoma y Gomorra, Abraham persuade a Dios para que

salve a la ciudad de Sodoma a causa de 10 personas justas que estaban viviendo en ella (Génesis 18:22-23).

El Dios de Israel desea una relación íntima con su pueblo. A pesar de la idolatría de Israel, Dios la atrae y la lleva al desierto para hablarle suavemente. Dios espera que en el desierto, Israel recuerde los días de su juventud cuando salió de la tierra de Egipto y, ahí, una vez más vuelva a Dios. Usando una poderosa imaginación simbólica, el profeta Oseas proclama que Dios anhela el día en que Israel llame a Dios su esposo, y Dios la tome como esposa para siempre (Oseas 2:14-20). El Dios de Israel es un Dios lleno de gracia, quien anhela entrar en una apasionada relación de amor de pacto con la gente. En la espiritualidad hebrea, Dios es el omnipotente creador y juez, pero también el compañero de batalla y el amante celoso.

Los salmos emergen dentro del contexto de esta relación personal. Gracias a la profunda convicción de que Dios estaba entre ellos, protegiéndoles, amándoles, castigándoles y guiándoles, el pueblo judío libremente fue a Dios con sus sentimientos. El pueblo oraba en su enojo, odio y frustración; hablaba a su Dios siempre presente sobre el dolor de su exilio, su impotencia ante el enemigo, y lo profundo de sus miedos. También fueron a Dios en sus triunfos y con corazones llenos de gratitud por los favores recibidos. Cada emoción humana encontró expresión en los salmos.

Esta semana revisaremos de una forma nueva esta vieja colección de oraciones y exploraremos su rol y significado en la oración del pueblo cristiano contemporáneo.

La gente se siente atraída a las oraciones y canciones intensas como las que se encuentran en el salterio precisamente por las experiencias de dislocación y relocalización. Son las experiencias de estar agobiados, casi destruidos y sorpresivamente recibir vida las que nos dan ánimo para orar y cantar.

—Walter Brueggemann

El Libro de los Salmos

El Libro de los Salmos cubre un período de más de seiscientos años en la historia del pueblo de Israel. Estos 150 cantos alaban al Dios de la creación y representan los problemas del pueblo de Dios a través del período de los patriarcas hasta el tiempo después que el exilio de Babilonia terminó. Los salmos más antiguos fueron orados por las comunidades en las que se originaron, y luego fueron adaptados y usados en diferentes situaciones que el pueblo enfrentó. Los salmos fueron adaptados para tener acompañamiento de instrumentos musicales, usualmente instrumentos de cuerda, tales como la lira o la cítara. Fueron recolectados gradualmente y al principio permanecieron sin nombre, debido a la gran variedad del material. Eventualmente, el Libro de los Salmos fue escrito y llegó a ser el primer libro de oración del pueblo de Israel. La colección original de los salmos en hebreo fue completada hacia el tercer siglo a.C. Sin embargo, muchos de los salmos individuales eran más antiguos. La traducción griega data de la mitad del tercer siglo a.C. (con revisiones posteriores) y es la versión más usada por los escritores del Nuevo Testamento. La mayoría de las traducciones modernas viene directamente del texto hebreo. Cuando las primeras comunidades cristianas usaron los salmos como parte de su oración, los reinterpretaron a la luz de la vida, muerte y resurrección de Jesús.

Los evangelios presentan a Jesús como quien oraba y cumplía los salmos. De acuerdo a Mateo, Jesús habló en parábolas para cumplir lo que había sido dicho por el profeta: «*Abriré en parábolas mi boca*» (Mateo 13:35). En este pasaje está citando el Salmo 78:2. En el mismo evangelio, Jesús usa el Salmo 6:8 cuando dice sus palabras de enojo contra los religiosos hipócritas que decían, «Señor, Señor», pero no hacen la voluntad del Padre: «*¡Apartaos de mí, hacedores de maldad!*» (Mateo 7:23). Los Evangelios de Mateo, Marcos y Lucas citan el Salmo 110:1 para indicar que Jesús es el Señor de quien David habló en el Libro de los Salmos (Mateo 22:44; 26:64; Marcos 12:36; 14:62; Lucas 20:42-43). De acuerdo a Mateo, las palabras finales de Jesús desde la cruz son tomadas del Salmo 22:1: «*Dios mío, Dios mío, ¿por qué me has desamparado*»? (Mateo 27:46). En estas palabras oímos el mismo sentido de abandono experimentado por el salmista del Israel antiguo: «*¿Por qué estás tan lejos de mi salvación y de las palabras de mi clamor? Dios mío, clamo de día, y no respondes; y de noche no hay para mi reposo*» (Salmo 22:1-2). El Evangelio de Lucas documenta otras palabras dichas por Jesús desde la cruz: «*Padre, en tus manos encomiendo mi espíritu*» (Lucas 23:46). Estas palabras son paralelas a aquellas del Salmo 31:5.

Hoy en día hay momentos donde podemos identificarnos con el salmista tal como lo hizo Jesús. Nos movemos de la desesperación al rendimiento, de decirle a Dios cuán abandonados nos sentimos a poner nuestras vidas en las manos de Dios. Los evangelios hacen otras referencias a los salmos reflejando el significado de estos himnos antiguos en la alabanza de los cristianos primitivos. Como cristianos y cristianas, estamos invitados a dejar que los salmos enriquezcan nuestras vidas, que sean nuestros poemas y canciones. Estos himnos antiguos nos permiten transformar en oraciones nuestros más profundos sentimientos y experiencias de vida.

División de los salmos

Tradicionalmente, el libro ha sido dividido en cinco partes, probablemente imitando al Pentateuco, los primeros cinco libros de la Escritura hebrea.

Libro I	Salmos 1–41	Cantos básicos de adoración
Libro II	Salmos 42–72	Cantos de preocupación nacional, enfatizando la liberación y la redención
Libro III	Salmos 73–89	También himnos de preocupación nacional, enfatizando la adoración y el santuario
Libro IV	Salmos 90–106	Cánticos de alabanza, con los temas del desierto y la itinerancia
Libro V	Salmos 107–150	Cánticos de alabanza

Dentro de estas divisiones principales encontramos subdivisiones que hacen los salmos más fáciles de entender para el lector contemporáneo. Por ejemplo, hay salmos de peregrinaje (tales como 120–134) usados en la jornada anual al Templo en Jerusalén durante los días festivos; salmos individuales de lamento (tales como 3–7; 12; 13; 22; 25–28; 35; 38–40; 42–43; 51; 54–57); y salmos de lamento comunal, los cuales eran usados por la nación en vez de un lamento individual (tales como 44; 60; 74; 79–80; 90; 123). También hay salmos individuales y comunales de acción de gracias, salmos de adoración, salmos reales y salmos de sabiduría. Los académicos contemporáneos difieren en los métodos de clasificación y en el nombre exacto dado a cada subgrupo. Sin embargo, el Libro de los Salmos permanece como un tesoro de oraciones que exploran una gama completa de emociones y experiencias humanas y que ubican a Yahvé, el Dios del pacto, en el centro de la jornada humana.

Dificultades al orar los salmos hoy

A menudo los salmos tienen un papel marginal en la oración del pueblo cristiano contemporáneo. He identificado tres dificultades que se encuentran cuando nos acercamos al Libro de los Salmos:

1. Resistencia a orar con nuestros sentimientos.
2. Imágenes de Dios que parecen contradecir al Dios revelado por Jesús.
3. Lenguaje severo y actitudes que parecen estar en desacuerdo con el mensaje del Evangelio.

Resistencia a orar con nuestros sentimientos. Vivimos en una cultura que aplaude el autocontrol y que sospecha de la expresión de emociones fuertes. Existe la idea encubierta de que uno debe evitar especialmente cualquier expresión de sentimientos negativos, poderosos. En la cultura de los Estados Unidos, esto es particularmente obvio cuando un hombre demuestra profunda tristeza, aflicción o miedo, y cuando las mujeres expresan enojo u odio. Es ampliamente aceptado que «los hombres no lloran», y se espera que las mujeres sean «buenas y dulces». Aun para la gente que no tiene problemas con la tristeza o miedo, los salmos de ira y enojo presentan un serio problema. Esta actitud popular se hace más profunda entre los cristianos/as que equivocadamente creen que en su tiempo de oración deberían estar tranquilos y calmados. Pero muchos salmos demuestran la aceptabilidad de orar con aflicción y enojo, aun cuando la oración está dirigida a Dios (Salmos 35; 109; y 137), como en el lamento de Jesús desde la cruz (Mateo 25:46).

La amplia gama de expresiones en el salterio—la ira y dolor del lamento, el angustiante autoexamen de la confesión, el reconfortante fervor de la gratitud, el extático gozo de la alabanza— nos permite traer nuestra vida completa ante Dios.

—Kathleen Norris

Orar con los salmos puede ser una experiencia liberadora y de sanidad para muchos de nosotros/as. Expresar nuestro quebrantamiento, miedos, gozos y enojo cuando oramos, lejos de ser un obstáculo y una causa de ansiedad, pude llegar a ser un momento transformador cuando nuestras emociones más profundas y fuertes se vuelven una oración. ¡Qué mejor lugar para expresar nuestros sentimientos más profundos que en la presencia de nuestro amante Dios!

Imágenes de Dios que parecen contradecir al Dios revelado por Jesús. Frecuentemente, los cristianos se quejan de que en los salmos encuentran un Dios de miedo, un Dios que ama sólo a algunos y desea la destrucción de todos los enemigos. Este Dios es similar a un cruzado que sale a exterminar a los malhechores que se oponen al plan de Dios. Esta actitud parece contradecir las palabras de Jesús: «*No resistáis al que es malo... Amad a vuestros enemigos... orad por los que os ultrajan y os persiguen*» (Mateo 5:39, 44). El Dios de Jesús «*hace salir su sol sobre malos y buenos y que hace llover sobre justos e injustos*» (Mateo 5:45). ¿Como podemos reconciliar al Dios vengativo de los salmos con el padre compasivo de la parábola del hijo pródigo (Lucas 15:22-32)? ¿Cómo podemos imaginarnos al Dios cristiano con favoritismos en una guerra y destruyendo un grupo para que el otro gane?

Para entender la oración del salmista, tratamos de ponernos en el contexto histórico y teológico en el que los salmos fueron escritos. El concepto de «pueblo escogido» es integral a la espiritualidad hebrea. Yahvé, el Dios de dioses, el Dios de la creación y de todo lo que existe, era específicamente el Dios de Abraham, Isaac y Jacob. Los judíos creían que ellos eran especiales y que Dios los estaba guiando y preservando sus vidas como una pequeña y vulnerable nación. A medida que se fueron escribiendo los diferentes salmos durante un largo período de tiempo, no sólo representaron los problemas de la gente de Israel sino que también reflejaron la variedad y desarrollo del entendimiento humano de quién era Dios.

¿Es diferente este patrón al de ahora? Como cristianos y cristianas en relación con el Dios vivo, percibimos nuestro Dios en muchas diferentes maneras a través de nuestras vidas. Por ejemplo, Dios es un juez justo; para otros, Dios es siempre cariñoso y compasivo. Muchas otras personas ven a Dios como lejanamente omnipotente y omnisciente. Otros ven a Dios caminando mano a mano a su lado, en medio de sus rutinas diarias. En algunos momentos en nuestras vidas experimentamos a Dios como un amigo o compañero. A menudo vemos a Dios como nuestro protector, defensor y libertador. Pero Dios también puede parecer misteriosamente ausente en nuestras crisis. La pregunta de quién es Dios ha sido parte de la búsqueda humana desde tiempos antiguos. El Libro de los Salmos nos ofrece la interpretación judía del Dios de los israelitas y nos invita a acercarnos a este Dios con toda la gama de emociones humanas, tal como Jesús y los primeros cristianos lo hicieron.

Lenguaje severo y actitudes que parecen estar en desacuerdo con el mensaje del Evangelio. Cuando el pueblo cristiano lee hoy el Salmo 137, con frecuencia siente repulsión; algo en su interior se revuelve y clama: «¡Esto está mal!» ¿Cómo podemos orar, como el salmista lo hace, por una bendición sobre aquellos que estrellan los niños contra una roca (v. 9)? ¿Cómo podemos llamar a este tipo de escritura la Palabra de Dios?

Los salmos frecuentemente reflejan el estado emocional de una persona que está sufriendo experiencias deshumanizantes. La gente, en su dolor, pide justicia divina pero se refrena de la venganza humana: «*Dales conforme... a la perversidad de sus hechos... Por cuanto no atendieron a los hechos de Jehová ni a la obra de sus manos, ¡él los derribará y no los edificará!*» (Salmo 28:4-5). El salmista ora por justicia divina sobre aquellos a quienes él considera malos ante los ojos de Dios. Esta maldad es frecuentemente definida como una injusticia directa o un ataque al pueblo que el Señor ha escogido para ser propiedad de Dios. Por esto, el salmista considera cualquier ataque contra los israelitas un ataque contra Dios. El odio, el dolor y la amargura de los sufrimientos de los israelitas bajo los babilonios y otros encuentra su expresión en los salmos «duros». Estos salmos son a veces llamados salmos imprecatorios, los cuales piden las maldiciones de Dios sobre los enemigos. A través de los siglos, muchos cristianos han iden-

El constante atractivo de los salmos no es sólo que nos ayudan a articular la gama completa de nuestras experiencias y emociones; ellos nos ofrecen esa ayuda en el contexto de la oración. Los salmos son primordialmente palabra humana hacia Dios. Emergen de la vida de una comunidad en oración, Israel, respondiendo a sus experiencias en el contexto de su relación con Dios... No se trata de la vida por sí misma, sino de la vida vivida en relación y en conversación con Dios lo que se transluce en los salmos.

—Larry R. Kalajainen

tificado a los «enemigos» a los que se refieren en los salmos como fuerzas y poderes que tratan de alejarnos de Dios y nos atacan cuando nos resistimos. Esta perspectiva puede traer nuevas ideas a medida que oramos con los salmos.

Encontrar un hogar en los salmos

Los salmos animan a las cristianas y cristianos contemporáneos a permitir que sus sentimientos encuentren un lugar en la oración. Dios no espera que nos acerquemos en oración sólo cuando nos sentimos calmados y recogidos. Nos acercamos a nuestro Dios tal como somos, con sentimientos y emociones impuras, y permitimos que Dios nos acoja para tocarlas, sanarlas o afirmarlas. En oración, expresamos el resentimiento que sentimos contra alguien que nos ha herido: «*A Jehová clamé estando en angustia… Libra mi alma, Jehová, del labio mentiroso y de la lengua fraudulenta*» (Salmo 120:1-2). En momentos de depresión y desesperación clamamos: «*De lo profundo, oh Jehová, a ti clamo. Señor oye mi voz…*» (Salmo 130:1-2). Cuando tenemos sentimientos de gratitud en nuestros corazones, decimos: «*Amo a Jehová, pues ha oído mi voz y mis súplicas*» (Salmo 116:1).

En los momentos que sentimos abandono y cuando parece que Dios está callado, oramos: «*Inclina tu oído a mi clamor. Porque mi alma está hastiada de males… ¿Por qué, oh Jehová, desechas mi alma? ¿Por qué escondes de mí tu rostro?*» (Salmo 88:2-3, 14). A medida que traemos nuestros sentimientos a Dios en oración, reconocemos la presencia de Dios en ellos, y nos abrimos para oír lo que Dios puede estar tratando de decirnos a través de ellos. Los sentimientos llegan a ser nuestros compañeros en la jornada, y dejamos de verlos como nuestros enemigos. En el lugar seguro creado por la oración, damos la bienvenida a nuestros sentimientos, los aceptamos, y luego, con una confianza casi infantil, los llevamos a nuestro amante Dios.

EJERCICIOS DIARIOS

Lea el capítulo para la Semana 5 titulado «Salmos, el libro de oración de la Biblia». Apunte sus preguntas y comentarios en su diario. Reflexione en la siguiente cita cuando empiece sus ejercicios diarios:

> Jesús entendió quién era y para lo que había sido llamado al orar los salmos... Los salmos, llenos de la presencia de Cristo, nos hacen accesible y presente el rango completo de las experiencias de Jesús. Al orar los salmos, entramos en ese mundo de significado y encontramos nuestro desierto temporal iluminado y clarificado. Al orar los salmos pasamos a través de nuestros propios corazones al corazón de Dios tal como fue revelado en la vida interior de Jesús.[1]

En estos ejercicios, encontrará el reto de orar los salmos con candor y, al hacerlo así, a entrar completamente en la vitalidad de la vida de Jesús con Dios.

EJERCICIO 1

Lea el Salmo 8. Únase con Jesucristo al orar este salmo. Deje que cada versículo le dirija a celebrar quién es usted ante Dios, la magnificencia de la creación y el llamado humano. ¿Qué versículos piensa que le hablaron a Jesús cuando oró este salmo? ¿Qué versículos se conectan con usted más profundamente? Memorice algunos versículos especiales. Repítalos a medida que realiza sus tareas diarias como una manera de alabar a Dios.

EJERCICIO 2

Lea el Salmo 10 en voz alta. Reflexione en las circunstancias que pudieron haber inspirado a alguien a escribir este salmo. Recuerde que «el pobre» puede referirse a cualquiera que se siente sin poder u olvidado por aquellos que tienen poder. Trate de orar este salmo como Jesús lo hubiera orado. Imagine las personas con quienes Jesús se puede haber identificado cuando oró estas palabras. ¿Tiene alguna dificultad orando este salmo? Identifíquese con «el pobre» en su propia comunidad a medida que ora el salmo nuevamente. Ofrezca su oración en el espíritu a Jesús. Apunte sus ideas y experiencia.

EJERCICIO 3

Lea el Salmo 22:1-11 y medite en él versiculo por versiculo. A medida que lee los versículos 1-5, identifique las partes de su vida en las cuales usted siente la ausencia de Dios (v. 1-2). Descubra también las partes de usted que quieren confiar en Dios a pesar de todo (v. 3-5). Exprese los dos sentimientos a Dios. Escuche a Dios en el silencio.

Medite en los versículos 1-11, recordando que Jesús oró este salmo cuando estaba colgado en la cruz. Siéntese ante un cuadro de Jesús, o una cruz. Imagine los sentimientos humanos y preguntas de Jesús. ¿Cómo ilumina el salmo su habilidad para identificarse con Jesús y su humanidad? ¿Qué sugiere el salmo sobre la experiencia de Jesús de tener fe en momentos extremos de sufrimiento y soledad? Escriba sus ideas en su diario.

EJERCICIO 4

Lea el Salmo 46. Imagínese orando este salmo en compañía de Jesús y todos los santos, aquellos que tuvieron tal fe, especialmente en tiempos de prueba. Personalice los versículos 2-3. Recuerde las cosas que pueden mover y de hecho mueven su fe a medida que ora estas palabras: «*Por tanto, no temeremos*». Apunte sus ideas y experiencia.

EJERCICIO 5

Encuentre un salmo que exprese cómo se siente en este momento sobre su vida y su relación con Dios. Escriba una paráfrasis del salmo que captura la oración de su corazón. ¿Qué imagina estaba pasándole al salmista cuando escribió las palabras originales de este salmo? Lea el salmo y su paráfrasis, y ore las palabras una vez más, uniéndose en espíritu con el salmista.

Recuerde revisar su diario de la semana como preparación para la reunión de grupo.

Parte 3, Semana 6
Experiencia con la oración contemplativa

*U*na de las historias más coloridas del Nuevo Testamento es sin lugar a dudas la historia de Marta y María (Lucas 10:38-42). Lucas nos cuenta del día cuando una mujer llamada Marta dio la bienvenida a Jesús a su casa. Marta tenía una hermana llamada María, quien se sentó a los pies del Señor y escuchó lo que estaba diciendo. Mientras tanto su hermana, Marta, estaba ocupada con muchas tareas de la casa, que la distraían. Finalmente, Marta vino a Jesús y se quejó de que su hermana, María, la había dejado sola haciendo todo el trabajo. ¿Le diría él que ayudara a su hermana? De acuerdo a Lucas, Jesús contestó con las familiares palabras: «*Marta, Marta, afanada y turbada estás con muchas cosas. Pero sólo una cosa es necesaria, y María ha escogido la buena parte, la cual no le será quitada*».

La historia del evangelio no explica cual es «la buena parte»; consecuentemente, ha llegado a ser objeto de incontables sermones y reflexiones. Una de las interpretaciones más comunes de este pasaje declara a Marta como una «chismosa» activista y María como un ejemplo de contemplación por su atención a Jesús. Aquellos que explican la historia de esta manera frecuentemente mantienen que Jesús claramente exaltó el ser sobre el hacer, oración sobre servicio, contemplación sobre acción. Cualquier persona caminando intencionalmente en el camino cristiano conoce de la tensión siempre presente entre estos dos polos. A lo largo de veinte siglos de cristianismo, varias

escuelas de espiritualidad han enfatizado uno o el otro, aun cuando mantienen que los dos, contemplación y acción son componentes integrales de la jornada cristiana.

Esta semana nos enfocaremos en la contemplación y la oración contemplativa y su significado en la vida del pueblo cristiano hoy en día.

Contemplación

Si la contemplación es la «mejor parte» a la cual Jesús se refiere en la historia de Marta y María, él definitivamente no estaba hablando de María sentada a sus pies en contraste con la actividad de Marta. El problema de Marta no era su trabajo en la cocina o su deseo de ser una anfitriona bondadosa. Al contrario, Jesús señala que ella estaba afanada y turbada por muchas cosas, entre otras por su resentimiento contra su hermana. Marta perdió el punto, no porque ella estuviera sirviendo, sino porque perdió la visión de la «mejor parte»: la presencia de Jesús en su casa. No creo que Jesús quería decirle a Marta que dejara de preparar la comida; más bien, él quería decirle que abriera los ojos y oídos de su corazón para hacerse presente a él. Después del arribo de Jesús, María le dio su total atención. En contraste, Marta se ocupó de muchas tareas de una manera autopreocupada que le impidieron estar consciente de la presencia de Jesús.

En este contexto, podemos definir la contemplación como una conciencia de la presencia y acción de Dios. Esto significa ver la realidad como Dios la ve. Significa estar disponible para ver a Dios en cada cosa y cada cosa en Dios. Cuando vivimos de una manera contemplativa, toda la creación llega a ser un sacramento de la presencia de Dios, un ícono a través del cual encontramos lo divino. La mayoría de nosotros ha experimentado tales momentos de total transparencia. A veces un amanecer sobre el océano o el canto de un pájaro o la risa de un niño nos llevan más allá de lo que nuestros sentidos perciben como el misterio mismo de Dios.

En verdad, toda la cristiandad está llamada a la contemplación, como se muestra en el cuarto evangelio. Juan, más que ninguno de

Sólo cuando somos capaces de «dejarlo» todo en nuestro interior, todo el deseo de ver, conocer, probar y experimentar la presencia de Dios, es que verdaderamente llegamos a ser capaces de experimentar esa presencia con la sobrecogedora convicción y realidad que revoluciona por completo nuestra vida interior.

—Tomás Merton

los escritores del Nuevo Testamento, señala la unidad de Jesús con Dios, especialmente en los capítulos 14–17. Antes de su arresto, Jesús ora que sus discípulos puedan ser uno como el Padre y él son uno (Juan 17:22). Esta unión con Dios es la expresión más profunda de contemplación: ¡la oración de Jesús por cada uno! Por lo tanto, cada persona debe tener la capacidad de ser contemplativa. ¿Por qué, entonces algunas personas cristianas creen que la contemplación está más allá de ellas, reservada sólo para unas pocas?

Una respuesta a este dilema puede estar en las diferentes formas en las cuales el pueblo cristiano entiende la oración contemplativa.

Oración contemplativa

En los círculos populares, las personas a menudo usan las palabras contemplación, meditación y misticismo en forma intercambiable. Consecuentemente, muchas personas se sienten inseguras sobre el significado de la oración contemplativa. Para confundir más las cosas, hay una creencia sutil de que para orar contemplativamente, uno tiene que ser un excéntrico fuera de este mundo que experimente visiones y otros fenómenos místicos. Si usted considera la oración contemplativa fuera de su alcance, es tiempo de mirar nuevamente qué es lo que usted entiende sobre esta forma de oración.

En términos sencillos, la oración contemplativa es «una manera de hacerse uno mismo consciente de la presencia de Dios, quien está siempre presente».[1] Difiere de la meditación, que requiere razonamiento, palabras e imágenes. En la verdadera oración contemplativa, uno permanece en el misterio, abierto a ser tomado por Dios en amor a lo largo de un camino que uno no conoce. A lo largo de la historia del cristianismo, los guías espirituales se han referido a la oración contemplativa como un encuentro con lo «desconocido». Porque la intuición y la conciencia, en vez del pensamiento, son centrales a esta experiencia, tal oración tiende a ser unitiva: nos encontramos a nosotros mismos—nuestro verdadero ser—en Dios.

Uno de los obstáculos que bloquean nuestra contemplación es la inclinación a confundir el profundo anhelo de nuestros corazones

Yo creo que el paso más fundamental que podemos tomar para abrir nuestro corazón espiritual es abrir nuestro anhelo por Dios: nuestro deseo vivo por la llenura de Dios en nosotros/as y en el mundo, a través de y más allá de cada deseo que podamos tener. Ese anhelo está ubicado en lo profundo de nuestro ser como un reflejo del maravilloso y amoroso deseo de Dios de estar plenamente en nosotros/as.

—Tilden H. Edwards

con las posesiones externas. Nuestra cultura nos atrae con promesas de logro y realización personal; todo lo que tenemos que hacer es manejar cierto modelo de carro o vestir ropas de diseñador. Si nuestras inversiones son sólidas y podemos estar sin deuda, tendremos paz. Los anuncios y la sabiduría convencional prometen satisfacción si nos sometemos a los dioses del mercado económico. ¡Seguramente nuestra sociedad nos hace difícil vivir centradamente! Pero las cosas externas no pueden satisfacer nuestra alma. Como Agustín escribió, una cualidad prominente del espíritu humano es su inquietud: «Tú nos has formado para ti, y nuestro corazón anda desasosegado hasta que descanse en Vos».[2]

Otro valor cultural que forma un obstáculo a la contemplación es el fuerte individualismo de aquellos suficientemente «valientes» para tratar de hacerlo por su cuenta. Esta actitud hace que la oración contemplativa suene cono un concepto extraño. La oración contemplativa reconoce que no podemos hacerlo por nosotros mismos; no podemos forzar la experiencia de la presencia de Dios habitando en nosotros, no importa cuán intensamente lo intentemos. Al contrario, oramos creyendo que somos los amados y amadas de Dios y que Dios habita dentro de nosotros, ya unido a nosotros si tan sólo nos abrimos a esa conciencia. Aún mas, creemos que Dios nos ama libremente y que nuestro bautismo y fe nos ha equipado para experimentar este misterio de amor no merecido y no ganado. En la oración contemplativa escuchamos y vemos la realidad a través del Espíritu que habita dentro nuestro (Romanos 8:9; 1ª a los Corintios 2:6-13).

Teresa de Ávila, una mística española del siglo dieciséis, vio que la jornada del alma hacia Dios comenzaba con el recordar la verdadera identidad del alma. Ella escribió: «No hallo yo cosa con qué comparar la gran hermosura de un alma y la gran capacidad, y verdaderamente apenas deven llegar nuestros entendimientos—por agudos que fuesen—a comprehenderla, ansí como no pueden llegar a considerar a Dios, pues El mesmo dice que nos crió a su imagen y semejanza».[3] A menudo olvidamos esta profunda identidad cuando ponemos atención a las varias voces de nuestra cultura, pero en oración somos capaces de recobrar el sentido de nuestra identidad como hijos e hijas de Dios.

En los capítulos 11 a 22 del libro de su vida, Teresa explica la amistad del alma con Dios usando la alegoría de un jardín. En el jardín del alma, no necesitamos sembrar semillas o quitar hierbas malas porque Dios ya ha hecho eso. Nosotros simplemente necesitamos regarlo, y el agua es la oración. Ella insiste que es sólo con la ayuda de Dios que podemos «procurar, como buenos hortelanos, que crezcan estas plantas».[4] Nuestra tarea puede parecer simple, pero no siempre es fácil. Las muchas ocupaciones de nuestras vidas, los «afanes y turbaciones» de Marta, a menudo son obstáculos para nuestra unidad con Dios.

Durante la Semana 4 de esta unidad sobre la oración, reflexionamos en dos de los caminos en que hablamos de y nos relacionamos con Dios: el camino del misterio y el camino de la revelación. En términos más antiguos, el camino del misterio es llamado *apofático* y el camino de la revelación es llamado *katafático*. Esta semana volvemos de nuevo a la sabiduría de nuestra tradición a fin de obtener un entendimiento más profundo de la oración contemplativa.

Acercamientos a la oración contemplativa

Las dos formas de conocer a Dios pueden ayudarnos a entender la oración contemplativa. *Apofáticos* y *katafáticos* son términos griegos que describen dos maneras de entrar en la oración contemplativa: la una emplea pensamientos e imágenes y es llamada el camino de la revelación (camino katafático); la otra es el camino del misterio (camino apofático), que trasciende ideas, pensamientos y símbolos, y entra a través del amor, al misterio de Dios.

Ignacio de Loyola (descrito en la Parte 2, página 112) era un hombre de profunda oración contemplativa y de un gran defensor del camino katafático. En sus *Ejercicios Espirituales*, el anima a usar la imaginación, los sentimientos, sentidos, razón, voluntad, y memoria para entrar a la experiencia en la cual meditamos. Él sugiere que nos pongamos imaginativamente en el pasaje de la Escritura («composición del lugar») a fin de ver, oír, oler, probar y tocar a la gente y

lugares ahí descritos. Ignacio también sugiere que usemos nuestra imaginación para ser más activos participantes en el relato bíblico. Este cambio de la actividad racional a la imaginativa puede hacernos más receptivos a un profundo conocimiento personal de Cristo. Al final de los *Ejercicios*, Ignacio continúa ofreciendo maneras de experimentar el ser uno con Cristo en su pasión y gloria. Él describe una oración contemplativa en la cual uno se mueve más allá de imaginar los pensamientos o sentimientos de Jesús en la historia del evangelio a desarrollar un sentido de unión personal con él. El valor del método ignaciano está en la habilidad de sumergir a la persona totalmente—cuerpo y alma—en las profundas verdades cristianas. A través de las experiencias de oración basadas en la vida de Cristo, Ignacio revela cómo las imágenes y símbolos llegan a ser transparentes al misterio del amor abnegado de Dios.

El acercamiento apofático enfatiza que ninguna idea, pensamiento o símbolo pueden alcanzar totalmente a Dios como Dios es. Varios escritores importantes, incluyendo el autor anónimo de *La nube de lo desconocido* (Inglaterra, siglo catorce), Juan de la Cruz (España, siglo XVI) y Tomás Merton (Estados Unidos, siglo XX) han interpretado este modo. La nube, un libro claro y conciso sobre la naturaleza de la oración apofático urge a sus lectores a entrar en el tipo de oración donde uno se encuentra en casa en una «nube oscura» más allá de todos los pensamientos e imágenes. Este autor, como muchos otros en la tradición cristiana, advierte que ninguna técnica puede traer esta experiencia y que la contemplación es en última instancia un regalo de Dios. Él sugiere un método que ahora es llamado «oración para centrarse». Aquellos que escogen este estilo de oración usan una palabra significativa (tal como Jesús, Dios, Amor) y luego se liberan de cualquier pensamiento o imágenes que les distraiga a fin de centrar su atención en la realidad detrás de la palabra. En la oración para centrarse, como en cualquier otro método apofático, se busca ir más allá de todas las palabras, pensamientos o imágenes para entrar en el centro del ser personal, aguardando por el regalo de la conciencia total de la presencia de Dios dentro de nosotros.

Estos acercamientos a la oración ofrecen dos maneras diferentes

> *Mi secreto es muy sencillo: Oro. A través de la oración llego a ser una en amor con Cristo. Reconozco que orar a él es amarlo... Los pobres que viven en los arrabales del mundo son el Cristo sufriente... y a través de ellos Dios me muestra su verdadera faz. Para mí, la oración significa estar unida a la voluntad de Dios veinticuatro horas al día, vivir para él, a través de él, y con él.*
>
> —Madre Teresa

de crecer en la amistad del alma con Dios de la cual habló Teresa de Ávila. Una mujer práctica y también con el don de la contemplación, Teresa escribió extensamente, presentando principalmente el camino de la revelación. No obstante se pueden ver los dos acercamientos en su trabajo. A pesar del acercamiento preferido de cada quien, la contemplación en la tradición cristiana se entiende como una conciencia de la presencia de Dios más allá de los pensamientos e imágenes. Esta experiencia no es el producto de nuestros esfuerzos o méritos, sino de nuestra respuesta fiel a la gracia de Dios. En la tradición katafática tal conciencia viene a través de la transparencia de cada cosa; en el acercamiento apofático viene a través de olvidar y «desconocer». Ambos acercamientos buscan liberarnos del falso ser a fin de encontrar el verdadero ser en Dios.

Los frutos de la oración contemplativa

Hemos visto que la contemplación es el trabajo del amor—no nuestro amor por Dios, sino el amor de Dios por nosotros. El Dios cristiano es un Dios relacional que desea que todo mundo comparta en este amor: «*Si nos amamos unos a otros, Dios permanece en nosotros y su amor se ha perfeccionado en nosotros*» (1ª de Juan 4:12). Jesús experimentó esa unión al máximo y la desea para todos nosotros. Pero él además prometió, «*el que permanece en mí y yo en él, este lleva mucho fruto*» (Juan 15:5). La verdadera contemplación nos lleva no a una autoabsorción sino al vaciamiento de uno mismo en favor de otros. Teresa de Ávila sabiamente enseñó a sus monjas:

> Pareceros ha que, según esto, no andará en sí, sino tan embevida que no pueda entender en nada. Mucho más que antes, en todo lo que es servicio de Dios.[5]

Es necesario que los cristianos y cristianas honestamente examinen los frutos de su oración contemplativa. La siguiente lista puede ayudarles en esta reflexión:

La verdadera oración contemplativa lleva a

* La experiencia interior de Dios, que enmudece otras voces que niegan nuestra dignidad humana.

La vida espiritual se puede vivir de tantas maneras como personas hay. Lo que es nuevo es que nos hemos movido de las muchas cosas al reino de Dios. Lo que es nuevo es que somos liberados de las compulsiones de nuestro mundo y hemos puesto nuestro corazón en la única cosa que es necesaria.

—Henri J. M. Nouwen

- La conciencia del amor infinito que Dios nos tiene y que no es por nuestros propios méritos.
- Autoconocimiento que nos lleva a la humildad; que es, caminar en verdad.
- Compasión y obras de misericordia.
- Paz.
- Libertad.

Marta y María viven dentro de cada uno de nosotros. Sí, nos encantaría sentarnos cerca de Jesús y poner a un lado todas las distracciones y ocupaciones simplemente para estar con él. Pero la Marta que llevamos dentro se preocupa y se distrae por muchas ansiedades innecesarias. El propósito de la oración contemplativa es llevarnos profundamente dentro al lugar donde Dios está, a fin de descansar en Dios y llegar a estar más concientes del amor radical y transformador de Dios por nosotros. Cuando damos tiempo y espacio para que este regalo sea revelado, nuestras varias tareas llegan a ser actos de amor, y nuestro sufrimiento llega a ser redentor. Habremos escogido habitar con Jesús en el corazón de Dios. Habremos escogido «la mejor parte», y no nos la podrán quitar.

EJERCICIOS DIARIOS

Lea el capítulo para la Semana 6, «Experiencia con la oración contemplativa», y anote en su diario sus ideas, lo que ha aprendido y preguntas.

Una característica de progreso en la vida espiritual es la creciente dependencia en Dios en nuestra vida diaria y en nuestra oración. Un aumento en la confianza en Dios va algunas veces acompañado de una preferencia o aun un sentido de llamado hacia una forma de oración más simple que enfatiza menos nuestras palabras y pensamientos y más la comunicación y la presencia de Dios con nosotros. «He dejado todas mis devociones y oraciones no obligatorias», escribió el Hermano Lawrence, «y me he concentrado en estar siempre en la santa presencia de [Dios]; me mantengo en la presencia de [Dios] simplemente al concentrarme y fijar mis ojos cariñosamente en Dios».[6]

Estos ejercicios le invitarán a practicar algunas de las formas tradicionales de oración contemplativa—volviendo sus ojos a Dios en una fe y amor sencillos. Estas formas pueden ser no familiares para usted pero entre a ellas con apertura de modo tal que Dios pueda hablarle de nuevas maneras. También recibirá la oportunidad de evaluar dónde se encuentra en este punto de su jornada de profundización en la oración. El Ejercicio 5 le servirá como la base para compartir durante la reunión de esta semana.

EJERCICIO 1: ORAR CON UNA ORACIÓN DE REPETICIÓN

Lea Filipenses 2:12-13, donde Pablo identifica dos partes de la vida espiritual: nuestra parte (v. 12) y la parte de Dios (v. 13). Reflexione en su rol y el rol de Dios en su continua transformación en Cristo. ¿Cuál es su conciencia de la presencia activa de «*Dios es quien produce en ustedes tanto el querer como el hacer*» (NVI)? ¿Cuál es la calidad de su cooperación con Dios «capacitándolo a usted»?

Dedique varios minutos para orar la frase «Dios es quien produce en ustedes tanto el querer como el hacer». Dé su atención total al discernimiento de la presencia de Dios, quien está trabajando en usted. Apunte las experiencias en su diario.

Ejercicio 2: Orar con la oración de Jesús

Lea Lucas 18:13, dando particular atención a la oración del publicano. Hace mucho tiempo atrás, la oración del publicano llegó a ser la base para un método de oración contemplativa llamada la Oración de Jesús, muy usada en la tradición cristiana ortodoxa oriental. La forma más común de la oración de Jesús es: «Señor Jesucristo, Hijo de Dios, ten piedad de mí, pecador». Algunas personas la abreviaron a: «Señor Jesucristo, ten piedad de mí» o simplemente: «Señor Jesús, ten piedad».

Pase algún tiempo orando la Oración de Jesús. Repítala suavemente, dejando que las palabras enfoquen su atención en Dios mientras expresan su necesidad de gracia. Cuando vea que su mente está divagando, regrese a la oración. Trate de desarrollar un ritmo interno que vaya de acuerdo con usted. Por ejemplo, mientras inhala diga la primera mitad («Señor Jesucristo, Hijo de Dios») y mientras exhala diga la segunda mitad («ten piedad de mí, pecador»). Deje que la oración se mueva de su mente a sus labios, hasta que gradualmente entre en su corazón. Deje que se desarrolle una apertura interior a Dios en el contexto de sus actividades diarias.

Ejercicio 3: Orar con un foco visual

Lea 2ª a los Corintios 3:18. En la oración contemplativa, estamos «viendo la gloria» de Dios con «rostros descubiertos». Muchos cristianos practican el ver espiritual orando con un foco visual. Los cristianos del oriente comúnmente han usado la cruz, un crucifijo, o las obras de arte (incluyendo imágenes de vitrales) para fijar sus ojos internos en Cristo. Los cristianos ortodoxos orientales comúnmente han usado íconos (el término griego para «imagen»), que son imágenes de Cristo o de otros santos que sirven como ventanas hacia la realidad espiritual.

Dedique algún tiempo a «orar con sus ojos», usando un foco visual. Escoja una cruz, un cuadro favorito de Jesús, o una obra de arte que lo lleve al misterio de Dios. Interiormente exprese su deseo de encontrar a Dios. Fije sus ojos en el foco visual sin analizar o evaluar lo que ve. Alcance a Dios con sus ojos, y deje que Dios le alcance a usted a través de los «ojos» del foco visual. En lugar de buscar discernimiento sobre Dios, busque ser visto y conocido por Dios. Cuando se distraiga, calmadamente regrese su atención al foco visual. Después de varios minutos en esta forma de oración, cierre sus ojos, manteniendo su imagen en mente. Apunte su experiencia en su diario. A medida que pasa el día, recuerde que usted también puede ver la imagen de Dios en la *gente*.

EJERCICIO 4: ORACIÓN PARA CENTRARSE

¿Qué palabras especiales tienen el poder para hacerle levantar sus ojos hacia Dios y su corazón al Espíritu? En la oración para centrarse, usamos una sola palabra para enfocarnos en Dios y prepararnos para el don de la presencia de Dios. La forma contemporánea de oración para centrarse, como la presentó Tomas Keating, Basil Pennington, y otros, está basada en las enseñanzas de un clásico del siglo catorce llamado *La nube de lo desconocido*.

Dedique su tiempo diario de ejercicio a la práctica de la oración para centrarse. Escoja una palabra sagrada que represente su deseo por Dios o el anhelo de Dios por usted. Una sola palabra es mejor, tal como amor, Dios, Jesús, luz, paz, o amado. Siéntese cómodamente y cierre sus ojos. Tome aire varias veces lentamente para que le ayude a relajarse. En silencio, ofrezca su palabra sagrada a Dios como un signo de su deseo por y su consentimiento a la presencia y acción de Dios en usted. A medida que llega a estar conciente de otros pensamientos, recuerdos, sentimientos o imágenes, en vez de luchar contra ellos, suavemente regrese a su palabra sagrada. Permanezca en este estado de descanso y receptividad a Dios por aproximadamente diez minutos. Termine con el Padrenuestro o cualquier otra oración. Permanezca en quietud por unos minutos más. Escriba unas palabras en su diario sobre su experiencia.

EJERCICIOS 5: CONTEMPLACIÓN DE LA ESCRITURA

Lea Lucas 10:38-42. La historia de Marta y María ilustra la centralidad de escuchar a Dios como una prioridad en la vida cristiana. Durante este ejercicio final, deje que la historia de Marta y María le

guíen en descubrir dónde está usted en la jornada de profundizar en la oración.

Reflexione en el pasaje un versículo a la vez.

«Aconteció que, yendo [Jesús] de camino, entró en una aldea, y una mujer llamada Marta lo recibió en su casa».

¿De qué maneras Cristo entra en su conciencia y vida? ¿Cómo está dándole la bienvenida a Cristo en su vida diaria, y qué prácticas encuentra que son más útiles?

«[Marta] tenía una hermana que se llamaba María, la cual, sentándose a los pies de Jesús, oía su palabra».

¿Qué obstáculos tuvo María que sobreponer al decidir dejar la cocina y sentarse a los pies del Señor? ¿Cómo ha crecido y que desafíos todavía enfrenta en aprender a sentarse y escuchar a los pies del Señor?

«Marta, en cambio, se preocupaba con muchos quehaceres».

¿Qué continúa interrumpiendo su presentarse ante Dios en oración o en la vida diaria? Haga lo que Marta hizo: Dígale a Jesús su problema y lo que cree que necesita (v. 40). ¿Cuál es la respuesta?

«Pero sólo una cosa es necesaria».

¿Cuál es esa sola cosa que usted necesita a fin de progresar en su vida de oración y amor? ¿Qué diría Jesús?

Ahora escuche al Señor. Imagínese sentado/a con María a los pies del Señor, escuchando sus enseñanzas sobre el curso de este estudio. Fíjese en su rostro. ¿Qué ve en Jesús? ¿Qué es lo que Jesús está viendo en usted? ¿Qué le está diciendo? Después de varios minutos de atención amorosa a Jesús, escriba las notas en su diario sobre este tiempo de comunión.

Revise su diario de la semana como preparación de la reunión de grupo.

Parte 4

Responder al llamado: La obra de Cristo

Gerrit Scott Dawson

Parte 4, Semana 1
Disponibilidad radical

*E*ntonces, ¿qué se supone que haga ahora? Esta pregunta surge para muchos de nosotros después de aceptar la invitación de Cristo a seguirle en la jornada de la vida espiritual. Después que hemos leído las Escrituras, meditado en ellas y orado, el nuevo día se extiende ante nosotros. ¿Qué hacen los cristianos y cristianas?

En la Parte 4 de *Compañerismo en Cristo*, consideraremos el concepto de vocación—lo que Dios nos llama a ser y hacer en el mundo. Cada uno de nosotros tiene una combinación única de atributos y dones personales. Cuando somos capaces de poner en práctica el diseño que Dios ha puesto dentro de nosotros encontramos altos niveles de energía, realización y propósito. Idealmente, lo que tenemos que hacer como cristianos/as es vivir en amoroso servicio a Dios en el mundo, de acuerdo a la manera en la que fuimos creados/as. Compartimos el ministerio de Jesús, quien se dio completamente a sí mismo por nosotros.

A medida que este tema se desarrolla, exploraremos lo que significa que Dios nos ha dado a cada uno un don espiritual para usarlo en nuestro trabajo con Cristo. Por último, espero que cada uno de nosotros descubra un papel gozoso, estimulante en la iglesia a través del cual podamos ejercer nuestros dones en concierto con otros para alabar a Dios. Ahí es donde queremos llegar; pero para llegar ahí, tenemos que hacer primero un trabajo básico.

En nuestra sociedad, las preguntas con respecto a la vocación parecen ser normales. Vivimos en una cultura que valora grandemente la autorrealización. Creo que vivir en armonía con los propósitos de Dios para nosotros es el camino más seguro para obtener tal satisfacción. Pero descubrir nuestro llamado y ejercer nuestros dones no es algo de primera importancia en la vida cristiana. No puede ser, simplemente porque la mayoría de los cristianos/as no ha tenido la libertad o el poder de tomar muchas de las decisiones con respecto a las circunstancias de sus vidas. Los esclavos, las mujeres y los trabajadores pobres que componían gran parte de la iglesia primitiva tuvieron muy poco que decir en cuanto a escoger sus vocaciones. El llamado primordial de Dios para nosotros, entonces, debe ser audible en todas las etapas, condiciones y estaciones de la vida. Este llamado es profundamente simple, pero, como escribió T.S. Eliot en su libro *Cuatro Cuartetos*, responder tiene un costo «no menor que todo lo demás». Aún más, el exitoso descubrimiento de nuestros dones y nuestro llamado particular depende de nuestra aceptación de este primer llamado de Dios.

Muchas historias en la Biblia describen cómo las personas son llamadas a un servicio particular. En cada caso, hay un llamado básico alrededor del cual todos los demás detalles de la vida giran como en la armonía alrededor de una melodía. Las personas son llamadas a abandonar sus vidas completamente en las manos de Dios. No hay forma de escaparse de esto. Una prueba precede cualquier consideración de lo que va a hacer en el mundo: ¿Ha dejado todo para entregarse a Dios? Una y otra vez, la gente que encontramos en la Biblia es llamada a una disponibilidad radical. Dios las libera de cualquier otra atadura a fin de que confíen sólo en su Señor. Luego se le puede dar la visión de un servicio particular y el poder para hacerlo.

Oswald Chambers en su libro *En pos de lo Supremo* ha escrito de la «incertidumbre de la gracia» que «marca la vida espiritual»:

> Estar seguros acerca de Dios significa que estamos inseguros en todos nuestros caminos, no conocemos lo que un día puede traer por delante. Esto generalmente se dice con un poco de tristeza; al contrario, debería ser una expresión de expectativa sin par. No conocemos el siguiente

A cada momento practicamos un sometimiento que no tiene límites, un sometimiento que incluye todos los métodos y grados posibles de servicio a Dios... Nuestro único deber es someter nuestro ser a todo lo que Dios nos envía y estar prestos/as a hacer la voluntad de Dios en todo momento.

—Jean-Pierre de Caussade

paso, pero estamos seguros de Dios. Inmediatamente nos abandonamos a Dios, y realizamos la tarea que está ante nosotros. [Dios] siempre llena nuestras vidas de sorpresas.[1]

Estamos llamados a amar al Señor nuestro Dios con todo nuestro corazón, alma y mente. Nuestra seguridad descansa únicamente en Dios. La prioridad de Dios no permite división entre la vida espiritual y la vida de trabajo, el tiempo de familia y el tiempo de recreación. De esta verdad y compromiso básico surge toda consideración de la vocación.

Esta semana consideraremos varias historias de personajes bíblicos y cómo siguieron el primer llamado de comprometerse totalmente con Dios. Veremos que algunas veces esta primera vocación implica abandonar literalmente todo lo que tenemos. A veces significa estar en disposición de poner nuestras posiciones actuales en riesgo. Y a veces continuamos en la misma vida, pero por una razón completamente nueva. En cada caso, nuestro primer llamado requiere acoger la «incertidumbre de la gracia» que sigue diciendo sí a Dios.

Abram y Sarai

La historia de Abram y Sarai marca el comienzo de una nueva fase en la expresión del amor de Dios por una humanidad desobediente. Estos dos son el comienzo de un linaje de personas llamadas aparte del mundo a fin de ser una bendición al mundo. Al comienzo, el llamado vino sólo para Abram:

> *Jehová había dicho a Abram: «Vete de tu tierra, de tu parentela y de la casa de tu padre, a la tierra que te mostraré. Haré de ti una nación grande, te bendeciré, engrandeceré tu nombre y serás bendición... y serán benditas en ti todas las familias de la tierra». Se fue Abram, como Jehová le dijo* (Génesis 12:1-4).

El primer llamado fue para dejar el territorio familiar y amado—su país, su familia extendida y la casa de su padre. No se le pidió dejar todo, porque él viajó con su esposa Sarai, su sobrino Lot y todos sus siervos y posesiones. Y con el llamado, Dios le hizo grandes promesas: la familia de Abram crecería hasta ser una nación populosa, y la

tierra completa sería bendecida a través de él. Pero para alcanzar la meta, tenía que salir a un destino conocido sólo como «la tierra que te mostraré». A la edad de setenta y cinco años, Abram tuvo que arrancar su raíces familiares y viajar a ciegas a «Dios sabe donde». Todo lo familiar fue removido. Sólo estaba seguro de Dios.

Ester

Ester, una mujer judía, llegó a ser reina de Persia durante el reinado de Jerjes (486–465 a.C.). Durante esos días, un gran número del pueblo de Dios que había sido dispersado durante el Exilio un siglo antes todavía se encontraban viviendo en tierras extranjeras. Nadie en la corte persa conocía de la fe de Ester o de su herencia. Ella había sido descubierta durante la búsqueda real de una nueva reina, después que la anterior había enojado al rey por tener la audacia de desafiarlo. La belleza y la gracia de Ester impactaron a Jerjes.

Mientras tanto, uno de los oficiales del rey, lleno de furia contra el primo de Ester, Mardoqueo, convenció al rey de firmar una orden para exterminar a todos los hebreos en la tierra. Mardoqueo envió un mensaje a Ester, pidiéndole que intercediera ante el rey en favor de su pueblo. Pero Ester conocía las normas de la corte y el temperamento del rey. Envió un mensaje a Mardoqueo recordándole que el castigo por acercarse al rey sin haber sido invitado era la muerte. Mardoqueo respondió con un mensaje que seguramente no era menos que un llamado de Dios:

> *No pienses que escaparás en la casa del rey más que cualquier otro judío. Porque si callas absolutamente en este tiempo, respiro y liberación vendrá de alguna otra parte para los judíos; mas tú y la casa de tu padre perecerán. ¿Y quién sabe si para esta hora has llegado al reino?* (Ester 4:13-14).

Esta palabra profética identifica varios aspectos importantes del llamado de Dios. Primero, Mardoqueo le recuerda a Ester de su profunda identidad como una del propio pueblo de Dios. Luego audazmente le declara cuán peligroso era este momento de llamado para ella. Él no encubre la amenaza. En la hora crítica de oportunidad, si ella buscaba salvar su vida, seguramente la podría perder. Tercero, Mardoqueo declara el cumplimiento de los propósitos de Dios aun sin su cooperación. Dios sería fiel a los hebreos, pasando sobre Ester y usando cualquier otro medio para salvarlos. Finalmente, Mardoqueo pide a Ester considerar que su nueva, elevada posición en la vida se le había dado precisamente para este momento. Se le había dado una posición real no para preservarla a toda costa, sino para arriesgarla en respuesta al llamado de Dios.

Ester no sólo era hermosa en su apariencia. Era una mujer de extraordinaria fuerza y resolución. Ella escuchó el llamado de Dios en las palabras de Mardoqueo y envió este mensaje: «*Ve y reúne a todos los judíos que se hallan en Susa, ayunad por mí... También yo y mis doncellas ayunaremos, y entonces entraré a ver al rey, aunque no sea conforme a la ley; y si perezco, que perezca*» (Ester 4:16). Ella pidió oración y apoyo de toda la gente de Dios. Pero Ester también resolvió hacer lo que sólo ella podía hacer. Su valor estaba basado en un completo abandono al cuidado de Dios. «*Y si perezco, que perezca*». No se guardó nada, arriesgando no sólo la riqueza y la comodidad, sino también su vida. Y lo logró. El rey la recibió favorablemente, levantó el edicto, y finalmente elevó el estatus de todos los judíos en Persia.

Jesús contesta el llamado de Dios

El ministerio de Jesús se caracterizó por una disponibilidad radical a su Padre en el cielo y a quienes lo rodeaban. Empezó su vida pública al recibir el bautismo de arrepentimiento de Juan, aunque él no tenía pecado. Interesantemente, tal acto de disponibilidad le llevó inmediatamente a un signo de confirmación. Los evangelios nos dicen que cuando salió del agua, el Espíritu Santo descendió sobre él en forma de una paloma, y una voz del cielo dijo: «*Este es mi Hijo amado, en quien tengo complacencia*» (Mateo 3:17). Dios el Padre afirmó la naturaleza y el trabajo del Hijo cuando su ministerio público empezó.

De una manera sucinta pero profunda, esta historia revela la realidad de que Dios es triuno; tal conocimiento informará profundamente nuestras exploraciones a través de las siguientes semanas. La voz del cielo, la de Dios el Padre, anuncia al mundo que Jesús es el Hijo amado. Desde la eternidad, el Padre y el Hijo han existido en una relación de amor tan íntima que puede decirse que son uno. A través de su vida con nosotros, Jesús constantemente oró a su Padre, revelando que aunque él había llegado a ser humano, su unidad y comunión con Dios permanecían. El Espíritu Santo que descendió sobre Jesús, es también uno con Dios y se le ha conocido como el lazo de unión de la Trinidad. El que Jesús nos enseñara a empezar nuestras oraciones con «Padre nuestro...» no es nada menos que una invitación a toda la humanidad a unirnos en el maravilloso compañerismo y amor que define a Dios.

A lo largo de los tres años de su ministerio, Jesús estuvo constantemente accesible al llamado de Dios, pasando largos períodos de tiempo en oración. Marcos recuerda el tiempo cuando: «*Levantándose muy de mañana, siendo aún muy oscuro, salió y se fue a un lugar desierto, y allí oraba*» (1:35). Y Lucas nos dice: «*En aquellos días él fue al monte a orar, y pasó la noche orando a Dios*» (6:12). Tal devoción dio las bases para que Jesús dijera: «*He descendido del cielo, no para hacer mi voluntad, sino la voluntad del que me envió*» (Juan 6:38).

La íntima relación de Jesús con Dios emergió de la oración hacia sus obras de compasión. Su vida de sanidad puede ser resumida en sus palabras sencillas al centurión cuyo siervo estaba al borde de la muerte: «*Yo iré y lo sanaré*» (Mateo 8:7). Era su voluntad ser interrumpido por las necesidades de los otros y cumplir esas necesidades con su amor sanador y perdonador. Constantemente recibía a los marginados, por lo que Jesús declaró: «*no he venido a llamar a justos, sino a pecadores*» (Mateo 9:13).

Tal obediencia a Dios llevó a Jesús a entrar en conflictos. Sobre las leyes de Moisés dijo: «*no he venido a abolir, sino a cumplir*» (Mateo 5:17). Pero las sanidades que Jesús hacía en el sábado y el tumbar las mesas de los cambistas en el templo escandalizó a los líderes religiosos. Aunque buscaban quitarle la vida, Jesús continúo su ministerio de amor.

La disposición de Jesús de obedecer continuó aun cuando la traición y la muerte le esperaban más adelante. Varias veces leemos

> *Jesús fue a las «ciudades lejanas» porque fue enviado. El ser enviado tenía prioridad en su conciencia. Jamás reclamó nada para sí. Fue el siervo obediente que no dijo ni hizo nada, absolutamente nada, a menos que hubiera sido dicho y hecho en completa obediencia a Aquél que lo había enviado.*
>
> —Douglas P. McNeill, Douglas A. Morrison y Henri J. M. Nouwen

que él predijo su muerte. Mientras oraba en el jardín de Getsemaní, Jesús reconoció que el fin se acercaba. En su verdadera humanidad, él esperó evitar el sufrimiento; pero como Emanuel, Dios con nosotros en una radical disponibilidad, se dio a sí mismo a Dios: *«Padre mío, si es posible, pase de mí esta copa; pero no sea como yo quiero, sino como tú»* (Mateo 26:39). La esencia del abandono continuó conforme Jesús dio su vida en la cruz.

El llamado de Jesús a los discípulos

Jesús llamó a sus seguidores a una vida similar de obediencia como parte de su relación intima con él. Los evangelios registran a Jesús llamando a una persona después de la otra a su disponibilidad radical. *«Venid en pos de mí»*, le dijo a Simón Pedro y a Andrés, *«y haré que seáis pescadores de hombres»* (Marcos 1:17). Ellos inmediatamente dejaron sus redes para seguir a Jesús. Poco después, Jesús llamó a Santiago y Juan. ¡Ellos dejaron no sólo sus redes sino también a su padre sentado en el bote! *«Sígueme»*, le dice a Leví el cobrador de impuestos; Leví se levanta y deja sus monedas en el banco de los impuestos (Marcos 2:14). Como Abram, estos primeros discípulos fueron llamados a un destino desconocido. Todo lo que conocían era a la persona de Jesús, y él les daba su única certeza. Este lazo con Jesús se tornó en una disponibilidad radical, y trajo lazos más cercanos que esos lazos de familia: *«Estos son mi madre y mis hermanos, pues todo aquel que hace la voluntad de mi Padre que está en los cielos, ese es mi hermano, mi hermana y mi madre»* (Mateo 12:49-50).

Un hombre rico vino a Jesús preguntándole sobre la vida eterna. Marcos relata el llamado de Jesús, quien rindió poco respeto a la riqueza del hombre:

> *Entonces Jesús, mirándolo, lo amó y le dijo: Una cosa te falta: anda, vende todo lo que tienes y dalo a los pobres, y tendrás tesoro en el cielo; y ven, sígueme, tomando tu cruz. Pero él, afligido por esta palabra, se fue triste, porque tenía muchas posesiones* (Marcos 10:21-22).

Las demandas hechas al hombre joven fueron abrumadoras. Jesús hizo claro a sus discípulos, con palabras que hacen eco a lo que Mar-

doqueo dijo a Ester: «*Si alguno quiere venir en pos de mí, niéguese a sí mismo, tome su cruz y sígame. Todo el que quiera salvar su vida, la perderá; y todo el que pierda su vida por causa de mí y del evangelio, la salvará*» (Marcos 8:34-35).

Sólo después de este rotundo sí a su llamado pueden los seguidores de Jesús empezar a compartir su trabajo. No podemos quedarnos con nada. Todo está sujeto a sacrificio. Y la esencia de este llamado y respuesta es el Gran Mandamiento: «*Amarás al Señor tu Dios con todo tu corazón, con toda tu alma, con toda tu mente y con todas tus fuerzas*» (Marcos 12:30).

> *Aspiras vivir peligrosamente por causa de Cristo. Cada día te preguntarás el significado de su palabra: «Quien quiera salvar su vida la perderá». Y un día entenderás lo que esto significa. ¿Cómo podrás entender? Averigua. Busca y encontrarás.*
>
> —Hermano Roger de Taizé

Lidia

Aquellos de nosotros que encuentran tales demandas de Jesús intimidantes pueden encontrar solaz en la historia de Lidia. Una comerciante quien escuchó el llamado de Cristo y lo respondió obedientemente, Lidia no dejó su casa ni cambió de profesión:

> *Entonces una mujer llamada Lidia, vendedora de púrpura, de la ciudad de Tiatira, que adoraba a Dios, estaba oyendo. El Señor le abrió el corazón para que estuviera atenta a lo que Pablo decía, y cuando fue bautizada, junto con su familia, nos rogó diciendo: Si habéis juzgado que yo sea fiel al Señor, hospedaos en mi casa. Y nos obligó a quedarnos* (Hechos 16:14-15).

Lidia se abandonó a Dios en su bautismo, pero continuó en su próspera profesión. Sin embargo, ahora ella usa sus recursos para llegar a ser la anfitriona para la iglesia en Tiatira. Al final de Hechos 16, leemos que Pablo y Silas dejan la prisión y aceptan la invitación de Lidia a hospedarse en su casa. Ahí ellos encuentran una floreciente congregación de hermanos y hermanas en el Señor (Hechos 16:40). Todo cambió para Lidia, pero sus circunstancias externas permanecieron iguales. Ella siguió una vocación profunda mientras mantenía las mismas tareas profesionales.

Así vemos que seguir el llamado de Dios puede significar dejar la casa y todo lo que es familiar. Puede demandar nuestras riquezas y seguridad acumuladas o nos confronta a poner nuestras bendiciones, aun nuestras vidas, en riesgo. También puede significar vivir simplemente donde estamos, pero con un conjunto de prioridades completamente nuevo. En cada caso, nuestra vocación particular en el servicio de Dios surge de nuestra respuesta al llamado básico a una disponibilidad radical.

EJERCICIOS DIARIOS

Asegúrese de leer el capítulo «Disponibilidad radical» antes de empezar estos ejercicios. Tenga su diario junto a usted para apuntar sus pensamientos, preguntas, oraciones e imágenes.

Los ejercicios de esta semana le darán una oportunidad de empezar a reflexionar en su llamado o vocación en la vida.

EJERCICIO 1

El capítulo de esta semana consideró varias historias de personajes bíblicos (Abram y Sarai, Ester, Jesús, los discípulos de Jesús y Lidia) y cómo ellos siguieron el primer llamado de comprometerlo todo a Dios. ¿Cuál de estas historias se parece más a su historia, y en qué maneras? Medite en el pasaje de la Escritura relacionado con el personaje que usted escogió. Identifique conexiones con su experiencia y la oportunidad dada por Dios. Ore al Señor para que le abra su corazón y le dé el valor para el siguiente paso en su jornada.

EJERCICIO 2

Lea Lucas 10:25-37. Esta historia revela la calidad de vida y amor que Dios nos quiere dar. ¿Qué tipo de vida quiere heredar? Pase un tiempo en oración con la frase: «Ve y haz tú lo mismo». ¿Qué es lo que específicamente el Señor le está llamando a hacer?

EJERCICIO 3

Lea Isaías 6:1-13. Isaías experimentó la presencia y el llamado de Dios en medio de la alabanza en el Templo. Haga como Isaías hizo aquí: subraye en su diario la historia de su primer sentido de llamado de Dios y su respuesta («*Heme aquí, envíame a mí*»). Basándose en su experiencia, describa qué significa para usted el llamado de Dios.

EJERCICIO 4

Lea Marcos 10:17-22. Medite en las palabras de Jesús al hombre rico como si fueran palabras dirigidas a usted. ¿Qué área de su vida ha cerrado al llamado de Dios y a pesar de ser tan buena según todos los estándares externos, puede prevenirle de recibir la vida que Dios quiere darle? En oración, arriésguese poniendo toda su vida, incluyendo todos sus logros, en las manos de Dios. Descanse en la seguridad de que Jesús le ama y conoce cómo es usted. Apunte sus ideas.

EJERCICIO 5

Lea el Salmo 103. Medite en la naturaleza de Dios como está expresada en este salmo, y bendiga el santo nombre de Dios con sus propias afirmaciones. Identifique los versículos que tocaron su espíritu y resonaron más profundamente con la obra y llamado de Dios en usted. ¿Cómo estos versículos sobre Dios le hablan de su vocación en Dios? Ore a través de los versículos del salmo que especialmente le llamaron la atención, bendiga el santo nombre de Dios con todo lo que hay en usted. Reciba y descanse en las bendiciones de la presencia de Dios.

Revise su diario de la semana en preparación para la reunión de grupo.

Parte 4, Semana 2
Confianza viva

La semana pasada quizá le predispuse para el fracaso o al menos le creé algo de ansiedad sobre lo que Dios le llama a hacer. Vimos historias de gente que arriesgó todo por Dios. Quizá usted sintió, como lo sentí yo, que la fidelidad de Abram, Ester, Jesús y los discípulos es muy diferente a la nuestra. Me di cuenta que a menudo me niego a estar disponible para Dios. Debo decir que me ofrezco, pero luego procedo de todas formas a hacer lo que yo quiero. Rara vez vivo en obediencia al llamado de Dios por un período largo de tiempo. ¡La disponibilidad radical parece ser como una imposibilidad radical! Tratar de trabajar junto con Cristo se vuelve una pesada piedra más en mi pila de culpa. ¿Pero que sí Dios ha anticipado este mismo sentido de fracaso, que sirve de hecho como un esperado comienzo para una participación gozosa en la vida y obra de Jesús?

La semana pasada vimos que cuando Jesús llamó al joven rico a una disponibilidad radical, el hombre «*afligido por esta palabra, se fue triste, porque tenía muchas posesiones*» (Marcos 10:22). Jesús comentó: «*Hijos, ¡cuán difícil les es entrar en el reino de Dios!*» Sus palabras sorprendieron a los discípulos. ¿Si el rico y exitoso no estuvo entre los favoritos de Dios, entonces quién? Ellos preguntaron: «*¿Quién, pues, podrá ser salvo?*»

Jesús contestó: «*Para los hombres es imposible, pero no para Dios, porque todas las cosas son posibles para Dios*». Jesús entendió que nosotros no podemos por nuestro propio poder generar o sostener nuestra disponibilidad radical a Dios. No es humanamente alcanzable estar continuamente trabajando con Cristo para entrar al reino de Dios. Dios nos llama entonces a más de lo que podemos hacer por nuestra cuenta.

Estamos de pie ante el vértice de una verdad paradójica en la vida espiritual. Precisamente en el punto donde nos abandonamos a Dios, nos damos cuenta que no hemos hecho nada por nuestra propia fuerza. Cuando nos sentimos que hemos logrado la tarea hercúlea de dejar todo—todo control, toda demanda, toda ambición—descubrimos que Dios tiene todo el crédito. Dios capacita nuestra voluntad, anima nuestra creencia, sustenta nuestro servicio. Nuestra habilidad, aunque es crucial, es nada más que el paso más pequeño; aun ese paso no se da sin la persuasión y ayuda divina.

La semana pasada notamos la perfecta disponibilidad de Jesús a Dios. Fuera de su vida de comunión en oración con Dios, Jesús enseñó con sabiduría y sanó con poder. Él también llamó a otros para que le siguieran en abandono a Dios. Estamos llamados a ser como él. Aunque sabemos que no podemos ser como él. «Para los hombres es imposible». Jesús, si bien era mortal, también era y es mucho más. Él es Emanuel, Dios con nosotros. Jesús es Dios encarnado, vino en la carne. De modo que, si bien es completamente humano, es también totalmente divino, él «*es la imagen misma de su sustancia*» (Hebreos 1:3). Y «*todas las cosas son posibles para Dios*». Sólo Jesús, quien lleva los títulos de Hijo del Hombre e Hijo de Dios, puede autorizarnos para compartir en la vida de disponibilidad radical que él vivió como ser humano.

Compartir en la obra de Cristo significa no tanto nuestro trabajo por Cristo, sino nuestra invitación a él a trabajar en y a través nuestro. Nosotros desistimos de ser por nosotros mismos lo que él es, y acordamos que viva en nosotros todo lo que él es como ser humano y como Dios. Crecemos hacia esa realidad espiritual nombrada por Pablo en su carta a los Gálatas: «*y ya no vivo yo, mas vive Cristo en mí*» (2:20).

De esa forma, no podemos enmarcar todo el contenido de lo que

Estoy dependiendo absolutamente demasiado en mis propias fuerzas. Actúo como si mi conocimiento fuera completo y mi propio poder suficiente. Se me olvida recordar que Dios es mi fortaleza y la fuente del poder sin el cual nada es posible... Hay fortaleza suficiente en Dios para mis necesidades, cualquiera que éstas sean.

—Howard Thurman

hemos de hacer en el mundo, ni cual será nuestra misión, en términos de nosotros mismos. Más bien, consideraremos la tarea de nuestra vida en términos de Jesucristo. El asunto no es mi jornada espiritual ni mi búsqueda de Dios. Eso es retroceder. Lo que importa es la búsqueda de Dios por mí y, sin duda, la búsqueda de Dios por todo el mundo. El Hijo de Dios vino del cielo buscándonos. Eso es lo que importa. Quién es Jesús llega entonces a ser la consideración más importante en determinar lo que usted y yo tenemos que hacer.

Seremos sabios si no nos adelantamos a este entendimiento. Aun las palabras poderosas en el nombre de Cristo serán nada si no están enraizadas en este orden esencial: no yo, sino Cristo; no yo por Dios, sino Dios por y a través mío. Cuando hacemos esta conexión, aun ahí la más pequeña acción por la más limitada de las personas llega a ser una gran contribución al reino.

La vid y los pámpanos

Jesús nos dio un poderoso símbolo en Juan 15 para esta relación de participación en la obra de Dios. La imagen es la de una vid. La gruesa y larga vid crece a lo largo de la tierra o se adhiere con tentáculos a otro árbol o a una estructura. De la vid salen pequeñas ramas, enredándose a medida que suben. De esas ramas nacen los racimos de uvas. Una vid cultivada puede crecer muy larga y alta, con muchos racimos de fruta colgando.

La vid ha sido por mucho tiempo el símbolo de Israel, el pueblo de Dios. El comentador Ray Summers dice que en el templo de Jerusalén una gran vid fue esculpida en la piedra de la entrada.[1] Su tronco se levantaba más alto que una persona, y sus ramas se extendía muy lejos, adornada con hojas de oro y racimos de uvas encubiertas de oro. Aun más, durante el breve tiempo de la revolución de Israel contra Roma, las monedas fueron acuñadas con la vid como símbolo de la nación. La vid sirvió como una imagen de esperanza de que la gente podía ser algo fructífero para su Dios.

Pero en realidad, la vid llegó a ser un recuerdo del fracaso. Los profetas hebreos a menudo emplearon esta figura del lenguaje en términos de juicio (Vea Isaías 5:1-10): Israel, la vid que no ha producido el fruto que Dios esperaba. En vez del fruto escogido, uvas silvestres han brotado, inservibles para el vino o la comida. La gente de Dios, por sus propios esfuerzos, no podía cumplir su tarea en el mundo.

Jesús, sin embargo, empleó el símbolo de una manera nueva. Summers sugiere que la conversación de Juan 15, la noche antes de la crucifixión, pudo haber tenido lugar cerca del Templo, bajo la luz de la luna pascual, con los rayos de luz brillando sobre la vid esculpida a la entrada del templo. Aquí Jesús dijo: «*Yo soy la vid, vosotros los pámpanos*» (Juan 15:5). Esta interpretación es crucial. Jesús toma el lugar de Israel. Toma el lugar del pueblo de Dios como del que se espera que produzca el fruto de obediencia, alabanza y fidelidad. En efecto, Jesús dijo: «*Permaneced en mí, y yo en vosotros. Como el pámpano no puede llevar fruto por sí mismo, si no permanece en la vid, así tampoco vosotros, si no permanecéis en mí*».

La imagen de Jesús era sorprendentemente obvia. Las ramas no tratan de vivir aparte de la vid. Están ahí, sin hacer esfuerzo, dejando que la vid produzca su vida a través de ellas, dando como resultado una cosecha de uvas. Ninguna rama se separa del árbol. Ninguna rama trata de hacer nada. Las ramas simplemente permanecen, sostenidas por la vid, llevando fruto. Nosotros tenemos que hacer lo mismo.

No permanecer en la vid tienes consecuencias predecibles: «*Permaneced en mí, y yo en vosotros. Como el pámpano no puede llevar fruto por sí mismo, si no permanece en la vid, así tampoco vosotros, si no permanecéis en mí... el que permanece en mí y yo en él, este lleva mucho fruto, porque separados de mí nada podéis hacer*» (Juan 15:4-5). Cortada de la vid, las ramas serán tiradas. Apartados de Cristo, no podemos hacer nada.

Confianza viva

A medida que buscamos encontrar lo que tenemos que hacer con nuestras vidas en el mundo para cumplir con el llamado de Dios, descubrimos que se nos ha llamado a no hacer nada por nosotros mismos. Se nos requiere una confianza viva en Jesucristo, la vid. Él solo ha hecho lo que nosotros no podemos: Él ofreció la respuesta perfecta de la humanidad a Dios.

Este descubrimiento, por un lado, nos trae tremendo alivio, porque no se espera que nosotros hagamos lo que no podemos hacer. No se nos manda de vuelta y se nos deja solos en nuestras propias faltas. Cristo Jesús ha vivido la vida de obediencia en nombre nuestro. Él cumplirá en nosotros la vida que se suponía que teníamos que vivir.

Por otro lado, este descubrimiento trae una corriente de aire terrible, un tipo de muerte, porque significa el final del orgullo y la independencia de Dios.

En una época de autopreocupación, Cristo nos llama a vivir confiadamente y en absoluta dependencia. Por supuesto, el secreto está en permanecer conectados a Jesús; al perder nuestra propia voluntad en él, ganamos nuestras vidas. Llegamos a ser lo que se suponía que debíamos ser, y encontramos realización sin medida. Nuestra habilidad de verdaderamente escoger y desear lo que es bueno para nosotros y para el mundo es restaurada. Por esto descubrimos que no fuimos hechos para una fuerte independencia aislada, sino para tener comunión con Dios y unos con otros.

De modo que el foco de la vida cambia del yo hacia Jesucristo. Nos fijamos en su fidelidad. Aquí en la semejanza de nuestra propia carne pecaminosa, él cura nuestra humildad desde adentro. Porque a pesar de haber sido tentado, él fue obediente. Jesús vivió en constante comunicación con el que el llamaba «Abba». Él acogió a los quebrantados y desafió a los que se creían importantes. Él permaneció fiel aun hasta la muerte de cruz. Entonces, nos concentramos, no en nosotros y nuestra incapacidad, sino en la vida de obediencia de Jesús, que él nos ofrece.

Confianza viva significa contar con lo que Juan Calvino llamó «el maravilloso cambio». Jesús tocó a pecadores como nosotros y, lejos de corromperse, los limpió. Él tocó al enfermo y, lejos de contagiarse con sus enfermedades, los sanó. Él dio la bienvenida a los extranjeros y los trajo dentro de su redil de cuidado sin excusar ningún pecado o dejar cruelmente a la gente como estaba. Al contrario, él los restauró a la humanidad que habían perdido. Él acogió el mundo aun hasta la

muerte; y al morir, lejos de ser destruido, se levantó con vida eterna para el mundo.

El que oró por nosotros en el jardín en su agonía, ora por nosotros aún ahora a la mano derecha de Dios. Él ofrece, como ser humano, su adoración a nombre nuestro. Él ofrece su obediencia en nuestro lugar. Él ha llegado a ser la Vid para que podamos ser ramas. Su vida en nosotros produce frutos. Nosotros no hacemos nada sino sólo permanecer. Él actúa a través nuestro.

Leslie Newbigin ha escrito elocuentemente acerca de este pasaje en su comentario de Juan, *La Luz ha llegado:* «Este fruto no es hechura de los discípulos; es el fruto de la vid. Es la vida de Jesús mismo reproducida en las vidas de los discípulos en medio de la vida del mundo… el fruto es… amor y obediencia».[2]

El propio amor de Jesús y obediencia llegan ha ser nuestros a medida que estamos conectados a la vid. El fruto de nuestras vidas es su humanidad expresada a través de la nuestra. Simplemente acordamos permanecer conectados. Newbigin continúa,

> Pero es necesario «permanecer» en Jesús, y esto significa una continua acción renovadora de la voluntad. Es la continua decisión renovada de que lo que fue hecho de una vez por todas por la acción de Jesús debe ser la base, el punto de partida, el contexto de todo mi pensamiento y mi decisión y mi actuar… pero «la lealtad que se demanda no es principalmente un continuo ser para, sino un ser de; no el sostener una posición, sino un permitirse a uno mismo ser sostenido» (Bultmann).[3]

Consentimos estar al cuidado de Jesús, para estar donde él nos ha puesto: restaurados, perdonados, incluidos en su perfecta humanidad y obediencia. Acordamos ser de él y ser sostenidos por él. Le invitamos a reproducir su vida en nosotros.

¿Qué se supone que debemos hacer en el mundo por Dios? Empezamos por permanecer en la vid. Momento a momento a medida que la vida sucede alrededor nuestro, decimos: «Jesús, produce tu vida en mí. Iré a donde me envíes. Pongo mi vida a tu servicio para aquellos que me rodean—no porque yo soy capaz de estar disponible para ti, si no porque tú me has injertado en la vid. Produce fruto a través mío». La confianza viva en la vid hace posible la disponibilidad radical.

Por una parte [Dios] demanda nuestro amor y servicio y por la otra, [Dios] es la fuente misma y el origen de nuestra habilidad para amar y servir. Sólo podemos responder plenamente a la demanda al aceptar plenamente el don; y hacer esto es el secreto de los santos/as.

—Evelyn Underhill

Enfoquémonos en Jesús y en vivir confiadamente en él. El profesor Thomas F. Torrance ha escrito:

> Es Cristo el objeto de la fe que nos posee y salva aun cuando nuestra fe es tan débil. El Cristo en quien creemos excede ampliamente la pequeña medida de nuestra fe, y así el creyente encuentra… seguridad no en [una] pobre creencia de Cristo sino en el regalo de gracia… Por lo tanto, no es en la fuerza de nuestra fe en la que descansamos, sino en la fidelidad de Cristo.[4]

Esta confianza corre contraria a nuestro pensamiento común. Nos castigamos a nosotros mismo: debo hacer más para Dios. Parece imposible que sin hacer nada para Dios por nuestra propia voluntad, se logre mucho más. Se siente como si hubiéramos estado sentados cantando mientras el mundo se muere. Pero a medida que empezamos a permanecer en la vid, invitando a Jesús a producir su vida en nosotros y quitándonos del camino, nuestras vidas llegarán a ser más fructíferas de lo que imaginamos.

Jesús pidió una disponibilidad radical, y nosotros no podemos ofrecerla. Él nos pregunta si le amamos más que cualquier otra cosa; y apartamos nuestros ojos, porque estamos llenos de nosotros mismos. Nos pide que dejemos lo que tenemos, y nos alejamos avergonzados, porque tenemos muchas posesiones. No podemos hacerlo.

Pero Jesús ya lo hizo. Él dejó todo, como un mortal, por Dios. Él amó a Dios con todo su corazón, alma, mente y cuerpo. Él estableció la nueva vid. Él dice, lo hice por ustedes. Lo estoy haciendo por ustedes. ¿Ustedes lo aceptarán? ¿Me dejarán hacer en ustedes lo que ustedes no pueden? ¿Dejarán que mi fidelidad sea la medida de su vida? ¿Dejarán que los sostenga? ¿Me dejarán ser vida en ustedes?

Dejamos escapar el vapor tratando de controlar la vida en lugar de dejar que la energía de Dios pase a través nuestro para enriquecer nuestras vidas y nuestro mundo. Estamos tan saturados de nuestra propia necesidad de cumplir y actuar, que no dejamos lugar para recibir el poder que Dios espera otorgarnos. Si abordásemos la vida con manos abiertas, en pobreza de espíritu, podríamos recibir los recursos que necesitamos para vivir efectivamente… Jesús no hizo que las cosas sucedieran. Él permitió que las cosas pasaran a través de él, a través de su apertura y receptividad.

—Tomás R. Hawkins

EJERCICIO DIARIOS

Lea el capítulo para la Semana 2, «Confianza viva». Mantenga un diario junto a usted para que apunte sus pensamientos, preguntas, oraciones e imágenes.

Esta semana, use su tiempo de ejercicio diario para explorar el significado y promesa de responder al llamado de Dios como una «confianza viva» en Cristo. Por ejemplo, a medida que busca responder al llamado de Dios, ¿cómo está encontrándose con los límites de su autoconfianza y escuchando la invitación a una mayor confianza en Cristo? Recuerde el cambio y promesa contenidos en las palabras del capítulo:

> *Compartir en la obra de Cristo, entonces, significa no tanto nuestra propia obra por Cristo sino nuestra invitación para que él trabaje en y a través nuestro... Crecemos hacia esa realidad espiritual nombrada por Pablo en su carta a los Gálatas: «y ya no vivo yo, mas vive Cristo en mí»* (Gálatas 2:20).

EJERCICIO 1

Lea Juan 15:1-5. Dibuje la figura de una vid y sus ramas que ilustren lo que «confianza viva» en Cristo significa para usted. ¿Cómo interpretaría su cuadro como un cuadro de la vida que busca o la vida que Cristo busca vivir en usted? (Dibuje en una hoja de papel, no en su diario). Traiga su dibujo a la reunión de grupo donde usted escogerá si lo exhibe o no en la mesa de centro en el culto de apertura. No necesita ser bonito o artístico, simplemente expresivo de la vid y las ramas).

Traiga a la mente las actividades principales que llenan su vida actualmente. ¿De qué formas siente usted que estas actividades de su vida están conectadas o desconectadas del Señor? Pase el resto del tiempo permaneciendo en Cristo y abriéndose al flujo del amor divino en y a través suyo.

EJERCICIO 2

Lea Hechos 9:10-19. La visión de Ananías del Señor y las instrucciones concernientes a Saulo nos recuerdan que el Señor algunas veces empuja gentilmente a hacer cosas que no entendemos ni apreciamos. A menudo estamos tentados a no tomar en cuenta o ignorar dichos llamados. ¿Qué empujón interior, sueños o pensamientos persistentes parecen estarle animando a acercarse a cierta persona o a actuar en ciertos asuntos? ¿Qué relación siente usted entre poner atención a estos llamados internos y permanecer conectado con Cristo? Apunte sus pensamientos en su diario.

EJERCICIO 3

Lea Romanos 7:14-25. Reflexione en los problemas internos de Pablo y su profunda frustración por su incapacidad de vivir de acuerdo a las expectativas de la ley de Dios. Encuentre lugares en su vida donde usted se identifica con los problemas de Pablo y descríbalos en sus propias palabras. ¿Hasta qué punto este tipo de problemas le llevaron a una mayor confianza en Cristo? ¿Qué significa en estos momentos de profunda debilidad descansar en Cristo en lugar de en usted mismo para resolver el dilema? En oración, entregue sus debilidades a Cristo. Apunte su experiencia y lo que aprendió.

EJERCICIO 4

Lea 2ª a los Corintios 12:1-10. El «*aguijón en la carne*» de Pablo representa una debilidad con la cual él tenía que luchar poderosamente, pero lo qué era precisamente permanece todavía como un misterio. El significado viene en la interpretación de Pablo. Él ve este aguijón como una manera de Dios de desinflar su inclinación a autoalabarse para poder obrar a través de él.

Medite en la confianza viva de Pablo, especialmente en la frase: «*Bástate mi gracia, porque mi poder se perfecciona en la debilidad*». ¿Está algún aspecto de quien es usted—un «*aguijón en la carne*» que no se irá—urgiéndole para que descanse más en Dios a fin de cumplir su llamado? ¿Con qué limitaciones está usted luchando? ¿Qué debilidad le avergüenza? Quizá Dios le está llamando a que vea su aguijón de una nueva manera. En oración, empiece a hacer disponible a Dios esta área de debilidad y vea que sucede.

EJERCICIO 5

Lea 2ª a los Corintios 1:3-7. Estos versículos nos recuerdan otra manera en la que podemos confiar en que Dios nos da los recursos para responder a nuestro llamado. Dios nos consuela en nuestra aflicción, Pablo escribe, para que podamos ser capaces de consolar a otros. Piense en una herida que tuvo en el pasado y que le ayudó a sentir compasión por otras personas que enfrentaban desafíos similares. ¿Cuáles fueron las circunstancias, y cómo experimentó el consuelo de Dios o el llamado en medio de su aflicción (v. 3)? ¿Cómo le está llamando Dios a usar su sufrimiento para el bien de otros? En oración, ofrezca sus heridas al Dios que sana y redime.

Recuerde revisar su diario de la semana como preparación para la reunión de grupo.

Parte 4, Semana 3
Producir el fruto de la vid

¿Siente como que hemos estado brincando de atrás para adelante entre dos extremos? La pregunta ha sido: «¿Qué se supone que debo estar haciendo para Dios?» Las respuestas parecen contradictorias: todo y nada. Dios reclama todo, absolutamente cada esquina y fisura de nuestro ser. Pero al mismo tiempo, nos damos cuenta de que no podemos hacer nada por nosotros mismos. Apartados de Cristo «nuestra lucha estaría perdida», como dice Martín Lutero.

Entonces ¿qué se supone que estemos haciendo? Las respuestas a esta pregunta que estén sólo un poquito fuera del objetivo nos pueden lanzar rodando terriblemente hacia abajo por caminos destructivos. Si nos esforzamos demasiado por estar constantemente disponibles, podríamos terminar llegando a ser cristianos perfeccionistas. Podríamos odiarnos a nosotros mismos por nuestros errores. Podríamos empezar a tratar de hacer más (y tratar de que todos los demás hagan algo más), siempre buscando la medida de lo que Dios requiere y nunca lográndolo. Podríamos llegar a ser cristianos con mal genio, legalistas, siempre echando culpas. Por otro lado, podemos llegar a estar tan enamorados de la gracia, contando con que Dios lo haga todo, que nos volvamos vagos. Podríamos esperar tan pasivamente para que Dios trabaje a través nuestro que podemos terminar sin vida de oración, sin vida de servicio, sin disciplina y sin esperanza. En tal estado, difícilmente se nos podría distinguir del resto de la cultura.

¿Cómo descubrimos cuál parte de la visión de Dios es nuestra? El entendimiento llega cuando reflexionamos en lo que evoca nuestra crítica más apasionada, nuestro dolor más profundo, o lo que nos energiza hacia nuevas posibilidades... cuando ponemos atención... comenzamos a tener destellos de los aspectos de la visión de Dios que pueden ser los que hemos de adoptar como nuestros.

—Jacqueline McMakin
con Rhoda Nary

El balance está en la imagen de la rama que permanece en la vid y que empezamos a considerar la semana pasada. Vemos a la vid o un árbol y raramente pensamos dos veces en cómo las ramas permanecen conectadas al tronco grande. Una rama es sostenida por el árbol aun cuando la rama cuelga del árbol. La corteza junta a los dos, así que en realidad no podemos decir dónde empieza la una y termina la otra. La rama es un conducto para la vid y recibe agua y nutrientes del tronco. De esta manera el árbol o vid crece a través de sus ramas. Y esas ramas producen fruto de acuerdo a su diseño.

Ninguna rama puede vivir sin conexión a su fuente. No trata de salir y ser un árbol independiente. Tampoco se resiste al diseño de la vid, tratando de bloquear su crecimiento natural. La rama en una vid permite que las uvas crezcan sin esfuerzo.

Cuando traducimos esta imagen a la relación entre Cristo y nosotros, enseguida vemos que estamos llamados a habitar en él. No tratamos de vivir aparte de Jesús. Consentimos estar en la posición que él nos ha dado. Él ha declarado que seamos ramas en él, la Vid. Nuestra posición es un resultado de la obra que él ha hecho.

El fruto que producimos será la vida de Jesús expresándose a través nuestro. Esta consideración de lo que debemos hacer en el mundo continuamente vuelve a quién es Jesús, lo que él ha hecho y está haciendo en el mundo.

El fruto del amor

Leslie Newbigin observa que durante la vida de Jesús en la tierra, él no empezó cada día con una agenda fija o un inflexible curso planeado. Al contrario, vivió para ser interrumpido. Los sucesos cambiantes e inesperados de la vida diaria producían las oportunidades para amar. Jesús expresó su amor por Dios a través de la disponibilidad para amar a cualquiera que viniera ante él en cualquier forma que fuera necesaria. Él obedeció las demandas de tal amor por el mundo aun al punto de morir una muerte de criminal sobre la cruz, a pesar de ser un hombre inocente:

Jesús no tenía un programa personal. No planeó una carrera para él…él simplemente respondió en obediencia amante a la voluntad de su Padre como le fue presentada a él en todos los accidentes, crisis e interrupciones de la vida diaria, entre todas las ambiciones personales y públicas y miedos y celos de la pequeña provincia del imperio romano.[1]

La vida de Jesús nos provee un modelo. Viviendo en su gran amor, sostenidos en su gracia como la vid sostiene las ramas, damos la bienvenida a la reproducción de tal amor a través nuestro. Jesús dijo a sus discípulos: «*Como el Padre me ha amado, así también yo os he amado; permaneced en mi amor. Si guardáis mis mandamientos, permaneceréis en mi amor; así como yo he guardado los mandamientos de mi Padre y permanezco en su amor…Que os améis unos a otros, como yo os he amado*» (Juan 15:9-10, 12). Ser compañeros y compañeras en Cristo significa amar de la manera que Jesús lo hizo. Newbigin continúa:

> Así que el discípulo…no estará preocupado de crear un carácter o carrera para él. Dejará eso a la sabia prudencia del Jardinero, el único que sabe qué podar, qué regar y alimentar, qué sol o lluvia, calor o frío es necesario para producir el fruto que él desea. El discípulo «aprenderá obediencia» siguiendo a Jesús en el mismo tipo de obediencia de momento a momento a la voluntad del Padre tal como se presenta en los sucesos causales de la vida diaria en el lugar y tiempo donde Dios le ha puesto.[2]

La medida de nuestras vidas no estará en la carrera y nombre o lugar que nos hemos hecho. Estas cosas vendrán. Pero la medida profunda es el amor y obediencia que mostramos en medio de la vida que algunas veces nos levantan al cielo y otras veces nos estrellan en las profundidades. Honramos a Dios en nuestras tareas y trabajo diario. Pero mucho más importante que lo que hacemos es cómo lo hacemos. ¿Es el legado de mi obra un legado de amor? ¿Puedo ver una interrupción como un llamado de Dios? ¿Entiendo que mi vida no es realmente mi trabajo o estatus o éxito, sino mi vida en Cristo Jesús expresándose en amor por aquellos que me rodean?

El apóstol Pablo resumió todo lo que hemos estado considerando «*porque en Cristo Jesús lo que vale es la fe que actúa mediante el amor*» (Gálatas 5:6, NVI). Lo que importa en la vida es la fe por la cual decimos sí a Cristo Jesús y la manera en la que expresamos dicha fe

Los lazos que nos conectan son los lazos de amor, el amor de Dios por nosotros/as, que nos atrae, pero también nuestro amor por Dios y por el prójimo, el cual no puede jamás separarse uno del otro... No podemos amar a Dios y odiar, ni siquiera ser indiferentes a nuestro prójimo.

—Roberta C. Bondi

hacia otros en amor. Esa es la esencia de nuestro llamado cristiano, ya sea que estemos funcionando a toda nuestra capacidad en un trabajo extremadamente demandante, o acostados en la cama de un hospital, paralizados del cuello para abajo. Sea que estemos superextendidos en una sobreabundancia de relaciones o estemos solos, el llamado de Dios es el mismo: la fe que se expresa a través del amor. La fe toma la posición de recibir gracia en Cristo Jesús. El amor lleva esa gracia hacia otros.

La función del Espíritu Santo

Lo que se nos pide es muy simple. Pero el balance de la disponibilidad radical, confianza viva y amor fructífero es difícil de mantener. Estorbamos el camino de lo que Dios en Cristo quiere hacer a través nuestro. La realidad del pecado conquista nuestro impulso hacia el amor con viejos rencores, apetitos nuevos o ansiedades sobre el futuro. Permanecer en Cristo se supone que sea tan fácil como ser las ramas de un árbol, pero nuestras vidas revelan que no es tan fácil.

En este punto debemos llamar a la persona de Dios el Espíritu Santo. Un poco antes de su crucifixión, Jesús prometió a sus discípulos que aunque él los estaba dejando, enviaría al Espíritu Santo para habitar dentro y entre ellos. El Espíritu traerá a la mente las palabras de Jesús y enseñará a los discípulos el verdadero significado de su vida, muerte y resurrección. Jesús dijo que es la obra del Espíritu tomar lo que es de Jesús—su fidelidad, su amor, su obediencia, su perdón—y dárnoslo (Juan 16:14-15). Así que la presencia del Espíritu Santo en nuestro ser es la clave para nuestro continuo permanecer en Cristo Jesús, que nos lleva a una vida fructífera.

Pablo nos dice que «*el amor de Dios ha sido derramado en nuestros corazones por el Espíritu Santo que nos fue dado*» (Romanos 5:5). Por ese Espíritu, somos adoptados en Cristo como hijos e hijas de Dios. Por lo tanto, cuando clamamos a Dios en oración: «*el Espíritu mismo da testimonio a nuestro espíritu, de que somos hijos de Dios*» (Romanos 8:16). El Espíritu Santo es Dios accediendo a vivir en nosotros, siempre urgiéndonos desde nuestro interior hacia una relación más profunda con Cristo. Aquí está la fuente de nuestra creencia y nuestra conducta. Pablo declara: «*Nosotros, por el Espíritu, aguardamos por fe la esperanza de la justicia*» (Gálatas 5:5), que Jesús ha logrado por nosotros.

El Espíritu es la fuente de poder para vencer el problema contra la vieja naturaleza y mantenernos creciendo aún en medio de las circunstancias difíciles. Pensando en sus lectores, Pablo ora para que el Espíritu «*los fortalezca a ustedes en lo íntimo de su ser*» (Efesios 3:16, NVI). Esta poderosa fortaleza nos permite negar el pecado y vivir para Dios. Por medio del Espíritu podemos hacer «*morir las obras de la carne*» (Romanos 8:13) del ser pecaminoso y vivir vigorosamente para Dios.

Andrew Murray ha escrito elocuentemente sobre el papel del Espíritu Santo al conectarnos a Cristo: «Toda la totalidad está en Jesús; la totalidad de la gracia y la verdad, a través de la cual recibimos gracia sobre gracia. El Espíritu Santo es el transportador asignado, cuyo trabajo especial es el de hacer que Jesús y todo lo que hay en él para nosotros sea nuestro en apropiación personal, en una experiencia bendita. Él es el Espíritu de vida en Cristo Jesús».[3]

El Espíritu es el transportador de Jesucristo y toda su gracia hacia nosotros y a través nuestro. El permanecer en Cristo entonces es la obra del Espíritu Santo dentro de nosotros. Por el poder creativo y dador de vida de Dios, el fruto del Espíritu crece a pesar nuestro.

Nuestra parte, aunque pequeña, es crucial. Debemos pedirle al Espíritu que obre en nosotros y consentir conciente y deliberadamente ser las ramas en la vid que es Jesucristo. Cada momento requiere total apertura de parte nuestra. Renovamos nuestro consentimiento de dejar al Espíritu fluir a través nuestro día a día y hora a hora. Murray continúa: «Tal como las ramas, ya llenas del fluido vital de la vid, están siempre clamando por el continuo y mayor flujo de ese líquido, que traerá su fruto a la perfección, así el creyente, regocijándose en la posesión del Espíritu, siempre sediento clama por más».[4]

Por lo tanto debemos orar continuamente: «Dios, no puedo. Pero tú puedes. Por tu gracia estoy conectado a Jesucristo. ¡Estoy de acuerdo con lo que has hecho! Y sé que aun mi estar de acuerdo es un regalo.

> *Así como la unión de la rama con la vid es de crecimiento, crecimiento incesante y en aumento, así nuestro permanecer en Cristo es un proceso de vida en el cual la vida divina toma posesión cada vez más llena y completamente de nuestra vida.*
>
> —Andrew Murray

Sin embargo, tú deseas este acto de mi voluntad. Así que por el poder del Espíritu Santo, a quien tú has inducido para que viva en mí, haga crecer el fruto del amor en mi vida diaria».

Las Escrituras emplean muchas imágenes para esta acción de confianza viva que dirige el fruto de la vid. El ejemplo arquetípico es la respuesta de María a Gabriel, cuando el ángel le anuncia que ella concebirá al Hijo de Dios. Ella contesta: «*Aquí está la sierva del Señor, hágase conmigo conforme a tu palabra*» (Lucas 1:38). Gabriel ha revelado lo que Dios hará. María no tiene que hacer el plan o comprender el poder de Dios. Ella simplemente está de acuerdo. Basada en una amante y devota relación como la sierva de Dios, ella invita a Dios a continuar adelante y actuar de acuerdo con la promesa hecha. Este tipo de consentimiento activo a lo que Dios desea hacer en y a través nuestro es la manera de llegar a ser ramas que den fruto en la Vid. Nosotros no tratamos de hacer el fruto con nuestras propias fuerzas; buscamos activamente invitar a Dios a que haga crecer el fruto a través nuestro.

> *Simplemente no hay manera de que podamos ser obedientes al mandato de amar sin estar injertados en la vid de Cristo: «El que permanece en mí, como yo en él, dará mucho fruto; separados de mí no pueden ustedes hacer nada» (Juan 15:5). La opción que se nos ofrece es por lo tanto la opción de crecer o de secarnos.*
>
> —Robin Maas

Frutos y dones

Los frutos se esperan de cada cristiano y cristiana, sin importar la etapa o condición de su vida. En Juan 15, Jesús definió este fruto en términos de amor y obediencia. Pablo amplia esta imagen cuando escribe: «*Porque el fruto del Espíritu es amor, gozo, paz, paciencia, benignidad, bondad, fe, mansedumbre, templanza*» (Gálatas 5:22-23). Estas actitudes y acciones caracterizan la vida vivida en obediencia a Dios y confianza en el Espíritu Santo. No podemos hacernos producir a nosotros mismos tales frutos. Pero podemos pedirle a Dios que haga crecer ese amor a través nuestro. Y podemos enfocar nuestras mentes en exhibir tales cualidades.

Para usar otra imagen de la Escritura para este proceso, nos vestimos con las ropas del Espíritu (Colosenses 3:12-17). Esto no se hace en el sentido de cubrir nuestra verdadera naturaleza con la apariencia de los valores cristianos. Más bien, basados en nuestra identidad en Cristo, nosotros concientemente nos adornamos con las ropas apropiadas para nuestra posición. Ya que somos ramas en la vid que es Cristo Jesús, nosotros debemos deliberadamente cultivar lo que es apropiado en nuestra condición de vida. Queremos ver la parte que se nos ha dado. Nuevamente sin tratar de hacerlo con nuestras propias fuerzas, preparamos nuestra imaginación, enfocamos nuestras mentes, y dirigimos nuestra acciones de acuerdo con lo que Cristo Jesús ha dicho que quiere hacer en nuestra vida.

Puesto este fundamento necesario, podemos empezar a considerar qué trabajo específico en el mundo quiere Dios hacer a través nuestro. Ahora podremos considerar cómo Dios nos ha dado a cada uno de nosotros/as un don particular para servir que hace que nuestro lugar en toda la viña sea espléndidamente único. Cada cristiano y cristiana ha sido tan talentoso para servir que la iglesia universal de Cristo se ha vuelto una maravillosa diversidad de ministerios dentro de la unidad del Espíritu. Los frutos toman prioridad sobre los dones. Pero los dones dan sabor a nuestra confianza viva y continua obediencia. En la próxima sección, consideraremos más de cerca la naturaleza de los dones espirituales y su lugar cuando nos unimos en la obra de Cristo.

EJERCICIOS DIARIOS

Antes de empezar sus ejercicios, lea el capítulo para la Semana 3, «Producir el fruto de la vid». Mantenga su diario junto a usted para apuntar sus pensamientos, preguntas, oraciones e ideas.

Esta semana use su tiempo de ejercicios diarios para explorar lo fructífero de su respuesta al llamado de Dios, no en términos de cuánto ha hecho, sino en términos de quién está llegando a ser a través del Espíritu de Jesucristo. Más adelante podrá revisar los frutos de su participación en Compañerismo en Cristo. Basándose en la imagen de Jesús de la vid y las ramas en Juan 15, piense sobre si ha habido algún nuevo retoño de vida en usted. ¿Qué fruto está la Vid ahora reproduciendo en y a través suyo?

EJERCICIO 1

Lea Romanos 1:7. Medite en lo que significa que ustedes sean «*amados de Dios y llamados a ser santos*». Haga una lista de tres a cinco personas, vivas o muertas, que personifiquen este significado para usted. No incluya personajes bíblicos. Bajo cada nombre, anote las cualidades de humanidad y santidad que lo acercan a esa persona, y explique por qué. Ore con la afirmación, «somos amados/as de Dios y llamados/as a ser santos/as».

EJERCICIO 2

Lea Gálatas 5:13-26. Medite en los frutos del Espíritu listados y en las evidencias del fruto en su vida y su comunidad. ¿Qué ve? ¿Qué fruto dirían otros que ven en usted?

Identifique un área de su vida donde se sienta que no está llevando el fruto del Espíritu. ¿Qué significaría para usted dejarse guiar por el Espíritu que vive en usted? Pase algún tiempo en oración pidiendo al Espíritu que le ayude con estos desafíos. Apunte cualquier idea que le venga a la mente.

EJERCICIO 3

Lea Filipenses 3:2-11. Pablo usa palabras fuertes par advertir a los filipenses de la tentación entre la gente religiosa a permanecer leales a un juego de prácticas religiosas o conformarse al código moral por el fruto de vida en Cristo. ¿Cómo distinguiría entre estas dos en su vida—sus propios esfuerzos para crear una buena vida y los frutos que vienen por permanecer en Cristo?

Dibuje un círculo. Alrededor de la línea, escriba todos los compromisos y esfuerzos que usted hace para vivir una buena vida, incluyendo logros que le hacen sentir orgullo. Dentro del círculo, escriba palabras o imágenes que representen los frutos de la vida en Cristo por los cuales usted siente un gran anhelo. Reflexione en la relación que usted ve entre lo que está alrededor y lo que está dentro del círculo. En oración, abra su corazón a las bondades que Dios nos da a través de la fe en Cristo.

EJERCICIO 4

Lea Hechos 2:42-47. Reflexione en la relación cercana entre el fruto abundante de la iglesia primitiva y las enraizadas prácticas de esa comunidad. Haga una lista (o haga un dibujo) de los frutos y raíces que usted ve en la descripción.

Ahora vuelva su atención a su congregación. ¿Qué fruto usted experimenta en su iglesia? ¿Qué fruto la comunidad que le rodea ve y experimenta? ¿Cuáles son las prácticas enraizadas de su congregación que alimentan esos frutos? En oración, pídale a Dios que le muestre la condición fundamental de sus raíces espirituales como una iglesia. Apunte sus respuestas.

EJERCICIO 5

Lea Romanos 8:18-28. ¿Dónde en su comunidad están los seres creados *«sujetos a vanidad»* y anhelando ser liberados de *«la esclavitud de la corrupción»*? Ore por renovación, ofreciéndose a la influencia renovadora del Espíritu en aquellos lugares. Apunte sus ideas y su experiencia.

Revise su diario de la semana como preparación para la reunión de grupo.

Parte 4, Semana 4
Dones del Espíritu

Hemos estado considerando lo que Dios quiere que hagamos en el mundo. Sabemos que Dios pide nuestra completa disponibilidad, y sabemos que aparte de la gracia de Jesucristo, no podemos hacer nada. Por nuestra cuenta, somos incapaces aun de creer en el amor de Dios y ofrecer nuestras vidas en servicio. Pero, por el poder del Espíritu Santo, podemos vivir para Dios. Permaneciendo en Cristo como las ramas permanecen en la vid, damos nuestro consentimiento para que Dios produzca frutos a través nuestro. Ese fruto incluye amor, gozo, paz, paciencia, bondad, mansedumbre—la misma vida de Cristo Jesús reproducida a través nuestro.

El fruto del Espíritu puede crecer en la persona más opaca, lenta y débil, así como también en la más brillante, rápida y fuerte. Asombrosamente Dios escoge trabajar a través de vasos disponibles, no importa cuán quebrados o usados nos veamos, en cualquier circunstancia en la que estemos. Realeza y siervos, jefes y trabajadores, cuerpos sanos y cuerpos enfermos, todos tienen una vocación básica. Todos son llamados a consentir al trabajo de Cristo en sus vidas; todos son llamados a mostrar el amor de Jesús a los demás por el mismo Espíritu.

Teniendo clara nuestra gracia y tarea común, podemos ahora celebrar la maravillosa variedad en el trabajo creativo en Dios. Cada cristiano y cristiana ha recibido un don espiritual. Definidos sencillamente,

los dones espirituales son las habilidades particulares dadas por Cristo a través del Espíritu Santo para el bien de toda la iglesia para hacer la obra de Cristo en el mundo.

Hay muchos dones diferentes. Los eruditos hacen una lista desde un mínimo de diecinueve hasta treinta y uno, y algunos dicen que no hay fin a la variedad de dones que Dios entrega. Cada uno de nosotros tiene por lo menos un don espiritual que complementa nuestra personalidad y carácter dados por Dios. Nuestro don o dones claman por expresarse y ser usados. Usar nuestros dones nos trae una gran liberación de energía junto con gozo. Nos sentimos como si estuviéramos haciendo fácilmente lo que siempre habíamos querido hacer.

Por las próximas dos semanas, tendrá la oportunidad de ayudar a otros en su grupo a discernir sus dones particulares, mientras que al mismo tiempo usted permite que le ayuden a discernir sus propios dones. Cómo desarrollará y usará estos dones al servicio de Cristo será un asunto de continuo discernimiento. Esta lectura le prepara para este trabajo a medida que considera los textos básicos de la Escritura que hablan de los dones espirituales.

El Espíritu Santo, dador de todos los dones

Pablo empieza diciendo: «*No quiero, hermanos, que ignoréis acerca de los dones espirituales*» (1ª a los Corintios 12:1). Enseguida, podemos darnos cuenta de que los dones espirituales pueden causar confusión en una iglesia, y su uso saludable requiere conocimiento preciso sobre esos dones. Antes de seguir más adelante, Pablo pone los dones espirituales en su contexto. Les recuerda a sus lectores la importancia fundamental del Espíritu Santo: «*nadie puede exclamar: ¡Jesús es el Señor!, sino por el Espíritu Santo*» (1ª a los Corintios 12:3). Pablo da el crédito de nuestra confesión más básica a Dios el Espíritu Santo. Aquí debemos tomar su señal y considerar al Espíritu más profundamente antes de proceder.

El gran reformador suizo, Juan Calvino, escribe convincentemente de nuestra necesidad de la obra del Espíritu:

Amado joven cristiano/a, toma tiempo para entender y dejarte llenar con la verdad: el Espíritu Santo está en ti. Revisa todos los textos de la palabra de Dios que así lo aseguran... Ora, no pienses por el momento en vivir como cristiano/a sin el Espíritu morando en ti. Lucha por llenar tu corazón con la fe de que el Espíritu Santo mora en ti, y lo hará... puede funcionar, pues por la fe el Espíritu viene y obra.

—Andrew Murray

Ante todo hay que notar que mientras Cristo está lejos de nosotros permanecemos apartados de Él, todo cuanto padeció e hizo por la redención del humano linaje no nos sirve de nada, ni nos aprovecha en lo más mínimo... Si bien es cierto que esto lo conseguimos por la fe...

... la fe es la más importante de [las obras del Espíritu]... es un don sobrenatural y celestial que los elegidos reciban a Cristo y que de otra manera hubieran permanecido en su incredulidad.

En cuanto a [Cristo], no se une a nosotros sino por su Espíritu; y por la gracia y el poder del mismo Espíritu somos hechos miembros suyos, para retenernos junto a Él, y para que nosotros asimismo lo poseamos... Resumiendo: el Espíritu Santo es el nudo con el cual Cristo nos liga firmemente consigo.[1]

Dios el Espíritu Santo crea fe en nosotros para que podamos ver y creer quién es Jesús. Luego el Espíritu une todo el amor y obediencia de Jesucristo a nosotros. El lazo o pegamento espiritual del Espíritu nos une a Cristo. Cuando obramos por nuestra cuenta, todo el amor de Jesús está fuera de nosotros. Cuando lo hacemos por la unidad, el tejido y el entrelazado del Espíritu, Jesús viene a habitar en nosotros.

Esta obra es el poder mismo de Dios, pero no es violenta para las criaturas tan frágiles como nosotros. El Espíritu, en divina humildad, trabaja gentilmente con nosotros, pidiendo nuestra cooperación y soportando pacientemente nuestros arranques de obstinación. El profesor Thomas F. Torrance escribe: «Si sólo el Poderoso puede ser infinitamente gentil, el Espíritu Santo puede muy bien ser caracterizado como la gentileza de Dios el Padre Poderoso».[2] El Espíritu corteja en vez de abrumar y susurra en vez de gritar. Torrance cita los antiguos escritos de Cirilo: «Su venida es suave. Nuestra percepción de él es fragante; su carga es muy fácil de llevar; rayos de luz brillan con su venida. Él viene con la compasión de un verdadero Guardián, porque viene a salvar y curar, a enseñar, a amonestar, a fortalecer, a exhortar, a iluminar la mente».[3]

Como la luz cae sobre el mundo silenciosamente, invisible, haciendo su trabajo de sostener toda la vida, así el Espíritu cae sobre nosotros y brilla dentro de nosotros en una forma callada, constante. Mientras tanto, el Espíritu Santo humildemente ilumina a Jesucristo, dándole la gloria y la prominencia, y dirigiendo nuestra atención para confiar únicamente en él.

Ten una gran reverencia por la obra del Espíritu en ti. Busca [el Espíritu] cada día para creer, obedecer, confiar, y [el Espíritu] tomará y te hará conocer todo lo que hay en Jesús. [El Espíritu Santo] hará a Jesús muy glorioso para ti y en ti.

—Andrew Murray

Mientras nos trae el don de la fe, el Espíritu también labora para hacernos más y más como Jesús. Calvino escribe: «Y porque derramando sobre nosotros su gracia nos hace fértiles para producir frutos de justicia... Por su inspiración somos regenerados a una vida celestial, para no ser ya guiados por nosotros, sino regidos por su movimiento y operación...».[4]

El Espíritu Santo, aunque es suave, trabaja con poder, «persistentemente enfriando y quemando nuestros celos y deseos desordenados, inflama nuestros corazones con el amor de Dios». En resumen, Calvino nos dice que «Como de continuo quema nuestras viciosas concupiscencias y enciende nuestros corazones en el amor de Dios... si algún bien hay en nosotros, es únicamente fruto de su gracia».[5] Este es el dulce y poderoso Espíritu obrando en la iglesia quien, además de fe y fruto, nos da dones.

Con este fundamento, Pablo puede decir que el mismo Espíritu que da una fe básica a cada cristiano, también da una variedad de dones espirituales. A cada uno de nosotros le es «*dada la manifestación del Espíritu*» (1ª a los Corintios 12:7). En otras palabras, el Espíritu de Jesucristo se hace conocido a través de los creyentes de maneras maravillosamente diversas. Cada creyente es diferente, así también cada uno tiene talentos. A ninguno se ha pasado por alto. Dios se goza en darnos dones ya que somos sus hijos e hijas amadas. Y Dios es infinito en creatividad, así que no todos tienen el mismo don. Dios se regocija en la variedad.

La gracia de Dios en Cristo Jesús es derramada como una gran ola sobre la iglesia. Pero la metáfora va mucho más allá. La ola de la gracia de Dios no lava todo en una suave igualdad. Al contrario, la gracia pule a cada uno con un brillo único. Ninguno es sacrificable. No somos mejores cuando algunos están ausentes. La iglesia está en su mejor forma con todos presentes y con las combinaciones particulares de dones floreciendo.

Cada uno de nosotros ha sido hecho para brillar. Hay un don particular en usted. Usted tiene una parte que jugar que nadie más puede. Usted añade un matiz a la historia del amor de Dios en Cristo que lo hace más maravilloso. Usted añade un color a la paleta de la gracia.

> *Los dones [del Espíritu] son un medio de transformar la poderosa y significativa presencia divina en la carne y sangre de la humanidad. Es una intimidad con Dios que ilumina la activa presencia del Cristo resucitado. Es un poder interior que hace a la persona total receptiva y obediente a una nueva manera de vivir abundante y efectivamente en servicio al reino de Dios.*
>
> —Charles V. Bryant

Sin su don, los tonos de colores no son tan vívidos. Como Pablo dice: todos los dones son repartidos «*a cada uno en particular como él quiere*» (1ª a los Corintios 12:11).

Estos dones individualmente confeccionados, sin embargo, no son sólo para que los disfrutemos personalmente. Pablo termina la oración: «*A cada uno le es dada la manifestación del Espíritu para el bien común*». Aquí podemos cambiar de la imagen de la vid y sus ramas a la imagen del cuerpo de Cristo: «*Así como el cuerpo es uno, y tiene muchos miembros, pero todos los miembros del cuerpo, siendo muchos, son un solo cuerpo, así también Cristo, porque por un solo Espíritu fuimos todos bautizados en un cuerpo...Vosotros, pues, sois el cuerpo de Cristo y miembros cada uno en particular*» (1ª a los Corintios 12:12-13, 27). Pablo describe cómo todas las partes de un cuerpo deben trabajar juntas a fin de que la totalidad funcione. La próxima semana consideraremos más de cerca las diferentes expresiones del cuerpo de Cristo manifestado en varias iglesias, y cómo, como cuerpos, cada uno tiene una forma, carácter y temperamento particular. Por ahora, nos damos cuenta que los dones se supone que beneficien a la totalidad.

La Primera Carta a los Corintios 12 nombra dones que pueden parecer más pretenciosos que otros listados en el Nuevo Testamento: hacer milagros, discernimiento de espíritus, varios tipos de lenguas, interpretación de esas lenguas, dones de sanidad. Con estos se incluyen dones más fáciles de entender, tales como fe, sabiduría, servicio, liderazgo. Nos damos cuenta de que el Espíritu viene a nosotros en poder, y la comunidad de personas cristianas pueden esperar ver muchos signos prodigiosos. Pero estos dones más demostrativos tienen que ser balanceados con mentes sabias que disciernen.

Dones que unifican el cuerpo

En Efesios 4:1-16, Pablo se concentra en la importancia de nuestra unidad como un cuerpo de Jesucristo. La discusión de los dones otra vez es puesta en su contexto. Pablo empieza por recordarnos de nuestro

más básico llamado de seguir a Jesús y nos urge: «*os ruego que andéis como es digno de la vocación con que fuisteis llamados*» (v. 1). La expresión común de nuestro llamado es el fruto del Espíritu, aquí descrito como vivir «*con toda humildad y mansedumbre, soportándoos con paciencia los unos a los otros en amor, procurando mantener la unidad del Espíritu en el vínculo de la paz*» (v. 2-3).

Luego Pablo describe nuestro fundamento común de «*un solo Señor, una sola fe, un solo bautismo, un solo Dios y Padre de todos*» (v. 5-6). De este centro común, surge la diversidad: «*Pero a cada uno de nosotros fue dada la gracia conforme a la medida del don de Cristo*» (v. 7). Jesús, quien habita entre nosotros, también ascendió al cielo, y desde su lugar a la mano derecha de Dios vertió el Espíritu Santo sobre sus discípulos. Con el Espíritu vienen los dones: «*Y él mismo constituyó a unos, apóstoles; a otros profetas; a otros, evangelistas; a otros, pastores y maestros, a fin de perfeccionar a los santos para la obra del ministerio, para la edificación del cuerpo de Cristo, hasta que todos lleguemos a la unidad de la fe y del conocimiento del Hijo de Dios, al hombre perfecto, a la medida de la estatura de la plenitud de Cristo*» (v. 11-13).

Los dones mencionados en Efesios son para el liderazgo. Los líderes talentosos equipan al resto de los creyentes, los santos, para el ministerio de toda la iglesia. El liderazgo construye el cuerpo para que como uno, crezcamos para ser más como Cristo. Juntándonos en la obra de Cristo significa llegar a ser como él, y ese proceso transformador ocurre a través de ejercer los dones espirituales. Los apóstoles fueron testigos del Jesús resucitado y pusieron los fundamentos para la iglesia a través de los siglos al dar testimonio de todo lo que Jesús dijo e hizo. Los profetas construyeron en esa base, llamando a la iglesia a salir al mundo para ser personas dedicadas primero a Dios. Los evangelistas pueden entonces dirigir la iglesia hacia el mundo con el mensaje del evangelio. Los pastores nutren a los miembros del cuerpo a través del estrés de la vida, mientras los maestros continuamente conectan el diario vivir con las historias y verdades de la Escritura. Juntos, estos líderes equipan un cuerpo que se reúne y es enviado al mundo. Los dones empleados hacen al cuerpo saludable y fuerte para expresar la obra de Cristo.

Un cuerpo, dotado para el servicio

Romanos 12:1-8 se enfoca en dones menos espectaculares que no son menos importantes que los dones evidentes en Primera a los Corintios o los dones de liderazgo fuerte en Efesios. Como siempre, Pablo establece el contexto antes de hablar de los dones. Aquí él urge a sus lectores hacia la disponibilidad radical. Su apelación está basada, sin embargo, no en los esfuerzos de un individuo para agradar a Dios, sino en las misericordias primero dadas por Dios en Cristo. Teniendo en cuenta esto, podemos presentar nuestros cuerpos «*como sacrificio vivo*». Tal consagración es continua, y su fruto ha sido «*transformado por la renovación de nuestras mentes*». Este es un cambio orgánico, creado por Dios pero consentido y escogido por nosotros día a día.

De aquí, Pablo emplea la imagen del cuerpo para expresar cómo cada uno de nosotros es importante pero todos nosotros estamos interrelacionados: «*De la misma manera en que en un cuerpo tenemos muchos miembros, pero no todos los miembros tienen la misma función, así nosotros, siendo muchos, somos un cuerpo en Cristo, y todos miembros los unos de los otros*» (v. 4-5). La comunión orgánicamente conectada de creyentes está también individualmente dotada para el servicio de unos a otros: «*Tenemos, pues, diferentes dones, según la gracia que nos es dada*» (v. 6). Pablo anima a los creyentes a actuar en amor de acuerdo con nuestros dones únicos, a usar lo que somos y lo que tenemos, no tratando de ser nadie más, sino siendo vigorosamente quien Dios nos ha creado para ser: «*el que tiene el don de profecía, úselo conforme a la medida de la fe; el de servicio, en servir; el que enseña, en la enseñanza; el que exhorta, en la exhortación; el que reparte, con generosidad; el que preside, con solicitud; el que hace misericordia, con alegría*» (v. 6-8).

Este pasaje hace eco de lo que dice Eclesiastés 9:10: «*Todo lo que te venga a mano para hacer, hazlo según tus fuerzas*». Somos llamados a encender los dones usándolos en el servicio. Entre más empleemos nuestros dones, más florecerán. En contraste, suprimir o esconder nuestros dones nos puede llevar a una disminución espiritual.

Así que, ¿cuáles son sus dones, y cuáles son los dones de aquellos

> *Desarrollamos nuestros dones... cuando los usamos para el bien de las demás personas... Nuestros dones son para darse de modo que toda la comunidad humana sea más rica por el sólo hecho de que hemos estado aquí.*
>
> —Joan D. Chittister

con quienes usted ha estado viajando como compañeros y compañeras en Cristo estos meses pasados? ¿Dónde están usando usted y sus amigos sus dones? ¿A dónde se siente guiado para usarlos? Los ejercicios de esta semana y su tiempo de reunión le ayudarán a discernir sus dones espirituales y aquellos de sus compañeros y compañeras.

EJERCICIOS DIARIOS

Lea el capítulo para la Semana 4, «Dones del Espíritu». Mantenga su diario junto a usted para apuntar sus pensamientos e ideas.

Su tarea principal para cada tiempo de ejercicio diario es empezar a nombrar los dones que usted ha observado en cada persona en su grupo pequeño. Se le dará algún texto de la Escritura para reflexionar, pero dirija la mayor parte de su tiempo hacia esto preparándose para la reunión de grupo. Cada día seleccione de uno a tres miembros del grupo para orar y nombrar sus dones. Enfóquese en una persona a la vez, y pídale a Dios por conocimiento para ver y celebrar los dones que Dios le ha dado a él o a ella.

- Primero, piense en la contribución única de cada persona como miembro del grupo desde el comienzo de su tiempo juntos.

- Segundo, recuerde qué ha comunicado él o ella durante las pasadas tres sesiones sobre las cosas que más disfruta, los sueños de un mundo mejor, y los potenciales para amar latentes en heridas y debilidades.

- Luego apunte sus ideas y afirmaciones en su diario.

Cuando haya reunido sus afirmaciones e ideas sobre una persona, lea la lista de los dones del Nuevo Testamento impresa al final de los ejercicios de esta semana (páginas 246–250), y busque los dones que usted asocia con lo que ha visto. Interprete los dones amplia y creativamente. Aunque no debe sentirse restringido por la lista (hay otros dones), trate de permanecer en la lista tanto como le sea posible antes de nombrar otros.

Finalmente, escriba una tarjeta a cada miembro del grupo identificando y afirmando sus dones. En las tarjetas describirá.

1. Dones que claramente ve en cada persona. Además de cada don, añada unas pocas palabras describiendo cómo y dónde ha visto estos dones.

2. Dones que ve como potenciales en cada persona. Describa brevemente cómo o dónde ha visto estos potenciales.

Importante: Antes de la reunión, compare sus tarjetas con una lista de las personas, para asegurarse de que tiene tarjetas para cada persona. Su líder de grupo le informará si este proceso requerirá una o dos reuniones (dependiendo del tamaño del grupo) y cuáles miembros esperarán hasta la segunda reunión para recibir sus tarjetas si es que se requieren dos reuniones. Traiga las tarjetas a la próxima reunión de grupo.

EJERCICIO 1

Lea Efesios 4:7-13. Medite en la esperanza de crecer juntos «*a la medida de la estatura de la plenitud de Cristo*». Piense sobre eso a la luz del trabajo de afirmar los dones de unos y otros para el ministerio cristiano. Siga los lineamientos para completar las tarjetas de dones, y empiece el proceso de escribir una tarjeta para cada persona miembro del grupo.

Considere que eso puede significar para esas personas crecer a la madurez de acuerdo a la medida de la completa estatura de Cristo. Ore por la madurez y el uso de dones que Dios les ha dado. Ore por su habilidad de hablar la verdad en amor concerniente a los dones para que ellos puedan ver sus dones con nueva claridad.

EJERCICIO 2

Lea 1ª a los Corintios 12:1-27. Medite en el misterio de nuestra relación en Cristo y nuestra dependencia unos de otros para construir el ministerio completo de Cristo. Siga los lineamientos para completar las tarjetas de dones para cada miembro del grupo.

Use cualquier tiempo que le quede para reflexionar en sus propios dones. Dibuje una imagen de un cuerpo. Figurativamente hablando, ¿dónde se localizaría usted y sus dones si ésta fuera una imagen del cuerpo de Cristo en su congregación? Nombre los dones que están implícitos al colocarse usted en esa área.

EJERCICIO 3

Lea Mateo 25:14-30. Medite en las buenas nuevas que Dios ha dado dones para cada miembro del grupo para el crecimiento del reino de

Dios en la tierra. Haga una oración para que cada uno pueda descubrir sus dones y usarlos bien en lugar de enterrarlos o esconderlos. Siga los lineamientos para completar las tarjetas de dones para cada miembro del grupo.

Use cualquier tiempo que le quede para reflexionar en los dos tipos de personas que Jesús describe en la parábola de los talentos. ¿En qué maneras se ve a usted mismo en los dos personajes?

Ejercicio 4

Lea Romanos 12:1-8. Medite en el consejo de Pablo de que pensemos sobre nuestros dones con «*cordura, conforme a la medida de fe que Dios repartió a cada uno*». Siga los lineamientos para completar una tarjeta de dones para cada miembro del grupo.

Use el tiempo que le quede para identificar actitudes que limitan su habilidad de apreciar los dones de los otros o de valorar sus dones. Entregue esas actitudes a Dios en toda honestidad. Pida a Dios que le libere para apreciar a sus amigos de la forma que usted quiere que ellos le aprecien a usted.

Ejercicio 5

Lea 2ª a Timoteo 1:2-7. Considere el papel poderoso y afirmativo que jugamos en reconocer y nombrar los dones de unos y otros. Siga los lineamientos para completar una tarjeta de dones para cada miembro del grupo.

Use cualquier tiempo que le quede para reflexionar en las personas que han encendido «*el don de Dios*» en usted y han nombrado sus dones. ¿Qué cualidades en ellos le han ayudado a ser usted mismo/a? Ore por la gracia de ser un fiel amigo/a para los miembros de su grupo.

Por favor revise su diario de la semana en preparación para la reunión del grupo.

Una lista de dones espirituales

Dan R. Dick escribió la siguiente lista; es usada con permiso.
(Vea la nota de pie de página en la página 250.)

Estos dones se derivan de las listas de Pablo de los dones espirituales en Romanos 12:6-8; 1ª a los Corintios 12:4-11; 12:27-31; Efesios 4:11-12.

Administración—El don de organizar recursos humanos y materiales para la obra de Cristo, incluyendo la habilidad de planear y trabajar con gente para delegar responsabilidades, seguir el progreso, y evaluar la efectividad de los procedimientos. Los administradores dan atención a los detalles, se comunican efectivamente y tienen mucho placer trabajando tras bastidores como también haciéndolo públicamente en el centro de atención.

Apostolado—El don de proclamar el evangelio de Jesús a otras culturas y tierras lejanas. Este es el celo misionero que nos mueve de lo familiar a territorios desconocidos para compartir las buenas nuevas. Los apóstoles acogieron oportunidades de aprender otros idiomas, visitar otras culturas, e ir donde esa gente que no ha escuchado el mensaje cristiano... Ya no es necesario cruzar un océano para entrar en el campo misionero. Aun al cruzar diferentes generaciones, podemos encontrar que necesitamos «hablar otros idiomas» sólo para comunicarnos. Nuestro campo misionero puede estar no más allá de nuestro propio patio.

Compasión—Este don es de empatía excepcional con aquellos en necesidad que nos mueve a la acción. Más que preocupación, demanda compasión que compartamos el sufrimiento de otros a fin de conectar el evangelio de verdad con otras realidades de la vida. La compasión nos mueve más allá de nuestras zonas de comodidad para ofrecer ayuda práctica y tangible a todos los hijos e hijas de Dios, sin importar el valor de quienes lo reciben o la respuesta que recibamos por nuestro servicio.

Discernimiento—Esta es la habilidad de separar las enseñanzas verdaderas de las erróneas y permanecer en la intuición espiritual para saber lo que Dios nos está llamando a hacer. El discernimiento nos permite enfocarnos en lo que es realmente importante e ignorar eso que nos aparta de la obediencia fiel a Dios. El discernimiento nos ayuda para saber a quién escuchar y a quién evitar.

Evangelismo—Esta es la habilidad de compartir el evangelio de Jesucristo con aquellos que no lo han oído antes o con aquellos que todavía no han hecho una decisión por Cristo. Este don es manifestado en situaciones de uno a uno o en grupos, grandes y pequeños. Es una relación íntima con otra persona o personas que requiere el compartir la fe personal y un llamado por una respuesta de fe a Dios.

Exhortación—Este es el don de animar en forma excepcional. Los que exhortan ven el manto plateado en cada nube, ofrecen profunda e inspiradora esperanza a la comunidad, y buscan y alaban lo mejor en cada uno. Los exhortadores dan ánimo a la comunidad de fe para sentirse bien sobre sí misma y para sentir esperanza por el futuro. Los exhortadores no están preocupados por las apariencias; se mantienen firmes en lo que saben que es verdadero, correcto y bueno.

Fe—Más que sólo creer, la fe es un don que capacita a un individuo o grupo para mantenerse en su identidad en Cristo ante la presencia de cualquier desafío. El don de la fe permite a los creyentes levantarse sobre presiones y problemas que de otra manera podría paralizarlos. La fe está caracterizada por una fe inconmovible en que Dios cumplirá sus promesas, sin duda alguna. El don de la fe inspira a aquellos que pueden ser tentados a rendirse, a que se mantengan firmes.

Dar—Más allá de la respuesta regular de gratitud a Dios que todos los creyentes sienten, dar como un don es la habilidad de usar los recursos del dinero para aportar para la obra del cuerpo de Cristo. Dar es la habilidad de manejar dinero para el honor y gloria de Dios. Los que dan pueden discernir las mejores maneras de poner el dinero a trabajar, pueden entender la validez y lo práctico de pedir fondos, y pueden guiar [a los líderes de las iglesias] en los métodos más fieles para manejar los problemas financieros [de la congregación].

Sanidad—Este es un don de canalizar los poderes sanadores de Dios hacia las vidas del pueblo de Dios. Sanidad física, emocional, espiritual y sicológica son todos medios en los que se manifiesta este don. Los que tienen don de sanidad son gente de oración, y ellos ayudan a la gente a entender que la sanidad está en las manos de Dios, que la sanidad es a menudo más que sólo eliminar los síntomas negativos. Algunas de las personas más poderosas en el don de sanidad tienen las aflicciones más dolorosas.

Ayuda—Este es el don de asegurarse que todo está listo para que la obra de Cristo se dé. Los ayudantes asisten a otros a lograr la misión y ministerio de la iglesia. Estos «héroes no celebrados» trabajan detrás de la escena y atienden los detalles que otros no se molestarían en atender. Los ayudantes funcionan fielmente, sin importarles el crédito o atención que reciban. Los ayudantes proveen el contexto sobre el cual el ministerio de la iglesia se construye.

Interpretación de lenguas (vea Lenguas)—Este don puede entenderse de dos maneras: (1) la habilidad de interpretar lenguas extrañas sin la necesidad de un estudio formal para comunicarse con aquellos que no han oído el mensaje cristiano o (2) la habilidad de interpretar el don de lenguas como un lenguaje secreto de oración que se comunica con Dios en un nivel profundo. Ambos tienen una naturaleza común: el primero extiende las Buenas nuevas en el mundo y el segundo fortalece la fe dentro de la congregación.

Conocimiento—Este es un don de conocer la verdad a través del estudio fiel de la Escritura y de la situación humana. El conocimiento provee la información necesaria para la transformación del mundo y la formación del cuerpo de Cristo. Aquellos que poseen este don desafían a la congregación para mejorarse a través del estudio, la lectura de la Escritura, las discusiones y la oración.

Liderazgo—Este es el don de armonizar los dones y los recursos de los otros para lograr la misión y el ministerio de la iglesia. Los líderes mueven la comunidad de fe hacia una visión dada por Dios de servicio, y ellos permiten que otros usen sus dones con lo mejor de sus habilidades. Los líderes son capaces de crear sinergía, a través de la cual la comunidad de fe logra mucho más de lo que sus miembros individualmente podrían lograr por sí mismos.

Obrar milagros—Este don permite a la iglesia operar a un nivel espiritual que reconoce la obra milagrosa de Dios en el mundo. Los que obran milagros invocan el poder de Dios para lograr eso que parece imposible según los estándares humanos. Los que obran milagros recuerdan a la congregación de la extraordinaria naturaleza del mundo ordinario, por la cual aumenta la fidelidad y la confianza en Dios. Los que hacen milagros oran a Dios para que obre en las vidas de otros, y no sienten sorpresa cuando sus oraciones son contestadas.

Profecía—Este es el don de hablar la Palabra de Dios clara y fielmente. Los profetas permiten que Dios hable a través de ellos para comunicar el mensaje a la gente que más lo necesita oír. Aunque a menudo no son populares, los profetas son capaces de decir lo que se necesita que sea dicho por la comisión espiritual que reciben. Los profetas no predicen el futuro, pero proclaman el futuro de Dios al revelar la perspectiva de Dios en nuestra realidad actual.

Servicio—Este es el don de servir a la gente en sus necesidades espirituales y materiales... Los siervos entienden su lugar en el cuerpo de Cristo como para dar consuelo y ayuda a todos aquellos que están en necesidad. Los siervos velan por las necesidades de los otros en vez de enfocarse en sus propias necesidades. Servir es poner la fe en acción; es tratar a otros como si fueran realmente Jesucristo mismo. El don de servicio extiende nuestro amor cristiano hacia el mundo.

Pastoreo—Este es el don de guiar. Los pastores alimentan a otros cristianos en la fe y proveen una relación de mentoría a aquellos que son nuevos en la fe. Mostrando una madurez espiritual no usual, los pastores comparten su experiencia y aprendizaje para facilitar el crecimiento espiritual y desarrollo de otros. El pastor toma individuos bajo su cuidado y camina con ellos en sus jornadas espirituales. Muchos pastores proveen dirección espiritual y guía a una gran variedad de creyentes.

Enseñanza—Este es el don de traer las verdades escriturales y espirituales a los otros. Más que sólo enseñar en la escuela de la iglesia, los maestros son testigos de la verdad de Jesucristo en una variedad de formas, y ellos ayudan a otros a entender las realidades complejas de la fe cristiana. Los maestros son reveladores. Ellos encienden la luz del entendimiento en la oscuridad de la duda o la ignorancia. Abren a la gente a nuevas verdades, y desafían a la gente a ser más en el futuro de lo que han sido en el pasado.

Lenguas (vea Interpretación de Lenguas) —Este don tiene dos interpretaciones populares: (1) la habilidad de comunicar el evangelio a otra gente en una lengua extranjera sin el beneficio de haber estudiado dicha lengua (vea Hechos 2:24) ó (2) la habilidad de hablar a Dios en un lenguaje secreto y desconocido de oración que sólo puede ser entendido por una persona que posee el don de la interpretación. El don de hablar en un idioma de otra cultura hace al don de lenguas valioso para compartir el evangelio a través del mundo, mientras que el don de hablar un lenguaje secreto de oración ofrece la oportunidad de apoyar la fidelidad dentro de la comunidad de fe.

Sabiduría—Este es el don de traducir la experiencia de vida en una verdad espiritual y de ver la aplicación de la verdad de la Escritura al diario vivir. El sabio en nuestras comunidades ofrece balance y entendimiento que trasciende a la razón. El sabio aplica un sentido común dado por Dios a nuestro entendimiento del plan de Dios para la iglesia. El sabio ayuda a la comunidad de fe a permanecer enfocada en la tarea importante de la iglesia, y permite que los cristianos jóvenes, menos maduros se beneficien de aquellos que han sido bendecidos por Dios para compartir verdades profundas.

Tomado de *Revolutionizing Christian Stewardship for the 21st Century: Lessons from Copernicus* por Dan R. Dick (Nashville, Tenn.: Discipleship Resources, 1997), pp. 97–101. Usado con permiso.

El cuerpo de Cristo dado por el mundo

$\mathcal{E}$l Espíritu Santo ha vertido los dones para el servicio sobre cada creyente. Cuando empleamos nuestros dones en la iglesia, descubrimos un maravilloso sentido de energía y realización. Los dones están para llevarnos aún más profundamente dentro de la comunidad con los otros miembros del cuerpo de Cristo. Y ese cuerpo se supone que crezca: nuestros brazos están continuamente abiertos para dar la bienvenida a nuevos miembros con sus dones únicos. Un cuerpo vivo mantiene un estado y forma calmado, pero está simultáneamente siempre cambiando y constantemente abasteciéndose. Así la iglesia permanece siempre centrada en Jesucristo, sin embargo, no estática, sino dinámica; no cerrada, sino abierta en su comunión. A través del uso saludable de los dones espirituales, la iglesia crece y se adapta en formas nuevas, aun cuando mantiene su forma básica como el cuerpo de Cristo.

Nuestros dones espirituales no necesariamente están conectados a nuestros talentos o educación o lo que hacemos para vivir. Nuestro lugar en el cuerpo de Cristo puede diferir grandemente de nuestro lugar en el mundo del trabajo diario. Por eso en la iglesia debemos tener una nueva identidad. En la iglesia, los líderes del mundo pueden llegar a ser receptores y humildes siervos, mientras que el humilde para el mundo puede llegar a ser un líder celebrado. El ejecutivo en los nego-

Cuando Jesús primero reunió a sus seguidores, no lo hizo para que se centraran en sí mismos. Inmediatamente los envió a curar las masivas heridas del espíritu y el cuerpo que invadían al mundo que les rodeaba... Cuando él habló de la comunidad que habría de permanecer eternamente en la presencia de Dios, claramente se refería a la comunidad de quienes alimentaron a quienes tenían hambre, recibieron al extraño/a, vistieron al desnudo/a, cuidaron al enfermo/a, y visitaron a los prisioneros/as.

—Stephen V. Doughty

cios que tiene tantas responsabilidades en el trabajo, está libre en el cuerpo de Cristo para ponerse a gatear en el suelo con los niños de la guardería. Un ama de casa que conversa con niños toda la semana puede ser una sabia anciana en el cuerpo de Cristo. La iglesia de Jesucristo se fundamenta en una vida más real que la del mundo diario, y nos provee con un profundo sentido de propósito y pertenencia.

Enviar y recoger

Al mismo tiempo, el círculo abierto de la iglesia envía a sus miembros afuera hacia el mundo. Nos involucramos en una obra misionera donde sea que estemos, y en lo que sea que hagamos. Ejercitamos nuestros dones, no sólo en la compañía de la iglesia, sino también a través de la iglesia en el mundo. Aunque debamos estar ausentes físicamente de nuestra congregación durante la semana, permanecemos espiritualmente conectados. La vida del cuerpo constantemente nos influencia. En incontables situaciones, cada uno de nosotros ejerce la misión de la iglesia en donde nos encontramos. Traemos un sabor de vida en el cuerpo de Cristo a un mundo que sólo conoce fragmentación y soledad. Traemos coherencia al caos, generosidad en lugar de avaricia, compasión a los abandonados.

Y el mundo participa de los siervos de Cristo como fruto que satisface el hambre espiritual. Otros pueden estar hambrientos de la paz que hay en nosotros, y en su necesidad pueden engullir nuestro tiempo y atención. Eso es por lo que vivimos. Nuestro fruto, la vida de Jesús reproducida a través nuestro, es para alimentar a un mundo hambriento. Fuera, en la vida diaria, recibimos y damos; nos podemos encontrar, como Jesús predijo, con que se nos usa y toman ventaja de nosotros. Sin la ayuda de Dios, estaremos exhaustos al final de la semana, lo que no es una sorpresa. Necesitamos regresar a la comunión del cuerpo para abastecer nuestros espíritus a través de la comunidad, alabanza, y estudio. Y necesitamos regresar diariamente a Dios para renovarnos a través de la oración, la meditación en la Escritura, y la amistad espiritual.

Misión particular

Por supuesto, ni una sola iglesia, y ciertamente ningún individuo, puede llenar todas las demandas de este mundo necesitado. ¡Dios no nos ha dado toda la tarea a ninguno de nosotros! Al contrario, las diferentes partes del cuerpo de Cristo tienen diferentes funciones en la iglesia universal. Comunidades de cristianos tienen diferentes personalidades y diferentes prioridades para servir, tal como lo hacen los individuos. Algunas iglesias se sienten llamadas principalmente a ministerios de evangelismo, mientras otras se concentran en obras de servicio. Dios dirige algunas comunidades consistentemente hacia la misión global y otras hacia la comunidad local. Una iglesia puede encontrar su identidad dando refugio a los pobres mientras que otra es casa para el más alto arte de adoración en el área. Los miembros individualmente son llevados a las iglesias que son compatibles con sus dones y sentido de llamado.

Gustav Nelson ha estudiado modelos para las iglesias del siglo veintiuno que serán fieles a nuestro llamado y adaptables a nuestra situación. Él escribe:

> La misión de la iglesia…es la suma total de la vida y trabajo de cada miembro. Cuando una persona se añade a una iglesia, una congregación aumenta su misión; cuando una persona deja una iglesia, la congregación disminuye su misión. La misión de la iglesia puede ser definida como lo que los miembros hacen durante la semana en sus vidas y trabajo—en sus familias y en sus ocupaciones… [y] en su trabajo voluntario…
>
> La estructura magra de una iglesia permite a los miembros de la iglesia vivir sus vidas en el mundo. Los miembros activos no pasarán mucho tiempo en la construcción de la iglesia. Ellos son los que tomarán su residencia en el mundo.[1]

La misión de la iglesia es el total de la vida y el trabajo de cada miembro. Nos reunimos juntos y recordamos quiénes somos. Nos reunimos y adoramos y oramos a Jesús, nuestro Señor y Redentor. Luego somos enviados afuera hasta que nos volvamos a reunir. Y dónde sea que vayamos, lo que sea que hagamos, somos la gente radicalmente disponible de Dios que consiente estar en total

Pablo nos dice que los dones que administramos realmente funcionan porque Dios los hace trabajar (vea Filipenses 2:13). Gracias a su energía espiritual o gracia divina, el uso fiel de nuestros dones no es otra cosa que milagro. Va más allá de la habilidad humana. Los resultados son muchos e inestimablemente sencillos porque se vuelven en la energía misma de Dios fluyendo con propósito y libertad.

—Charles V. Bryant

dependencia en Jesucristo para que el fruto del Espíritu pueda crecer a través nuestro, para nutrir no sólo a la iglesia sino también al mundo. Encontramos que los dones espirituales que se nos han dado para ayudar a esta porción del cuerpo de Cristo se derraman sobre la vida en el mundo.

Aunque el énfasis particular de cada iglesia puede diferir, todas están llamadas a ser comunidades que entran en el ritmo de reunirse y enviar, nutriendo el cuerpo a la vez que están siempre abiertas al crecimiento. Cada uno de nosotros está involucrado en la misión.

Por ejemplo, una mujer que ama a los perros puede descubrir que su pasión puede ser un ministerio profundamente significativo. Ella entrena por largas horas para que sus perros puedan ser compañeros para gente con SIDA, guardianes de aquellos con riesgo de un ataque al corazón, o visitantes en las casas de ancianos. Maestros, consejeros, y abogados ejercen la compasión de Cristo cuando se sientan pacientemente y escuchan las historias complicadas y tristes de personas abandonadas. El tiempo que toman y el cuidado que administran son la misión misma de la iglesia.

Menos directamente, pero no menos importante, todos los que se involucran en su trabajo con integridad y destreza comparten en la obra de Cristo. Los números de las cuentas que pueden ser reconciliados con la verdad muestran la gloria de Dios en su precisión. Pero aún más, ellos constituyen la obra de Dios que sostiene el mundo en justicia. El corte derecho de madera en la fábrica es el eco del deleite de nuestro Creador en las formas y proclama el testimonio de la iglesia de que la gente de Dios negocia con excelencia y vigor.

En el mundo podemos ayudar a llevar el mandado al carro a una persona anciana, escribir cartas de agradecimiento, limpiar la casa, estudiar botánica, orar toda la noche en nuestras camas, manejar un bus, o entregar el correo. Podemos hacer todas estas actividades como parte de la misión del cuerpo de Cristo en el poder del Espíritu. Podemos usar nuestra imaginación para considerar cómo lo que hacemos participa en el amor, la bondad, la belleza y la verdad de Dios. Nuestra actitud hacia lo que hacemos puede transformar aun un trabajo fatigoso en la oportunidad para servir y alabar. Cada cosa

hecha en el nombre de Jesús (aun si no lo nombramos en voz alta) es parte de la vida del cuerpo. Pero nos necesitamos unos a otros en nuestras reuniones regulares para ayudarnos a recordar cómo estamos comprometidos en la misión en todas partes.

Dones y comunidad

Nuestra vida en comunidad es esencial para nutrir nuestra vida en Cristo y permitirnos ver nuestras vidas en misión. En la Primera Carta de Pedro, leemos instrucciones para la vida comunitaria del pueblo de Dios y el ejercicio de los dones:

> *Y ante todo, tened entre vosotros ferviente amor, porque el amor cubrirá multitud de pecados. Hospedaos los unos a los otros sin murmuraciones. Cada uno según el don que ha recibido, minístrelo a los otros, como buenos administradores de la multiforme gracia de Dios. Si alguno habla, hable conforme a las palabras de Dios; si alguno ministra, ministre conforme al poder que Dios da, para que en todo sea Dios glorificado por Jesucristo, a quien pertenecen la gloria y el imperio por los siglos de los siglos. Amén* (4:8-11).

Este breve pasaje resalta varios conceptos relacionados a los dones:

1. Como siempre, el amor es el mayor contexto para una consideración de los dones. El amor caracteriza nuestra comunión. El amor de Jesucristo por su cuerpo, la iglesia, encierra todo lo que somos y hacemos. La medida de nuestras vidas es la manera en que permitimos al amor de Dios hacerse conocido a nosotros para fluir a través de nuestras vidas y de uno al otro. Este pasaje identifica la hospitalidad como una expresión particular de amor necesario para la vida de comunión del pueblo de Dios. Este don espiritual es parte del carácter cristiano. Reconocemos que nos pertenecemos unos a otros y permanecemos unos en otros como ramas en la Vid, para que lo que tenemos pueda ser libremente compartido.

2. Como recipientes de la gracia y los dones, somos mayordomos cuya tarea es servirnos unos a otros. La palabra griega

Creceremos en gracia no cuando nos aislemos de otras personas y ofrezcamos únicamente un cumplido pasajero a la comunidad de fe cristiana. Creceremos en gracia cuando nos posicionemos regular y fielmente en esa mezclada multitud de santos y pecadores, de extraños y amigos/as espirituales que encontramos en la típica congregación cristiana.

—Tomás R. Hawkins

oikonomoi, traducida como «mayordomos», da una ilustración rica de nuestra vida en comunidad. La raíz de la palabra significa «casa». Los mayordomos eran siervos a quienes se confiaba la administración de las tareas de una casa grande a nombre de su dueño. En ese entonces, como ahora, los hogares requerían un constante flujo de bienes y servicios para mantenerse funcionando. Las provisiones tenían que ser aseguradas para los miembros de la familia, y debía hacerse el mantenimiento regular y las reparaciones a la propiedad. En la época de cosecha, la tierra entregaba los frutos de sus labores. Los buenos mayordomos administraban la economía de la casa con habilidad eficiente para que las necesidades de la gente fueran cubiertas y las cosechas fueran buenas.

En Efesios, vemos afirmada esta comparación entre la gente de Cristo y una familia: «*Por eso, ya no sois extranjeros ni forasteros, sino conciudadanos de los santos y **miembros de la familia de Dios**»* (Efesios 2:19, énfasis añadido).

Ser mayordomos de la casa nos llama a darnos cuenta de la gracia y dones que Dios nos ha dado y a cambio ofrecerlos a los otros miembros de la familia. No debemos minimizar los recursos que Dios nos ha dado. A través del Espíritu Santo, tenemos acceso a las ilimitadas provisiones de gracia en Cristo. Por supuesto, nosotros frágiles mayordomos tenemos limitaciones que debemos respetar. Pero me imagino que muchos de nosotros tenemos mucho más capacidad para ser conductores de la gracia de lo que sabemos. El Espíritu espera la invitación de los mayordomos para verter el amor de Dios a través de la expresión de nuestros dones espirituales.

Como buenos mayordomos, hacemos una honesta evaluación de nuestros recursos. Reconocemos nuestros dones y nuestros límites a la misma vez que descansamos en la energía sin límite del amor de Dios. Desde esa posición, podemos velar por los intereses de toda la casa, la iglesia y considerar dónde y cómo somos llamados para contribuir. Sirviéndonos unos a otros de la generosidad del amor de Dios, la familia entera

Cuando describimos «iglesia» nos gusta decir que es una comunidad evocadora y portadora de dones... Ninguna comunidad desarrolla el potencial de su vida corporativa a menos que los dones de cada miembro sean evocados y ejercidos en favor de toda la comunidad.

—Elizabeth O'Connor

puede prosperar. De esta manera, un mundo necesitado recibirá su parte de nuestra abundante cosecha.

3. Los dones nos son dados a cada uno/a para el beneficio de unas y otros. Esta es una variación del último punto. No podemos ejercer nuestros dones espirituales en aislamiento. No nos fueron dados para esconderlos. Los dones espirituales no son entregados para uso independiente. La iglesia es una comunión, un cuerpo orgánicamente conectado. No somos una organización cívica, un partido político o una agencia con fines caritativos. Somos llamados a estar juntos como el cuerpo de Cristo en la tierra.

Cuando descubrimos, por gracia, nuestra necesidad de una constante confianza viva en Jesucristo la vid, toda nuestra vida se orientará alrededor de esa verdad. Jesús llega a ser el mismo principio organizativo para todo en la vida. Él es, como el himno dice, «el corazón de nuestro propio corazón». Por eso, reunirnos como un cuerpo de Cristo no es opcional. La alabanza es vital. Es la primera actividad que Dios nos pide. Orar por nuestros hermanos y hermanas en Cristo Jesús llega a ser tan importante como cuidar de nuestros propios cuerpos. Reunirnos juntos para estudiar y orar es tan necesario como es para nuestro cuerpo comer y ejercitarnos. Y servir al mundo en el nombre de Cristo no es opcional, sino fundamental. Usted y yo somos responsables de realizar estas actividades.

En los primeros siglos de la iglesia, sólo había una sola congregación en cada localidad, sólo un grupo de creyentes en un pueblo. Ahora podemos escoger a qué parte del cuerpo de Cristo unirnos, pero no si seremos o no parte del cuerpo en sí. El principio permanece constante: los creyentes están conectados orgánicamente al cuerpo. Si la iglesia a la que asistimos no es un lugar donde Dios nos habla, si no provee el lazo principal de comunidad en nuestras vidas, entonces debemos sobreponernos a nuestra inercia y hábito e ir a donde estamos llamados a estar. En esa parte del cuerpo de Cristo a la cual estamos llamados, podemos de todo corazón, vigorosamente

No tenemos que preocuparnos respecto a los resultados, puesto que pertenecen a Dios. Nuestro llamado es a descubrir la habilidad espiritual y usarla para el propósito que le fue asignado. Nada en el plan de la salvación de Dios demuestra más el discipulado obediente que nuestra gratitud al recibir los dones del Espíritu y nuestro uso adecuado de los mismos.

—Charles V. Bryant

darnos cuenta cuán necesaria es esta comunidad y comprometernos totalmente en su vida. Nos servimos unos a otros sólo al estar conectados. Por supuesto, eso sucede en muchos lugares a lo largo de la semana. Nosotros ejercemos nuestros dones en la casa, el trabajo, en el juego, y en el servicio. Nos conectamos unos con otros por teléfono, alrededor de la fuente de agua y en las calles. Pero el cuerpo debe reunirse por lo menos semanalmente a fin de conocer su identidad, servirse unos a otros, alabar, planear y vivir juntos.

4. Dios nos llama a ejercer nuestros dones con gozo y confianza fuerte en el Espíritu Santo. Los dones son dados para ser usados generosamente. Pedro nos dice que el que habla debe hacerlo con toda urgencia, pasión, confianza y gozo, sabiendo que las palabras son bendecidas por Dios—no porque pensamos que somos muy buenos, sino porque confiamos en que Dios hablará a través nuestro a medida que sirvamos a otros en amor a través de nuestras palabras. Si es una palabra de ánimo, debemos decirla con seguridad en la gracia de Dios. Si es una palabra de enseñanza, debemos hablar con el entusiasmo de saber que Dios está dando a conocer su ser divino. Si es un llamado para el compromiso y la acción, debemos ser audaces con la convicción de que Dios tiene un plan para nosotros. Si es una palabra de oración, debemos orar con fe en que Dios escucha y contesta. Si es un susurro suave de misericordia, entonces debemos decirlo con todo el consuelo del pastor que lleva a sus ovejas en sus brazos.

    Pedro nos dice que si nuestros dones están en el área del servicio, debemos servir con toda la fuerza que Dios provee. Debemos recoger lápices y boletines en el santuario como si estuviéramos limpiando el cuarto del trono de Dios. Si llevamos comida a alguien es como si estuviéramos alimentando al Señor Jesús. Debemos hacer copias como si estuviéramos multiplicando los panes y los peces para las multitudes. Ya sea que limpiemos una casa, lavemos una herida, hagamos una llamada, escribamos un cheque, escuchemos la historia de una persona, o llevemos a alguien al médico, debemos hacerlo como si fuera Jesús mismo el que lo está recibiendo—porque ¡es él! Y confiamos en su fortaleza para cumplir esta tarea.

5. El propósito final de los dones es servirnos unos a otros para que la iglesia pueda llevar el amor de Dios al mundo de tal forma que glorifique a Dios en todas las cosas a través de Jesucristo. Los dones son dados para ser usados vigorosamente en la conexión de unos a otros para que la iglesia pueda ser testigo del amor de Dios al mundo. Los dones espirituales empleados con amor traen gloria a Dios.

   El propósito de recibir los dones no es sólo sentirnos personalmente satisfechos, aunque lo estemos. No es para que nuestras jornadas espirituales sean más completas, aunque sí lo serán. Discernir nuestro llamado para seguir a Cristo no es meramente para que saquemos más de nuestra experiencia en la iglesia. Los dones son dados para que podamos perdernos a nosotros mismos en el servicio a Dios al servirnos unos a otros, y dejar así que Jesucristo sea conocido y glorificado en el mundo. Por añadidura, todo lo que hemos anhelado será nuestro. Pero eso viene sólo cuando nos entregamos totalmente al servicio a Cristo.

   Lo que tenemos que hacer por Dios en el mundo y cómo tenemos que vivir nuestras vidas como cristianos comienza y termina con Jesucristo. Él nos llama a una disponibilidad radical que no podemos sostener por nuestros propios medios. Pero Jesús también está ahí para ayudarnos, dándonos no sólo su perdón sino también su obediencia. Él reproduce su vida a través de la nuestra a medida que consentimos la presencia de su amor. Jesús nos envía el Espíritu Santo, quien viene entregando dones para el servicio. Al emplear esos dones, crecemos en nuestra unidad como cuerpo de Cristo a medida que una comunión cada vez más profunda va creándose. Vivimos, entonces, «*para alabanza de la gloria de su gracia, con la cual nos hizo aceptos en el Amado*» (Efesios 1:6).

EJERCICIOS DIARIOS

Lea el capítulo para la Semana 5, «El cuerpo de Cristo dado por el mundo»; anote en su diario sus pensamientos, aprendizaje y preguntas.

Escuche nuevamente esta semana el llamado de Dios para usted y su iglesia. Use esta semana como un tiempo de reunir sus ideas, sus dones y la dirección que ha recibido de Dios y de sus amigos del grupo pequeño. Usted podrá revisar sus notas de las cuatro sesiones anteriores. Articule el llamado y dones espirituales de Dios que usted tiene para su vocación como miembro del cuerpo de Cristo. Recuerde que el ministerio de Cristo sucede en y a través de todo lo que usted es en el mundo, no sólo a través de actividades organizadas de la iglesia. Recuerde orar por los otros miembros de su grupo pequeño a medida que escuchan juntos el llamado del Señor para su iglesia.

EJERCICIO 1

Lea 1ª a los Corintios 1:26-31. A la luz de las palabras de aliento de Pablo para «considerar vuestra vocación», reflexione en la afirmación de dones que recibió en la última reunión de grupo. Haga una lista de los dones que su grupo nombró. Reflexione en los dones que confirman lo que ya sabía sobre usted, los dones que le sorprendieron, y los dones que más le desafían. «Considerad vuestra vocación» a la luz de esos dones.

EJERCICIO 2

Lea Marcos 11:15-19. Medite en este cuadro de Jesús en el templo en su día. Ahora imagínese a Jesús en su iglesia hoy en día. ¿Qué vería Jesús, oiría, sentiría, afirmaría y cuestionaría? ¿Qué reconocería y no reconocería como una expresión de su vida y misión? Escriba un diálogo con Jesús sobre su visión para su iglesia y lo que significa ser una «casa de oración para todas las naciones». Escuche en oración las maneras en que usted puede usar sus dones para ayudar a que eso suceda.

EJERCICIO 3

Lea Hechos 13:1-3. El Espíritu Santo que guió a la iglesia en Antioquía a apartar *«a Bernabé y a Saulo para la obra a que los he llamado»* algunas veces nos guía a unirnos con otros con quienes somos llamados a una obra común. ¿Con quién (en su grupo o en su iglesia) puede vislumbrar una misión compartida? ¿Hacia quién está el Espíritu Santo guiándole con el propósito de responder a una necesidad? Ore por su llamado con apertura de la guía del Espíritu Santo.

EJERCICIO 4

Lea Mateo 9:9-13. Medite en la relación de Jesús con Mateo, el recaudador de impuestos, y la manera en la cual Mateo trajo a Jesús hacia su círculo de amigos. Vuelva su atención a su círculo de amigos y colegas. ¿Cómo quiere Jesús participar en sus relaciones? En oración, traiga a la mente a gente con quien usted interactúa diariamente. Siéntese quietamente en anticipación de lo que Jesús puede llamarle a hacer y decir.

EJERCICIO 5

Lea Mateo 25:31-46. Medite en el llamado a la iglesia a ver y responder a «*uno de estos más pequeños*» con quien Cristo se ha unido. ¿Qué le impide ver a la gente que Jesús nombra? ¿Qué prácticas le permitirán que usted los vea? ¿Qué le ayudaría a usted y su iglesia a ver a aquellos que Jesús vio, estar presente para aquellos por quienes Jesús se hizo presente? Ore para tener ojos que vean y el corazón para responder.

Revise su diario de la semana como preparación para la reunión de grupo.

Explorar la dirección espiritual: El Espíritu de Cristo

Wendy M. Wright

Parte 5, Semana 1
¿Cómo saber la voluntad de Dios para mi vida?

$\mathcal{E}$n la Parte 4 exploramos lo que significa escuchar y responder al llamado de Dios en nuestras vidas. Vimos la importancia de confiar en Dios y de reconocer nuestros dones mientras buscamos vivir vidas fieles. Pero que haya una creciente claridad sobre la vocación o el llamado no hace más fácil seguir a Cristo. Cada día enfrentamos decisiones, oportunidades y cambios para poner en práctica nuestro discipulado.

Mientras me encontraba todavía en la escuela graduada, se me pidió dar un retiro a un grupo de mujeres con el tema «mujeres de sabiduría». En la arrogancia de mi juventud e inexperiencia, tendía a verme como una líder, yendo a compartir mi conocimiento con mujeres que, por sus antecedentes, conocían muy poco sobre la histórica sabiduría espiritual de la tradición cristiana. Pero durante el transcurso de este retiro, una mujer se me acercó y resultó ser mi maestra más de lo que yo fui para ella. «Por años he estado preguntando a la gente a donde quiera que voy, ¿cómo puedo saber cuál es la voluntad de Dios para mi vida?» Ella dijo emocionada: «Nadie me dio nunca una respuesta hasta hace poco, y quiero compartir esa respuesta con usted». Me sentía intrigada porque su pregunta no sólo era crucial en la historia de la espiritualidad cristiana, sino una pregunta común y problemática para mucha gente hoy en día. ¿Qué quiere Dios de mí? ¿Cómo vivo la vida cristiana? ¿Cuál es la palabra

Si bien el llamado requiere respuesta y obediencia, no recibiremos un mapa... Se nos dan bloques de construcción para que podamos ver lo que se puede hacer con ellos, usando para la tarea toda nuestra inteligencia, creatividad, sensitividad y amor.

—Farnham, Gill, Malean, y Ward

de Dios para mí en las varias decisiones que debo tomar? ¿He escogido el camino que Dios quería para mí? En forma breve, ¿cómo conozco la voluntad de Dios?

La mujer se acercó a mí y sonrió. «Si usted piensa que puede ver la voluntad de Dios puesta limpiamente ante usted por los próximos cinco, diez o veinte años como un camino claro y definido, enfáticamente ésta no es la voluntad de Dios. Pero si usted siente que el próximo paso inseguro que está por dar en un futuro incierto es de algún modo dirigido por Dios, esa es más probablemente la voluntad de Dios para usted».

Las palabras de esta mujer se han quedado conmigo todos estos años, por dos razones: porque ella me sorprendió haciéndome escuchar sabiduría en un lugar que no esperaba y porque había profunda sabiduría en las palabras que me compartió. Vivir la vida cristiana en una forma seria y personal, no un negocio fácil. No es una cuestión de simplemente seguir las reglas o hacer lo que debemos. Algunas veces es una empresa complicada. Fuerza a nuestra fe a cambiar y crecer. La vida llega a ser más compleja de lo que planeamos. Nos podemos encontrar en una encrucijada que nunca nos pudimos haber imaginado. Aunque la palabra viva del Evangelio nos ofrece guía, descubrimos que su aplicación a nuestras vidas diarias no es siempre clara. ¿Cómo «caminamos en los caminos de Dios»?

Cuando la gente busca la voluntad de Dios, su búsqueda les lleva a anhelar la voluntad de Dios, aun cuando Dios, en amor, los anhela.

—Danny E. Morris
y Charles M. Olsen

Discernir la voluntad de Dios

Una idea muy común que necesitamos abandonar es que la «voluntad de Dios» es algo rígido, un esquema predeterminado que estamos supuestos a descubrir, como si Dios tuviera un gran plan maestro computarizado. En esta idea, nuestra tarea (o mejor dicho nuestra prueba) es descubrir como «descargar» el plan y mecánicamente seguir sus instrucciones. Una interpretación más apropiada de la voluntad de Dios puede ser descrita como «el anhelo de Dios por nuestras vidas» o «la dirección en la cual el amor de Dios nos lleva». Este anhelo divino no es meramente privado, aunque es profundamente personal. El amor es lo que nos llama a todos. Respondemos al amor comunitariamente, así como también individualmente. Nuestra respuesta viene en medio de la familia, el trabajo, nuestras comunidades de fe, y nuestras comunidades más grandes. Quizá ayuda más pensar sobre nuestra respuesta a la voluntad de Dios como nuestro sí al espíritu de Dios que se mueve y vive en medio nuestro, induciéndonos, dándonos vida, y llevándonos más profundamente hacia la realidad amorosa que Dios desea para el mundo.

Sería ingenuo imaginar que cualquiera de nosotros podría responder sin fallar a las persuasiones del Espíritu. La verdad es que desde el tiempo de la iglesia primitiva, los cristianos han estado conscientes de que nuestra habilidad para responder fielmente a Dios está en peligro de maneras incontables. Algunas veces estamos tan preocupados, temerosos o influenciados por otras voces que no podemos ni siquiera sentir el llamado que Dios nos hace. Nuestras mentes y corazones están llenos de mensajes confusos y conflictivos, tanto internos como alrededor nuestro.

Quizá si miramos hacia atrás a nuestra adolescencia, podemos ver esta realidad compleja con absoluta claridad. En nuestros años de adolescencia, las preguntas «¿Quién soy?» y «¿Qué debo hacer?» tendían a ser predominantes. La cultura decía una cosa y la iglesia otra; nuestros padres y nuestros grupos de amigos nos llevaban en diferentes direcciones; nuestra niñez y nuestra incipiente adultez probablemente añadían confusión. Después de haber superado los problemas de identidad de la adolescencia, probablemente descubrimos que nuestro sentido de identidad continúa evolucionando. Sin duda, Dios nos invita a través de nuestras vidas a desaprender y reaprender nuestra identidad más fundamental.

La tradición espiritual cristiana se refiere al proceso de reconocer la «voz» del Espíritu de Dios de entre las otras voces conflictivas como el arte de «discernir». Tanto la tradición como la experiencia confirman que el discernimiento es verdaderamente un desafío espiritual.

Por esta razón, el discernimiento no es típicamente una práctica solitaria en la iglesia. Responder auténticamente al Espíritu de Dios sucede mejor dentro del contexto de la comunidad, con la guía de la Escritura, la tradición y otros creyentes—todos los cuales son medios

El discernimiento a menudo depende de dones que no tenemos. Necesitamos el entendimiento, los recursos y las oraciones de otras personas.
—Jeannette A. Bakke

de gracia. El discernimiento requiere atención particular. Necesitamos guiarnos unos a otros en el discernimiento. Tal guía puede tomar un número de formas que exploraremos las próximas semanas. Por ejemplo, el discernimiento puede ser practicado entre dos personas en una forma tradicionalmente llamada dirección espiritual. No es dirección en el sentido usual de la palabra. Al contrario, dos personas escuchan para entender y responder a la guía (la dirección) del Espíritu Santo. Algunas veces el discernimiento ha sido practicado en pequeñas comunidades intencionales tales como los grupos de pacto. Ha sido el foco específico de ciertas prácticas tales como el comité cuáquero de claridad, una práctica en grupo pequeño en la cual un individuo o pareja pueden obtener claridad sobre una preocupación o decisión particular. Ocasionalmente, los principios de discernimiento han sido analizados y un proceso claro ha sido bosquejado. Ignacio de Loyola hizo esto en el siglo dieciséis con sus *Ejercicios Espirituales,* un intenso y estructurado programa de oración guiada diseñado para realinear el corazón, la mente y la voluntad del participante con el Espíritu de Cristo.

A lo largo de su historia, la iglesia se ha preocupado por seguir la dirección del Espíritu y ha afirmado que los cristianos y cristianas pueden ayudarse entre sí en esta dirección. Toda persona necesita la dirección del Espíritu, de modo que nos pueda ayudar a considerar las muchas maneras en las que podemos abrirnos a esta dirección dentro de la comunidad de discípulos y discípulas de Cristo. Antes de enumerar algunas de estas formas, sin embargo, es importante distinguir la dirección espiritual de otras formas de dirección que son comunes en nuestra experiencia.

Entendiendo la dirección espiritual

Primero que nada, la dirección espiritual no es principalmente para resolver problemas o para encontrar respuestas definitivas a las preguntas. De lo que se trata es de vivir en la gracia y agradecidamente en la rica, hermosa y dolorosa textura de la vida y encontrar a Dios ahí; es más acerca de sentir las invitaciones vivificantes de Dios en medio del estancamiento; es más acerca de vivir en el cambiante misterio de la vida de la cual somos parte. Además la guía espiritual no es principalmente consejería o terapia; sin embargo, son campos relacionados. La guía espiritual no es instrucción teológica o dar consejo. Ni es simplemente el escuchar amigable y compasivo que un vecino puede darle a otro. Cuando buscamos la dirección del Espíritu, nos enfocamos en la dinámica y viva presencia del Espíritu de Dios trabajando en la vida de un individuo o comunidad. La guía espiritual nunca puede aplicar principios genéricos a situaciones particulares. Requiere atención informada al movimiento siempre sorprendente del Espíritu de Dios en una circunstancia concreta.

¿Por qué puede usted escoger buscar dirección espiritual, ya sea como individuo o como miembro de un grupo? Quizá porque está siendo perseguido por la misma pregunta que no se va y que persiguió a la persona que fue a mi retiro hace años: ¿cómo sé cuál es la voluntad de Dios para mi vida? Quizá porque aunque su vida está llena de muchas cosas, de alguna manera todavía está vacía, y Dios es el único «más» que puede llenar el vacío. Quizá el Dios con el que usted siempre pensó que podía contar ha «desaparecido» en medio de la muerte, el divorcio o la enfermedad. Quizá usted de pronto se encuentra entusiasmado con una visión del mundo, motivada a ofrecerse generosamente en servicio. O quizá ir a la iglesia una vez a la semana, y aun al estudio bíblico, no está satisfaciendo el hambre urgente que usted siente por orar, el hambre de tener más intimidad con Dios.

La dirección espiritual está relacionada con toda la vida de una persona vivida en respuesta a la dirección de Dios, no sólo con su mundo devocional interior. Aun así no se supone que tome el lugar de otras formas necesarias de dirección ofrecidas dentro de la comunidad de fe. Un programa de Doce Pasos o algo similar es esencial para alguien que está luchado con la adicción. Las dificultades matrimoniales, la depresión, la planeación de carrera, o qué enseña la iglesia pueden ser apropiadamente guiados por consejeros entrenados, terapistas y educadores cristianos. Así que la guía espiritual puede ayudar a una persona que está sufriendo por la adicción, los problemas

Definimos pues la dirección espiritual cristiana como la ayuda que ofrece una persona cristiana a otra, la cual capacita a esa persona a prestar atención a la comunicación personal de Dios con él o ella, a responder a este Dios que se comunica personalmente, a crecer en intimidad con este Dios, y a vivir las consecuencias de esta relación.

—William A. Barry
y William J. Connolly

La concentración silenciosa crea un espacio vacío en el cual se pueden probar los momentos difíciles de la experiencia y descubrir perspectivas más amplias... Si no cultivamos tiempos de silencio y soledad, no podremos crear un ambiente de obediente atención en el cual prestemos atención a la voz de Dios.
—Tomás R. Hawkins

de relaciones, los problemas de trabajo o las preguntas teológicas; pero no se debe esperar que esta guía resuelva estos problemas. Preferiblemente, la guía espiritual asiste a la persona para que descubra la presencia y guía del Espíritu de Dios en medio de todas las experiencias de la vida.

Aprendiendo a estar atento

Para ser auténtico y de ayuda en dirigir a otros hacia el conocimiento de la voluntad de Dios, la dirección espiritual necesita ser llevada de una manera que difiere de alguna forma de las otras ayudas profesionales. La concentración en el Espíritu de Dios requiere escuchar profundamente, receptivamente y en oración. Practicar el arte de concentrarse en el Espíritu nos envuelve en un escuchar contemplativo. Tal escuchar es diferente de las varias formas en las cuales nosotros generalmente nos escuchamos unos a otros. Piense en eso. En nuestra experiencia común, usualmente escuchamos de maneras autoreferenciales. En una reunión social, puede parecer que estamos escuchando a un invitado, pero realmente estamos enfocados en lo que diremos como respuesta para causar buena impresión o mantener nuestra conversación fluyendo. Podemos escuchar principalmente para formar juicios, ya que a menudo estamos tentados a categorizar a la gente y los eventos de acuerdo a nuestras normas de aceptación. Podemos escuchar para obtener información, como lo hacemos en una clase. Algunas veces escuchamos cuidadosamente los argumentos de otros a fin de responder efectivamente a ese argumento. Podemos escuchar a fin de apoyar y de aliviar el malestar de alguien o para ayudar a resolver las dificultades de una persona.

La manera de escuchar en la dirección espiritual difiere de esas maneras comunes de escucharnos unos a otros. Es un escuchar santo basado en el silencio. Busca vaciamiento a fin de ser lleno con el Espíritu. Está permeado por la humildad. Tal modo de escuchar asume que el Espíritu está activo entre nosotros y trabaja a través nuestro. Así que hace espacio para ese movimiento. Es principalmente receptivo, paciente, observador y espera. Aun así, no teme entrar en acción cuando se espera que lo haga. Este escuchar es generosamente flexible, hospitalario y cálido. Acepta la belleza y el dolor de la vida en toda su variedad. Reconoce la creación de toda la gente a la imagen de Dios. Se acerca a la vida como un misterio en el cual vivimos gozosa y generosamente. Mientras que en un sentido es un don, este tipo de escuchar, generalmente, se cultiva con los años, a medida que, en oración, ponemos atención al Espíritu en nuestras propias vidas y segun otros nos escuchen en la misma manera llena de gracia.

El foco en la guía espiritual es en la relación de una persona con Dios y las respuestas que esa relación trae. Ya que somos personas completas y no podemos separar nuestro ser interior y nuestras vidas exteriores, la conversación en la guía espiritual puede abarcar muchos tópicos—nuestras familias de origen, nuestras raíces étnicas o culturales, problemas con un esposo/a o hijos, el significado de nuestro trabajo, la posición moral que tomamos, la manera en que empleamos nuestros recursos, la manera en la cual usamos nuestro tiempo, el contenido y métodos de nuestra oración, las disciplinas espirituales que asumimos, o los ejercicios devocionales en los que nos involucramos. Cualquier faceta de la vida puede ser tomada en consideración. Pero la guía espiritual será considerada en relación al movimiento discerniente del Espíritu. «¿Cómo está Dios conectado con estos asuntos?» Este es el fundamento de la dirección espiritual. Cuando ponemos atención en una manera abierta y discernidora, la conexión con Dios puede llegar a ser clara en cada aspecto de nuestras vidas.

El siguiente extracto nos ayudará a entender qué pasa en una relación de dirección espiritual:

La dirección espiritual es básicamente la guía que un cristiano ofrece a otro para ayudar a esa persona a que «*crezcamos en todo…, esto es, Cristo*» (Efesios 4:15). Un director espiritual es alguien que puede ayudarnos a ver y nombrar nuestras propias experiencias de Dios…

1. *Una persona guía espiritual nos escucha.* Cuando necesitamos que alguien escuche la historia de nuestra vida en términos de fe, una directora espiritual ofrece espacio hospitalario para que hablemos y seamos escuchados/as. A menudo no conocemos comple-

tamente nuestros pensamientos o experiencias, nuestras preguntas o asuntos sin resolver. No lo sabemos hasta que hayamos tenido una oportunidad de ponerlas en palabras ante un oído atento y receptivo. Un director/a espiritual puede «escucharnos y llevarnos a clarificar», ayudándonos a articular nuestros pensamientos, sentimientos, preguntas y experiencias en relación a Dios.

2. *Un director/a espiritual nos ayuda a notar cosas.* La presencia de Dios y las formas de actuar del Espíritu generalmente no son evidentes para nosotros. Son sutiles y no intrusivas, a menudo escondidas en medio de nuestros eventos e interacciones ordinarias. Requiere práctica ver la gracia de Dios en el diario vivir. Un mentor espiritual nos puede ayudar a poner atención a los signos de la gracia, a escuchar el «susurro apacible de Dios» en nuestros encuentros y experiencias diarias. Una directora también puede dirigir nuestra atención a las dinámicas de nuestro corazón, para que podamos llegar a estar más conscientes de cómo Dios nos habla a través de eso.

3. *Un director/a espiritual nos ayuda a responder a Dios con mayor libertad.* Cuando empezamos a notar la presencia, guía, provisión y desafío de Dios en nuestras vidas diarias, nos enfrentamos con opciones. ¿Cómo debemos responder? Las opciones no siempre son fáciles. La presencia y la provisión de Dios son confortantes, evocando naturalmente gratitud y alabanza. Pero Dios también nos enfrenta con las realidades obscuras de nuestras vidas, llamándonos a un cambio verdadero. Es difícil dejar ir hábitos viejos y maneras de ser. De este encuentro, Dios nos llama a un nuevo sentido de propósito y misión en la vida. Un director espiritual puede animarnos hacia una libertad más completa para responder a Dios en obediencia amorosa.

4. *Un director/a espiritual nos dirige a disciplinas prácticas de crecimiento espiritual.* Sin la ayuda de prácticas particulares es difícil llegar a estar más concientes de y receptivos a la actividad de Dios en nuestras vidas. La mayoría de nosotros puede usar dirección

en las formas de orar que nos pongan a tono con la presencia de Dios. Podemos necesitar sugerencias para hacer lecturas espirituales, o recomendaciones sobre cómo mantener un diario, o recordatorios sobre la naturaleza de la humildad auténtica en el examen de conciencia. Quizá necesitamos alguien que haya practicado el ayuno para que nos ayude a permanecer en el camino con nuestros esfuerzos. Un compañero o compañera espiritual puede sugerirnos varias prácticas según se vean apropiadas y nos ayuden a discernir cuándo y si es mejor cambiarlas. Una guía puede también ayudarnos a mantenernos responsables de las disciplinas a las que nos comprometimos.

5. *Un director/a espiritual nos amará y orará por nosotros.* Esta es probablemente la función más importante de un compañero o compañera en la fe cristiana. El amor de un director espiritual por la persona que está dirigiendo es siempre mediado por el amor de Cristo. Ese es amor ágape. La expresión continua de ese amor es la fiel oración, durante y después del tiempo de reuniones. Si esto está en operación, muchas fallas del director/a pueden ser cubiertas por gracia. Si no está presente, ¡aun la más virtuosa técnica puede escasamente lograrlo![1]

EJERCICIOS DIARIOS

Margaret Guenther escribe lo siguiente:

> Entonces ¿qué enseña el director/a espiritual? En los términos más sencillos pero también los más profundos, el director espiritual es simultáneamente un aprendiz y un maestro del discernimiento. ¿Qué sucede? ¿Dónde está Dios en la vida de esta persona? ¿Cuál es la historia? ¿Dónde está la historia de esta persona en relación a nuestra historia cristiana común?[2]

Los ejercicios diarios de esta semana nos invitan a explorar el don del escuchar santo la presencia de Dios en las vidas de otras personas. Use su tiempo para reflexionar en los ejercicios y para comunicarse íntimamente con Dios en oración.

Ejercicio 1

Lea 1º de Samuel 3:1-18 fijándose en el papel de Elí como un director espiritual para Samuel. ¿Cómo respondió Elí a Samuel, y qué hizo Elí que ayudó a Samuel a reconocer el llamado de Dios en su experiencia? ¿Cómo habría respondido usted a la insistencia de Samuel? Identifique los «Elís» en su vida que le han escuchado con paciencia y ayudado a articular su experiencia de Dios.

Revise los cinco puntos de lo que sucede en una relación de dirección espiritual impresos en las páginas 271–73. Reflexione en dónde ve usted alguna de estas dinámicas funcionando en la historia de Samuel y en sus propias relaciones.

Ejercicio 2

Lea Hechos 8:26-40. La historia de Felipe con el eunuco etíope revela las dimensiones del evangelismo y la fe compartida, pero también una relación de dirección espiritual. Haga una lista de los asuntos de dirección espiritual que usted ve ilustrados aquí. ¿Ha tenido relaciones con estas características? ¿Qué hacen esas experiencias buenas o difíciles?

Ejercicio 3

Lea nuevamente Hechos 8:26-40. Escriba un relato de primera mano del eunuco etíope compartiendo con Felipe algunos aspectos de su búsqueda de sentido. Ponga atención especial a las claves que la historia le da sobre la situación del hombre: ¿hacia dónde va?, ¿de dónde viene? ¿encontró lo que estaba buscando? (Vea Deuteronomio 23:1.) Use su imaginación para identificarse con el eunuco. ¿Por qué se sentirá separado de su propia vitalidad creativa? ¿Qué pudo haberlo llevado al pasaje de Isaías? Tome un momento para reflexionar en qué sentido se identifica usted con la situación del eunuco en su vida actual.

EJERCICIO 4

Lea por tercera vez Hechos 8:26-40. Escriba un relato de primera mano del viaje de Felipe con el eunuco etíope. Use su imaginación para identificarse con Felipe. Describa cómo se desarrolló su relación con el eunuco. Explore cómo recibió la guía del Espíritu aun mientras usted ofrecía dirección—de principio a fin en esta relación.

Para cerrar, traiga a su mente a alguien a quien estará viendo enseguida. Lleve a esta persona a Dios en oración y, cuando se encuentren, siga la guía del Espíritu de Cristo. Luego, apunte su experiencia e ideas.

EJERCICIO 5

Un ejercicio espiritual muy útil para discernir el movimiento de Dios en su vida se llama «el examen», una revisión estructurada y regular de la vida diaria que enfatiza ya sea una evaluación de su fe (examen de conciencia) o su conciencia de la presencia de Dios (examen de la consciencia). En esta parte final de *Compañerismo en Cristo*, la parte final de cada ejercicio diario semanal es una invitación a varias formas de examen diario. Típicamente, el examen es practicado a diario, pero lo estaremos usando como un ejercicio semanal.

El siguiente examen es adaptado del proceso de Ben Campbell Johnson para «integrar la vida de oración a los eventos ordinarios y decisiones de la vida diaria». Tenga su diario a la mano para escribir sus notas.

Reúna la semana. Identifique los 10 ó 12 eventos principales de su semana, incluyendo oración, conversaciones específicas, reuniones, comidas, trabajo y circunstancias planeadas o no planeadas. Haga una lista.

Revise la semana. Reflexione sobre cada circunstancia anotada. Recuerde lo que estaba pasando dentro de usted, lo que estaba sintiendo, y cómo estaba reaccionando o respondiendo. Esta es la esencia real de su vida diaria.

Dé gracias por la semana. Dé gracias a Dios por cada parte de su semana, por su vida, por las vidas de las otras personas que fueron parte de su semana, y por la presencia de Dios en su semana. Celebre los dones particulares que recibió en las circunstancias esperadas o inesperadas que enriquecieron su semana.

Confiese su pecado. Reconozca sus faltas en pensamiento, palabras y acción hacia Dios, sus vecinos, la creación y usted mismo. Nombre las veces cuando sintió que ignoró los acercamientos sutiles o advertencias del Espíritu.

Busque el significado de los eventos. Reflexione en el significado fundamental de cada evento. Hágase preguntas como: ¿Cuál es el tema de los eventos de la semana, sus dones y sus desafíos? ¿Dónde experimentó Jesús algo similar y cómo respondió? ¿Qué está Dios diciéndome o invitándome a aprender? ¿Qué estoy siendo llamado a hacer? Escriba lo que viene a su mente.[3]

Recuerde revisar su diario de la semana como preparación para la reunión de grupo.

Parte 5, Semana 2
Compañeros y compañeras espirituales

*I*dealmente, toda la iglesia debería ser una comunidad de discernimiento espiritual. En un sentido, eso es lo que se supone que la iglesia debe ser—una comunidad enfocada en discernir y hacer la voluntad de Dios. Desafortunadamente, muy poca gente experimenta la iglesia de esta manera. La actividades de la iglesia tienden a enfocarse en el evangelismo, el crecimiento de la iglesia, el levantamiento de fondos, los grupos de enseñanza y aprendizaje, los programas para niños y jóvenes, o la intervención en crisis de familias e individuos en necesidad. Todas estas son funciones importantes y necesarias. Pero dejan a mucha gente vacía, saliendo de las clases, encontrándose en los pasillos o santuarios con su hambre espiritual no satisfecha. Como cristianos, debemos dejarnos llevar por una herencia rica de bien probados modelos y experimentos prometedores en la guía espiritual para alimentar esa hambre.

El Evangelio de Lucas (24:13-35) nos narra una historia que nos revela algo importante sobre la guía espiritual. Después de la crucifixión, dos desanimados y atormentados discípulos estaban caminando hacia la ruta que lleva a Emaús. Se encontraron con un extraño con quien compartieron las noticias sobre los terribles eventos de los últimos días. Invitándolo a que se quedara con ellos porque el día terminaba, los discípulos reconocieron al extraño como Jesús cuando él partió el pan con ellos. ¡Después de su partida, los discípulos escasa-

> *La conversión es un proceso de toda la vida en el que permitimos que Dios remueva las escamas de nuestros ojos de modo que podamos apropiarnos más y más de la irresistible realidad del amor de Dios por nosotros/as. En este proceso de vida de apartarnos y regresar, nos necesitamos unas a otras para ayudarnos a vencer nuestra resistencia a la luz.*
>
> —William A. Barry

mente podían contener su entusiasmo! «*¿No ardía nuestro corazón en nosotros, mientras nos hablaba en el camino?*», se preguntaban.

Seis siglos después de que la historia en este evangelio fuera escrita, Gregorio el Grande comentó sobre este pasaje. Dios, dijo él, es experimentado entre nosotros de la misma manera que en el camino a Emaús. Dios es conocido por el ardor en nuestros corazones, conocido en nuestro amor compartido de Dios, conocido como existente entre nosotros. Sin duda, Dios es conocido precisamente cuando hacemos nuestra jornada unos con otros, hablando de las preguntas más queridas de nuestro corazón y encontrando ahí el compañerismo y la presencia viva de Dios.

La vida espiritual cristiana, aunque íntima y personal, nunca puede estar aislada o privatizada si quiere permanecer auténtica. Compartimos esta vida en comunidad. Desde los primeros siglos, los cristianos han afirmado que el discernimiento espiritual se da mejor con al menos una persona, si es que no con otros creyentes. Del pasado tenemos una idea de las diversas maneras en que el compañerismo espiritual ha sido practicado.

Dirección espiritual de persona a persona

Quizá la forma más clásica de compañerismo espiritual de persona a persona se encuentra en los desiertos de Egipto, Palestina y Siria durante el cuarto hasta el sexto siglo. La iglesia había pasado a través de un período de intensa persecución, cuando el martirio había sido el punto más alto del testimonio cristiano. Ahora un tipo diferente de martirio se convierte en el testimonio de la nueva vida en Cristo. Muchos acogen el «martirio blanco» de la vida ascética (en lugar del «martirio rojo» de la muerte física). A través de prácticas de oración, autodisciplina y mortificación, el mártir ascético «moría» a su «falso ser»—el orgullo, la avaricia grandiosamente admirada por la cultura en general—y renacía al «verdadero ser» en Cristo—el caritativo, humilde, generoso de corazón puro. Tal transformación radical se entendía como una lucha real con los «demonios» que desfiguraban el corazón humano.

Aquellos que buscaban esta nueva vida iban a los desiertos buscando mentores espirituales que hubieran pasado la fragua de la transformación y hubieran renacido. Figuras carismáticas, tales como Antonio de Egipto, eran legendarias. Tenían autoridad por su don de discernimiento. Estaban dotados para ver dentro de los corazones de aquellos que venían a ellos y para percibir qué demonios particulares los habían agarrado. Fuera de su propia experiencia duramente ganada, ellos podían ofrecer guía en el proceso de apertura del corazón de uno a la transfiguradora gracia de Dios. En el silencio de la soledad del desierto, una profunda capacidad para escuchar podía ser cultivada, el escuchar la palabra de Dios y escuchar el toque suave del Espíritu.[1]

La relación de mentoría personal de uno a uno entre el que buscaba y el abba (padre) o amma (madre) espiritual era una de intensa confianza, obediencia e intimidad espiritual. El que buscaba abría su corazón sin reservas ante el anciano, revelando todos sus pensamientos y movimientos; y el anciano podía entonces discernir qué era lo que se necesitaba. De esa tradición tenemos colecciones de «dichos» que nos dan una idea de la sabiduría que esos maestros pasaron a sus discípulos. Aquí hay dos ejemplos de los escritos de esas colecciones:

> Un hermano preguntó a uno de los ancianos: ¿Qué cosas buenas debo hacer para tener vida? El hombre anciano contestó: Sólo Dios sabe lo que es bueno. Sin embargo, he oído decir que alguien preguntó al Padre Abad Nisteros el grande, el amigo del Abad Antonio: ¿Qué buen trabajo debo hacer? Y él contestó: No todos los trabajos son iguales. La Escritura dice que Abraham fue hospitalario y Dios estuvo con él. A Elías le gustaba la oración solitaria, y Dios estaba con él. David era humilde, y Dios estaba con él. Por lo tanto, sea lo que sea que veas que tu alma anhela de acuerdo a Dios, has eso, y tendrás tu corazón seguro.[2]

> Amma Syncletica dijo: Es bueno no enojarse. Pero si tiene que suceder, no permitas que tu día se afecte por eso. Porque fue dicho: No dejes que el sol se ponga. De otra forma, el resto de tu vida puede ser afectado por eso. Por qué odiar a una persona que te hiere, puesto que no es esa persona quien es injusta, sino el diablo. Odia la enfermedad, pero no a la persona enferma.[3]

Hay un claro llamado a la perfección, la santidad, y a la plenitud de vida en Cristo. El llamado a ser perfectos/as (teleios) (Filipenses 3:15) puede ser traducido como un llamado a la madurez espiritual y a la espiritualidad adulta (J. B. Phillips). Este proceso de madurez espiritual es el propósito de la dirección espiritual.

—Kenneth Leech

Este modelo primitivo de la guía espiritual ha persistido a través de los siglos con algunas variaciones. Siempre ha habido hombres y mujeres santos, cuyo testimonio ha sido confirmado por sus dones, el fruto de sus trabajos y la santidad de sus vidas; que han reunido discípulos alrededor de ellos. En la iglesia de la Edad Media muchas mujeres santas, algunas de ellas visionarias o profetisas, funcionaron como guías espirituales en sus comunidades. En el siglo catorce en Inglaterra, una mujer llamada Juliana vivió en una celda como ermitaña en la ciudad de Norwich y escuchó los problemas espirituales en todos los aspectos de la vida de la gente que llegó a la ventana de su celda.

Otra mujer santa del mismo siglo llamada Catalina, de la ciudad de Siena, era llamada «madre» por su grupo de discípulos espirituales. Sus cartas insistentes y de crítica severa dirigidas a figuras públicas, incluyendo el papa, fueron escuchadas por su reputación de guía confiable para discernir el Espíritu de Dios.

Este modelo de guía de persona a persona históricamente ha tomado otras formas, algunas relacionadas a otros roles institucionales dentro de la iglesia. En la Edad Media, la práctica de la dirección espiritual de persona a persona llegó a ser más una función del clérigo que, a menudo, aconsejaba a la gente en los métodos aprobados de orar y principios formales de la vida espiritual.

Hoy día, la guía espiritual de persona a persona ha regresado más al modelo primero. Podemos ver claramente ejemplos de esto en la relación llena de gracia de Jesús con sus discípulos y el cuidadoso compañerismo de la iglesia primitiva. El discernimiento es un don dado a la iglesia para el bien de la iglesia, ejercido por ciertas personas sin importar si son en la iglesia hombres, mujeres, laicos, clérigos u oficinistas. El foco está en la relación de crecimiento individual con Dios. Este director espiritual o guía facilita el crecimiento y desarrollo de esas relaciones. La experiencia individual de Dios es el punto de partida y siempre tiene que ser respetada. Los líderes espirituales contemporáneos no se ven a sí mismos principalmente como «personas que contestan» o «personas que arreglan». Ellos no son gurús o maestros que enseñan a otros qué hacer. Ellos no apoyan la depen-

dencia o asumen importancia excesiva en la vida de aquellos que buscan ser guiados. Al contrario, ellos están al servicio de Dios y de las personas que vienen a ellos.[4] Un guía espiritual ofrece un espacio seguro y confidencial para ver la vida de una persona a la luz de la presencia y propósitos de Dios. Debido a que la relación de guía espiritual se enfoca totalmente en la persona y su relación con Dios, el director espiritual ayuda al que busca a nombrar lo que le está pasando en las luchas de la vida, sus sorpresas y sus desafíos. Al ir más allá de la superficie en los eventos de la vida, la persona que está buscando dirección puede hacer conexiones con la Escritura y las percepciones de la tradición espiritual, y escuchar y responder al llamado de Dios.

Howard Rice ha escrito una descripción simple de la naturaleza de la guía espiritual de persona a persona:

> En una relación individual, las responsabilidades del guía son las siguientes:
>
> 1. Escuchar cuidadosamente lo que la persona dice acerca de si misma y de su vida espiritual.
>
> 2. Alentar su deseo (expresado o insinuado) de reconocer y responder a la presencia de Dios en su vida.
>
> 3. Sugerir la práctica de ciertas disciplinas que facilitarán su crecimiento espiritual y les abrirá a la presencia del Espíritu Santo.
>
> 4. Animarlo a examinar su vida honradamente a la luz del amor perdonador de Dios.
>
> 5. Orar con ellos y por ellos.[5]

[Nuestras vidas] se enriquecerán por el don de un oído atento—uno que preste atención a los movimientos de la gracia y el temor al cambio. Prestar atención a los susurros de Dios es uno de los más preciados dones que podemos ofrecernos unos a otros.

—Larry J. Peacock

Amistad espiritual

Una variación de la dirección espiritual de uno a uno es la amistad espiritual. La dirección espiritual y la amistad espiritual no son equivalentes. En una relación entre un guía espiritual y la persona buscando guía, hay una cierta asimetría. El foco está sobre la relación entre Dios y la persona buscando guía, sobre la vida de la persona y la oración en lugar que sobre la vida de la persona guiada. En ocasiones la experiencia de la persona que guía puede entrar en forma explícita pero sólo si esto puede ser de ayuda en alguna manera para el individuo que busca la ayuda.

La amistad espiritual, por otro lado, es una relación absolutamente mutua e igual. El compartir entre dos amigos va en las dos vías, permitiendo la mutua apertura. Los amigos se ven a sí mismos como compañeros y compañeras. Ninguno ve al otro como más experimentado o de mayor autoridad. Una independencia saludable crece entre ellos.

La historia de la iglesia provee excelentes ejemplos de amistades espirituales. La iglesia celta honra la tradición del «anmchara» o «amigo del alma», un compañero/a sabio que toma al otro/a para acompañarlo/a en la jornada del alma. La historia nos da ideas de las vidas hermosas de fe sostenida por amigos. Francisco de Sales escribió de la amistad como absolutamente necesaria para la gente que intenta vivir más devotamente. Él creía que una vida devota «en el mundo» necesitaba todo el cuidado y apoyo que pudiera tener. El compromiso a vivir una vida cristiana y el cuidado mutuo en el crecimiento en esa vida es la satisfacción de la amistad espiritual. En sus raíces está el deseo mutuo de Dios.[6]

Hoy día la amistad espiritual toma muchas formas. Podemos descubrir un grupo de amigos que nos apoyan en fe o un amigo en particular que viaja con nosotros por un corto período de tiempo o por muchos años. Esas amistades varían grandemente, así como los individuos difieren unos de otros. Pueden empezar espontáneamente, pero si adoptan una estructura intencional, pueden permitir ese escuchar, animar y amonestar cuidadoso en los cuales un abrirse mutuamente ocurre regular y fructíferamente.[7]

Comunidades de dirección espiritual

Los cristianos han discernido el movimiento del Espíritu en contextos íntimos de dirección de persona a persona a través de su historia. Pero también han creado comunidades intencionales para facilitar el crecimiento en el Espíritu. La parroquia o congregación se supone que sea tal comunidad. Hemos notado que en nuestra historia reciente, el discernimiento típicamente se ha perdido en la vida congregacional. Ahora, sin embargo, hay una creciente reflexión sobre la iglesia local y el rol del pastor como guía espiritual, no sólo para individuos, sino también para las congregaciones como una totalidad.[8] Se ha prestado interés y atención considerable al arte del discernimiento practicado por los comités que gobiernan las iglesias.[9]

Más típicamente, los cristianos han formado pequeños grupos intencionales para proveer apoyo espiritual. El monasticismo es un experimento de por vida que crea un espacio de formación espiritual. El ideal del desierto de permitir a Dios transformar el «falso ser» en el «verdadero ser» se institucionalizó en la vida monástica. La regla de vida que gobierna la comunidad monástica llegó a ser una palabra viva hablada para guiar a los miembros del monasterio en la vida espiritual transformada. La regla no sólo provee una estructura administrativa para la comunidad de fe, sino que personifica los valores espirituales que el monasterio busca apoyar. Por ejemplo, la Regla de San Benito (la más famosa regla monástica de la iglesia del Occidente) permitía que se incorporaran a la vida diaria de los monjes los valores tales como el silencio, la oración, el estudio, la estabilidad, y la hospitalidad.[10]

La guía espiritual fue más allá de las paredes del monasterio. Ha habido muchos otros esfuerzos para guiarse uno al otro comunalmente. La Alta Edad Media vio el crecimiento del laicado cristiano. Algunas veces las mujeres y los hombres que estaban criando una familia y trabajaban «en el mundo» se unen a «terceras órdenes», grupos asociados patrocinados por órdenes religiosas formales como la de los franciscanos o dominicos. Estas asociaciones de «terceras órdenes» seguían una regla diaria modificada para cumplir con sus obligaciones. Se reunían regularmente con sus mentores espirituales para que los guiaran.

Algunos grupos de personas laicas o grupos mezclados de clérigos y laicos se establecieron para nutrición espiritual. Uno de tales movimientos, los beguinos, florecieron en el siglo trece. Este

La comunidad cristiana es esencial para el discernimiento. La comunidad puede estar representada por una persona que es parte de una comunidad cristiana más grande y que trae la fe y los valores de ésta a una situación particular. O varias personas pueden ser una comunidad que se centre en las necesidades de una persona por la invitación de ella o él. Nadie debe tratar de obtener discernimiento espiritual por sí mismo/a sin poner a prueba las decisiones ante otras amigas/os espirituales.

—Danny E. Morris
y Charles M. Olsen

movimiento fue principalmente para mujeres que algunas veces vivían en su casa familiar y otras veces vivían juntas. Ellas compartían la oración y los trabajos, y crecían juntas en la vida cristiana. Durante la última parte del mismo siglo en el continente europeo, se levantó un movimiento espiritual conocido como la Devoción Moderna. A partir de éste, crecieron grupos tales como los Hermanos y Hermanas de la Vida Común. Esta gente laica vivía junta en pequeños grupos, a menudo compartían una ocupación similar como trabajadores textiles. Ellos formaban parte de una congregación ordinaria, pero eran más serios sobre la vida espiritual que la mayoría de los cristianos. Ellos escribieron y circularon manuales para devoción, se reunían para leer la Biblia como grupo, y mantenían reflexiones compartidas de la Escritura a la que invitaban a otra gente. Ellos regularmente examinaban sus actos juntos a la luz del evangelio.

Estos mismos componentes básicos de la guía compartida pueden encontrarse en las iglesias que surgieron de la Reforma Protestante. Calvino animó al crecimiento espiritual en sus congregaciones a través del cuidado individual, la correspondencia y el apoyo informal mutuo. Sus herederos espirituales, los puritanos, fueron muy entusiastas sobre el compartir públicamente las experiencias espirituales y se las animaba a escoger amigos a quienes ellos pudieran dar cuentas de las obras de Dios en el alma. Los puritanos eran excelentes reporteros y periodistas, a menudo usaban sus diarios como una manera de practicar el examen personal. Dar consejo y compartir el recuento de sus jornadas espirituales por carta eran prácticas populares entre los puritanos.

Encontramos el esfuerzo más intencional y sistemático de promover la dirección espiritual a principios del movimiento metodista. Juan Wesley creía que los cristianos crecían en santidad más efectivamente en contextos de grupos de apoyo. Él creó un sistema de guía para cada necesidad concebible dentro de la comunidad cristiana. Las Sociedades Unidas se abrieron para todos y se reunían semanalmente para orar, para la exhortación mutua y para dar cuenta de su mayordomía. Las reuniones de clase, pequeñas unidades que se reunían en casas bajo un líder laico, llevaba a los miembros a comprometerse a una disciplina espiritual más intencional. Grupos aun más pequeños de reuniones separadas por sexos, de cantidades, nutrían la madurez espiritual mutua en un contexto de amistad. Se fundaron sociedades selectas para aquellos que se sentían llamados a una seguimiento serio de la santidad.[11]

La mayoría de las iglesias de la Reforma Radical enfatizaron grupos de guía espiritual. Los moravos se reunían en pequeños grupos para amonestación mutua. Y los cuáqueros (Sociedad de Amigos) cultivaron un estilo de alabanza—la reunión en silencio—que era esencialmente la práctica del discernimiento colectivo. Su meta era escuchar en silencio atentos a la Luz Interior que podía iluminar el camino de la comunidad. Los cuáqueros también desarrollaron otros medios de compartir dirección espiritual. Por ejemplo, el Comité de Claridad reunía un grupo de selectos oidores o interrogadores para ayudar a los individuos a clarificar la voluntad de Dios en momentos específicos de toma de decisiones.

Ahora la mayoría de la guía espiritual toma lugar con personas reuniéndose personalmente. Sin embargo, las comunicaciones a través de cartas, llamadas telefónicas y aun correo electrónico pueden proveer oportunidades para intercambio entre cristianos hambrientos de crecer en Dios. Todos estos modelos comparten la meta común de crecimiento y madurez espiritual, discernimiento del Espíritu vivo de Dios, y desarrollo de una auténtica relación con Dios.

La influencia de la cultura

Una pregunta interesante es la extensión en la cual varios de estos modelos de guía espiritual están enraizados exclusivamente en el pensamiento, formas y cultura europea. Claramente, el cristianismo de occidente ha provisto mucho de la sabiduría espiritual conocida por nosotros y todavía relevante para nuestras iglesias hoy. Esa sabiduría es muy amplia y espaciosa, pero necesita una mayor inspección en nuestro contexto multicultural. La tarea de examinar la influencia de la cultura en los modelos de dirección espiritual es relativamente nueva, pero importante. La pregunta relacionada a las diferencias de

géneros ya ha recibido alguna atención. Muchos ahora afirman que la mujer trae a la dirección espiritual una perspectiva única que su contraparte masculina generalmente no comparte y ese asunto de poder, violencia y enojo a menudo alteran la manera en que la mujer se relaciona con Dios.[12]

Pero la pregunta cultural todavía es nueva. Las diferencias en la cultura influencian nuestra imagen de Dios y moldean nuestras experiencias religiosas, las cuales pueden afectar profundamente la práctica de la formación espiritual. Por ejemplo, los estadounidenses de antepasados europeos a menudo enfatizan la relación del individuo con el mundo y con Dios. Las personas de cultura que no son anglosajonas pueden enfatizar la comunidad y la familia extendida, y por eso pueden experimentar el mundo y Dios en una manera diferente. La evangelización y la formación espiritual en Latinoamérica refleja el contexto de opresión política y económica en esa parte del mundo. Así que la Palabra de Dios no es solamente de consuelo personal y salvación, sino que es vista como social y espiritualmente liberadora para los pobres, y salvadora para toda clase de personas.

Los patrones culturalmente determinados de comunicación también influencian la formación espiritual. Por ejemplo, las prácticas religiosas de muchos afroamericanos se caracterizan por la expresividad emocional y un fuerte sentido de solidaridad de grupo. El modelo dominante de uno a uno de la guía espiritual que enfatiza el silencio, la soledad y la introspección puede no ser de ayuda para los cristianos cuyas profundas experiencias religiosas han sido forjadas en sus contextos. Las personas de las culturas asiáticas, en la cual el respeto a la autoridad ha sido profundamente incrustado, pueden encontrar impráctico el modelo igualitario de amistad espiritual, especialmente en relación a las figuras de autoridad tales como el pastor o los maestros. En el contexto de guía espiritual, todas estas preguntas necesitan ser consideradas, no de formas que estereotipen a la gente, sino en maneras que respeten la experiencia única de cada persona.[13]

EJERCICIOS DIARIOS

Douglas Steere escribe sobre un momento santo en 1950 en medio de una reunión cuáquera en el Colegio Haverford. Martin Buber, el famoso académico y rabino judío, estaba invitado al colegio. Se levantó en el silencio de una reunión cuáquera para hablar.

> [Buber] nos dijo que era una gran cosa trascender barreras para encontrarse con otro ser humano, pero ese encontrar a otro cruzando una barrera no era lo mejor que un hombre podía hacer por otro. Había algo todavía más grande. Lo más grande…era confirmar la dimensión más profunda que tenía dentro de sí. Después de esto, se sentó tan abruptamente como se había levantado. Había muy poco que decir.[14]

Los ejercicios de esta semana nos invitan a explorar cómo vemos a nuestros fieles amigos y guías de la Escritura confirmándose unos a otros lo más profundo que tienen dentro de sí mismos. ¿Cómo experimentamos lo mismo?

Ejercicio 1

Lea 1° de Samuel 18:1-4; 23:15-18. Las historias de David y Jonatán ilustran el don y el gozo de una verdadera amistad. Identifique las cualidades de la amistad espiritual que usted ve en el pasaje. Luego describa cualquier amistad que usted ha conocido en su vida que personifique tales cualidades. ¿Quién ahora entre sus amigos le ayuda a encontrar fortaleza en Dios? ¿Cómo sucede eso? Dé gracias a Dios por esta persona o personas.

Ejercicio 2

Lea 2° de Samuel 11:26-12:13. Natán demuestra una dimensión profética de la guía espiritual cuando confronta a David con la verdad sobre él mismo. ¿Está actualmente luchando con si debe decirle a un amigo una dura verdad o si debe preocuparse sólo de sus propios problemas? Busque guía en la relación de Natán con David y su manera de hablar la verdad en amor. Lleve su situación a Dios en oración. Escuche si el Señor le está enviando en amor a hablar, escuchar, aprender o confesar y revise un pecado escondido en su vida.

Ejercicio 3

Lea Juan 4:1-26. La historia de Jesús y la mujer samaritana ilustra la capacidad de Jesús para ver a través de las capas de identidad cultural qué personas están en la «verdad» de Dios. Estudie las formas en que Jesús llama a la mujer al discernimiento, constantemente llevándola hacia una conciencia más profunda de «*el regalo de Dios*» (v. 10) en medio de ella. Vean cuándo y cómo Jesús trata de moverla más allá de lo convencional o formas superficiales de verlo, verse ella misma, y ver a Dios. Note donde Jesús la invita a ir del plano teológico a lo personal y cómo ella le responde.

¿Qué ideas le traen esta lectura sobre la naturaleza de la guía o amistad espiritual? Tome un momento para estar conciente del don de Dios en usted y para pedir tomar el agua viva que usted necesita.

Ejercicio 4

Lea Juan 4:1-42. La historia de Jesús y la mujer samaritana ilustra tanto los efectos en grupo como personales de la guía espiritual. El hecho de que la mujer viniera al pozo al mediodía nos da una clave de la posibilidad del aislamiento dentro de la comunidad en la que ella se encontraba. La mayoría de las mujeres de la villa vendrían al pozo en tempranas horas de la mañana o en la tarde, no en el calor del mediodía. Este hecho, si se asocia con la historia matrimonial y su situación actual, puede sugerir una existencia socialmente inaceptable entre su propia gente—algo parecida a la forma en que los judíos veían inaceptables a los samaritanos.

A la luz de su aislamiento y la falta de aceptación por su comunidad, estudie el efecto múltiple de las acciones de Jesús como guía espiritual hacia esta mujer samaritana. ¿Cómo impactó la guía espiritual de Jesús la relación de la mujer con la comunidad? ¿Cuál es el impacto potencial en la relación entre la comunidad samaritana y la comunidad judía? Apunte sus ideas.

Ejercicio 5

Use el modelo para revisar la vida diaria provisto la semana pasada (páginas 275–76). O use el que está bosquejado aquí que revisa su vida a través de los lentes del Padrenuestro. Inicie el proceso en oración; pídale a Dios que le ayude recordando su vida en verdad y gracia; apunte sus pensamientos en su diario.

«Padre nuestro que estás en los cielos» —¿Cómo ha prestado atención a la presencia santa de Dios en su vida esta semana? ¿Dónde y de qué maneras estuvo usted al tanto o desprevenido de la presencia de Dios?

«Venga tu Reino. Hágase tu voluntad, como en el cielo, así también en la tierra» —¿De qué maneras buscó la voluntad de Dios? ¿De qué maneras tuvo éxito o falló al permitir que el anhelo de Dios del bien común gobernara sus actitudes y acciones?

«El pan nuestro de cada día, dánoslo hoy» —¿Cuál es el pan, físico y espiritual, que lo sostuvo esta semana y por el cual usted está agradecido con Dios? ¿Qué hizo con el pan que le quedó después de suplir sus necesidades? ¿Con quién partió o compartió su pan?

«Perdónanos nuestras deudas, como también nosotros perdonamos a nuestros deudores» —¿Perdonó a aquellos que le ofendieron o hicieron daño? ¿Qué pasos faltan para restablecer la paz? ¿A quién le hizo daño, y qué acciones tomó para enmendarlo? ¿Qué pasos faltan?

«No nos metas en tentación, sino líbranos del mal» —¿Dónde fue probada su fe (paciencia, amor, esperanza) esta semana? ¿De qué maneras falló la prueba? ¿De qué maneras fue librado? ¿Qué aprendió sobre sus límites y sobre dónde encontrar la fortaleza que necesita?

«Porque tuyo es el Reino, el poder y la gloria, por todos los siglos» —Dé gracias a Dios por las bendiciones y la generosidad divina. Enumere las bendiciones de la semana pasada y déjeselas a Dios. Pase tiempo en oración alabando a Dios y rededicando su vida a caminar con Cristo.

Revise su diario de la semana en preparación par la reunión de grupo.

Grupos pequeños para dirección espiritual

*E*n la Italia del siglo catorce, una mujer admirable llamada Catalina, quien vivió en el pueblo de Siena, escribió un libro llamado *El diálogo*. En él se narra una conversación entre Dios y «un alma». En ella, Catalina escribe que Dios habla de la iglesia como una gran viña en la cual cada individuo tiene su propia planta de uvas, pero en la cual no hay bardas o líneas divisorias entre los jardines. Lo que sucede en la vid de uno, para bien o para mal, íntimamente afecta a cada una de las otras vides.

Claramente, Catalina de Siena estaba desarrollando la imagen bíblica de la vid y las ramas de la cual Jesús habló en Juan 15. Pero ella no entendió la imagen en una manera individualista. No sólo somos nutridos por una fuente común—Cristo, la Vid—sino estamos inter-conectados y, por lo tanto, también nos ayudamos a nutrirnos unos a otros. La productividad de toda la viña—la iglesia—es compartida por todos nosotros no sólo como beneficiarios, sino también como jardineros asistentes. Nuestro quitar hierbas malas, podar, fertilizar y sembrar no es sólo para nosotros; es para todos. La Escritura enfatiza esta idea con otras metáforas como la iglesia como un cuerpo con muchos miembros, pero un Espíritu (2ª a los Corintios 12; Efesios 4). ¡Nuestro crecimiento en Dios es una aventura en comunidad!

En un profundo sentido, cualquier cultivo espiritual que hacemos

En el mejor de los casos, [los grupos pequeños de fe, oración y discernimiento] proveen un espacio de apertura corporativa a la vía del Espíritu, el apoyo personal, la perspectiva de la visión de otras personas, y las oportunidades de compartir el dolor, la ansiedad, la gratitud, la oración intercesora y la sumisión a Dios en fe.

—Tilden H. Edwards

como individuos afectará en última instancia a nuestras familias, nuestras comunidades y el mundo entero. Esta dimensión comunitaria es una natural e inevitable consecuencia de la vida espiritual. Pero algunos métodos de cultivo espiritual en la comunidad cristiana explícitamente reconocen que la nutrición espiritual es una tarea compartida. Varias formas de guía espiritual están disponibles para ser exploradas por grupos pequeños. Aun cuando lo siguiente no agotara todas las posibilidades, debemos distinguir entre ellos: (1) grupos de responsabilidad mutua; (2) grupos enfocados en la Escritura; (3) grupos enfocados en la oración; (4) grupos que reflexionan en la acción; y (5) grupos de dirección espiritual.

Aunque estos modelos de grupos pequeños son distintos, ellos comparten una meta común de ayudarnos a abrirnos más generosamente al mover del Espíritu. Estos grupos pueden involucrar elementos de reunión de estudio o de información, pero el propósito principal de estos grupos no es ayudarnos a adquirir más información; al contrario, es ayudarnos a cambiar, a moldearnos y formarnos más completamente a la imagen divina en la cual fuimos originalmente creados. En nuestra edad moderna de información que valora mucho el acceso rápido a hechos y cálculos, es a veces difícil recordar que la vida espiritual no sigue este camino. No adquirimos una nueva técnica de oración y esperamos con eso ganar el favor o la pre-sencia de Dios con nosotros. Más bien, llegamos a ser gente de oración. No compramos un libro de cómo hacer cosas y seguimos las simples instrucciones que dicen: «Cinco secretos para la persona espiritualmente exitosa» o «Diez atributos garantizados para ganar dominio espiritual». La formación espiritual se asemeja mucho a una relación de amor a la cual nos comprometemos, rendimos y abrimos. A lo largo de esta relación somos desafiados, enseñados, dotados y amados incondicionalmente. Y, por eso, cambiamos.

El maravilloso misterio de la iglesia como una viña productiva es que hay muchos otros como nosotros, anhelando y luchando abrirse para la acogida del amor. Esto no es algo que hacemos solos.

Grupos de responsabilidad mutua

Una manera en que los cristianos juntos se han abierto a Dios es a través de los grupos de responsabilidad mutua o pacto. Los miembros del grupo acuerdan practicar disciplinas específicas de la vida cristiana individualmente, luego se reúnen para apoyarse y mantenerse unos a otros responsables.

Un modelo popular es uno de grupos de pacto de discipulado. El académico wesleyano David Lowes Watson ha recobrado este modelo de las fuentes de la iglesia metodista histórica.[1] Basado en las prácticas de grupo del movimiento wesleyano, Watson ha demostrado a los cristianos contemporáneos la centralidad genial de las primeras reuniones metodistas. El concepto principal es que la gente está más dispuesta a acercarse a Dios cuando tienen apoyo y ánimo mutuo. Un pequeño grupo de cristianos comprometidos (de hasta siete) acuerdan ir juntos en la jornada. Ellos estudian el entendimiento de Wesley sobre la vida cristiana y ven que los actos de compasión, justicia, devoción y alabanza son necesarios para esa vida. Los miembros del grupo consideran maneras específicas en que podrían llevar a cabo esos actos: por ejemplo, visitar a personas que no pueden dejar sus casas es un acto de compasión; la lectura diaria de la Biblia es un acto de devoción; abogar por los prisioneros de conciencia es un acto de justicia; y asistir a los servicios el domingo es un acto de alabanza. Los miembros del grupo entonces crean un pacto escrito en el cual acuerdan mantenerse unos a otros responsables. La premisa principal de este modelo es que practicar estas disciplinas centrales cristianas es espiritualmente formativo, y que crecemos juntos e individualmente a medida que practicamos actos de misericordia y piedad.

Los grupos Emaús y otras expresiones de la tradición del Cursillo practican otro modelo. Estos pequeños grupos de discipulado de dos a seis personas se reúnen semanalmente por una hora con un formato común. Los miembros revisan su conciencia de la presencia de Cristo y llamado al discipulado durante la semana que pasó y cómo ellos respondieron. Comparten cómo van con sus disciplinas espirituales en el área de la oración (personal y en grupo), el estudio (de la

Escritura y otras lecturas espirituales), y el servicio (en la iglesia y la comunidad). Finalmente, nombran sus planes para caminar con Cristo durante la semana que viene, cerrando con oraciones los unos por los otros y por otras personas. El propósito del grupo es proveer apoyo continuo y asegurarse del cumplimiento del compromiso hecho de vivir totalmente en la gracia de Dios y de crecer en el espíritu de entrega de Jesucristo.

Otra expresión del grupo de responsabilidad mutua es el modelo Renovaré desarrollado por James Bryan Smith y establecido por Richard Foster.[2] Este proceso ecuménico para grupos pequeños identifica cinco tradiciones básicas de la vida cristiana: contemplativa, de santidad, carismática, de justicia social y evangélica. Un número pequeño de gente (dos a siete) se reúnen para explorar estos cinco elementos en un cierto número de reuniones. El grupo considera lo que puede significar descubrir (1) la vida de intimidad con Dios, (2) una vida de pureza y virtud, (3) una vida de capacitación a través del Espíritu, (4) una vida de justicia y compasión, y (5) una vida fundada en la Palabra. Una vez formado, el grupo continúa reuniéndose para comprobar la manera en que los participantes están viviendo en relación a esas tradiciones, y para que los miembros del grupo puedan compartir sus jornadas continuas de fe uno con el otro.

Otros tipos de grupos de pacto pueden funcionar en forma diferente. Pueden existir por un período específico de tiempo y servir principalmente como una pequeña comunidad en la cual los relatos de fe pueden ser compartidos. Generalmente, ellos harán un pacto para honrar la apertura mutua, la compasión, el apoyo y la confidencialidad. Lo que caracteriza estos grupos es el elemento de compromiso mutuo en la formación espiritual a través de un convenio escrito.

En los grupos pequeños la luz de Cristo brilla más claramente. Hay un misterio santo en los grupos cuando se hablan las palabras que abren ventanas al alma en el otro y todos quedan en admiración y reverencia. Los grupos pueden ser el espacio para el crecimiento en la vida espiritual.

—Larry J. Peacock

Grupos enfocados en la Escritura

Un segundo tipo de grupo pequeño se enfoca en la Escritura. La mayoría de las iglesias promocionan grupos de estudio bíblico que tienen un lugar importante en la vida de cualquier comunidad de fe. A menudo, el énfasis en tales grupos no va más allá del estudio. Su propósito principal es leer y aprender sobre la Escritura más intencionalmente. Sin embargo, un grupo de formación enfocado en la Escritura enfatizará la reflexión compartida en la Palabra. La meditación en la Escritura se sobreentiende que revela la guía del Espíritu en las vidas de los participantes.[3] La antigua práctica de *lectio divina* o lectura meditativa puede guiar a tales grupos. Usted habrá tenido muchas oportunidades de experimentar esta práctica a través de los ejercicios diarios anteriores. Como usted sabe, el propósito de una lectura lenta y reflexiva es involucrar nuestro ser completo con el texto. Leemos primero simplemente para el contenido, considerando quizá el significado del texto en su contexto original de comunidad. Luego nos permitimos dejar al texto—aun una palabra o imagen de él—trabajar en nosotros. Esa palabra o imagen se ubica en nosotros, y podemos empezar a conversar con Dios sobre ella, meditar en ella, sentirla hablándonos a nuestras vidas. Tal «masticar» de la Palabra en oración a menudo resulta en un profundo, reverente descansar en Dios, un acoger contemplativo de la profundidad de la Palabra sin mucho pensar o hablar. Un grupo que practica la lectio se puede enfocar en la reflexión de cada individuo en la Palabra; o puede juntarse con lectio compartida, una «lectura» en oración de la Escritura segun se revela en la vida del grupo.

Grupos enfocados en la oración

Todavía un tercer tipo de grupo de formación se centra en la oración. Estos grupos varían de acuerdo al tipo de oración enfatizada. La forma más común se enfoca en la oración intercesora, quizá concientes de que el «viñedo sin bardas» no es meramente una metáfora para animar o educar. Necesitamos participar en las vidas de las otras personas a un nivel profundo. Las intenciones de nuestras oraciones, ofrecidas en favor de unos y otros, forman y dirigen las intenciones que circulan en nuestro mundo. Somos seres espiritualmente interconectados. Actuando bajo el mismo principio, algunos grupos de oración se dedican específicamente a orar por la sanidad unos de otros y del mundo.

También son populares en nuestros días los grupos de oración centrada, que tomaron forma por Tomás Keating y otros.[4] Como aprendió anteriormente en su oración de exploración, la oración centrada es una práctica de oración contemplativa que toma su inspiración de «La nube de lo desconocido», creada por un cristiano inglés del siglo catorce. La práctica de la oración centrada está estructurada en períodos de veinte minutos, dos veces al día, en los cuales ofrecemos a Dios una simple, amorosa frase que captura nuestro sentimiento más profundo de la realidad divina. Mantenemos fuera otros pensamientos, preocupaciones o conversaciones. En silencio entregamos nuestra palabra como un «dardo de amor» que anhela ir en dirección de la vida divina. Esta oración nos vacía para recibir el amor siempre presente de Dios. Mientras muchos escogen ejercitar esta forma de oración en soledad, los grupos de oración centrada ofrecen instrucción y apoyo comunitario para esta práctica formativa.

La espiritualidad es una adventura comunitaria. Paso de un pueblo que hace su propio camino en seguimiento de Jesucristo a través de la soledad y amenazas del desierto. Esta experiencia espiritual es el pozo del que tenemos que beber.

—Gustavo Gutiérrez

Grupos que reflexionan en la acción

Un cuarto modelo de grupo de formación es el grupo de reflexión en la acción. Inspirado por las ricas tradiciones de justicia social que se han desarrollado en nuestras modernas denominaciones cristianas, estos grupos buscan unir la acción en favor de las personas pobres y oprimidas del mundo, con una reflexión de vida desafiante. Los lugares clásicos para este tipo de grupos se encuentran en la experiencia de las comunidades de base en Latino América. A mediados del siglo veinte, pequeños grupos de los más oprimidos y empobrecidos ciudadanos de América Latina empezaron a reclamar la profética visión antigua de la Escritura: la defensa y preferencia de Dios por «las viudas y los huérfanos», los desposeídos, los olvidados, los «más pequeños». Las comunidades de base leen la Escritura a la luz de su propia e inmediata situación desesperada, y buscan oír la palabra liberadora de Dios en ello. Luego actúan basados en esa palabra. El proceso de grupo que gradualmente se desarrolló era uno circular de acción (experiencia viva), seguida por la reflexión (cimentada en la Escritura), que los lleva a la acción. Cuando este proceso se practica en situaciones de privilegio, tales grupos de acción-reflexión a menudo se enfocan en hechos de servicio y justicia a favor de la gente marginada. Los cristianos involucrados en la obra de paz; de derechos humanos; de acción para aliviar el hambre, la discriminación o la falta de casa pueden en esta manera basar su actividad en un grupo profundamente reflexivo, cuyo compartir está basado en la Escritura, la ética social y la oración.

Grupo de dirección espiritual

Un último tipo de grupo de formación es un grupo de dirección espiritual. Esta pequeña comunidad se enfoca en ayudar a los miembros continuamente con el discernimiento individual. La dirección del grupo debe ser practicada de varias maneras. En la primera, un clérigo identificado como director espiritual interactúa con cada miembro por turnos, en presencia de todos. Los miembros del grupo son ayudados a reconocer, celebrar y responder al movimiento del Espíritu en sus vidas, cómo se reveló a través de eventos en su oración y las experiencias de la vida desde la última reunión. En la segunda forma de guía de grupo pequeño, la dirección particular de cada individuo se combina con un comentario reflexivo de los otros miembros del grupo en tiempos específicos. En la tercera forma, los miembros del grupo funcionan como guías espirituales los unos para los otros.

En esta tercera variación, como fue desarrollada por el Instituto Shalem para Dirección Espiritual, los grupos son cuidadosamente orientados en el instituto para la tarea que tienen que realizar.[5] Los individuos voluntariamente se comprometen a una asistencia fiel a las reuniones, a la discusión con otros sobre su relación con Dios, y al proceso fundamental. El proceso está basado en la práctica de silencio compartido, el arte de escucharse unos a otros, y en la atención contemplativa a la presencia del Espíritu. En cada reunión, un miembro actúa como facilitador, manteniendo control del tiempo y alertando al grupo si se sale del modelo contemplativo, si trata de «arreglar» o «rescatar», o si se distrae. Después de un período de silencio, un

En la dirección espiritual de grupo la gente aprende a escuchar al Espíritu de Dios en acción en ellos por otras personas en el grupo. A medida que toman lo compartido por otras personas en el lugar de reposo del silencio compartido, buscan responder a lo que ha sido revelado en ese piadoso lugar. De modo que hay una sabiduría colectiva disponible para cada persona.

—Rose Mary Dougherty

miembro comparte durante diez a quince minutos algún aspecto de su jornada con Dios, especialmente en relación a la oración, desde la última reunión del grupo. Si el orador desea respuesta del grupo, se observa otro silencio compartido, seguido por reflexión por cualquier que se sienta guiado a responder. El proceso se repite con cada persona en el grupo. Luego ellos oran por los miembros ausentes del grupo y comparten sus reflexiones en su tiempo juntos. Preguntas típicas en la clausura pueden incluir las siguientes: ¿Cómo está Dios obrando aquí? ¿Cómo fue el proceso? ¿Qué beneficio saco yo/nosotros de esta reunión? El fruto de habitar juntos en intimidad amorosa de esta manera es crecer en Dios y en compasión por otros.

La iglesia es verdaderamente una floreciente viña con muchas ramas injertadas alimentándose de Cristo la Vid. Pero la nutrición y el cultivo de la viña nunca son individuales. Podamos, regamos, cavamos y fertilizamos los jardines de unos y otros a medida que cultivamos el nuestro y que participamos activamente unos con otros en ser formados de nuevo.

EJERCICIOS DIARIOS

Tomás Hawkins escribe:

> Nuestro ser viene a nosotros como un regalo. Pero no es un regalo que Dios esconde profundamente dentro de nosotros y que debemos individualmente descubrir. Viene a nosotros a través de los medios de gracia que la gracia anticipante de Dios siempre ha provisto: nuestras a menudo dañadas y a veces destructivas relaciones con amigos, familia y comunidad…Nuestras jornadas espirituales requieren compañeros/as.[6]

Los pasajes de la Escritura en estos ejercicios nos invitan a explorar el poder de la presencia de Cristo «donde dos o tres estén reunidos en mi nombre».

Ejercicio 1

Lea Marcos 6:30-32. Estos pocos versículos nos dan un vistazo dentro del ritmo interior/exterior de la vida de Jesús con los discípulos. Después de haber sido dispersados para ejercer el ministerio, los discípulos se juntaron alrededor de Jesús, reportaron y reflexionaron en sus acciones, y descansaron con Jesús en un lugar quieto en preparación para ser enviados nuevamente al ministerio.

¿Hasta qué punto su vida refleja este ritmo formativo de vida en Cristo? ¿Qué relaciones o grupos le ayudan a mantener el patrón de Cristo de una manera vivificante y con propósito?

Ejercicio 2

Lea Mateo 18:15-20. Este pasaje refleja un modelo en el cual los miembros de la iglesia se asisten unos a otros para limar diferencias y buscar vivir la paz de Cristo. Note los aspectos del modelo que usted encuentre más llamativo, desafiante o problemático. Considere por qué usted siente así. (Con respecto al versículo 17, mantenga en mente el amor extraordinario con el cual Jesús trató a los paganos y recaudadores de impuestos.)

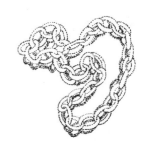

Vuelva su atención a los miembros de su iglesia. ¿Cómo nos ayudamos (o podría ayudar) unos a otros a enfrentar quebrantos, perdonar pecados, sanar heridas, y celebrar la gracia de la reconciliación en la comunidad? ¿Dónde ve usted situaciones que claman por una aplicación más deliberada del poder de la reconciliación de Cristo en la comunidad? Mantenga esas situaciones en oración con apertura a la guía del Espíritu Santo.

EJERCICIO 3

Lea Juan 11:1-44. La historia de Lázaro ilustra el poder de la resurrección de Dios en Cristo para levantar a los muertos a nueva vida. El punto culminante de la historia hace tres peticiones pidiendo la cooperación de los discípulos: «*Quitad la piedra*», «*Desatadlo y dejadlo ir*». Vuelva a leer los versículos 38-44 mientras medita en cómo el poder de Cristo puede hacerse presente entre amigos espirituales para llevar las cargas, remover ataduras, y liberarse uno al otro para una nueva vida. Apunte sus ideas.

¿Qué prácticas caracterizarían un compromiso mutuo de «quitar», «desatar» y «dejar ir»? ¿Qué partes de usted claman por la liberación que este grupo puede facilitarle?

EJERCICIO 4

Lea Hechos 11:25-30; 13:1-3. Éstos y otros episodios similares en Hechos nos dan una idea de la manera en que Pablo, Bernabé y sus compañeros misioneros se relacionaban unos a otros. Cuando se reunían, no sólo eran un grupo de apoyo; ellos formaban un grupo comprometido en apoyar el ministerio del Espíritu en y a través de unos y otros. La práctica de escuchar en oración a la guía del Espíritu era parte central de sus relaciones y de su práctica de reunirse.

Considere su vida en el Espíritu. ¿Con quién escucha usted (o podría escuchar) la guía del Espíritu? Considere la vida de la iglesia. ¿Cómo podría ser más deliberado/a respecto a escuchar juntos la guía del Espíritu para la vida común y el ministerio de la iglesia?

Tome unos momentos para escuchar y apunte en su diario el movimiento del Espíritu en usted con respecto a las posibilidades y el poder de confiar completamente en la guía del Espíritu.

EJERCICIO 5: EXAMEN DIARIO

Use uno de los modelos para examinarse diariamente provisto en las dos semanas pasadas. O trate el acercamiento descrito abajo que está basado en el modelo de reuniones regulares de Jesús con sus discípulos para reflexión y descanso (vea Marcos 6:30-32 y Ejercicio diario 1 arriba). Mantenga su diario a mano para que tome nota.

Reunión. Imagínese una reunión el fin de semana en compañía de Jesús con sus amigos cristianos. Recójase en la presencia de Dios. Recuerde y haga una lista de gente y de eventos que fueron un regalo en su vida esta semana. Escriba una oración breve de acción de gracias.

Reporte. Dígale a Jesús la historia de su semana como un discípulo. ¿Cuáles fueron los puntos altos y bajos? ¿Dónde tuvo éxito o falló en vivir su vida como una respuesta al llamado de Dios? ¿Dónde fue probado y liberado? ¿Dónde experimentó la presencia y el impulso de Dios? Note las acciones, actitudes y experiencias que fueron parte de su caminar. Reflexione sobre los patrones y descubrimientos.

Descanso. Pase tiempo con Jesús en quietud y oración. Permítale liberarle de sus fallas, déjele que cure sus heridas y le anime para los desafíos que hay por delante. Escuche a Jesús mientras afirma su vida y le envía al ministerio la semana que viene. Apunte lo que ve y oye; escriba lo que usted entiende que es la comisión a la que se le envía.

Recuerde revisar su diario de la semana como preparación para la reunión de grupo.

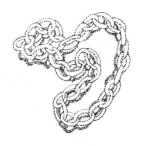

Parte 5, Semana 4
Revisión de nuestra vida como compañeros/as en Cristo

Quizá hemos heredado el viejo prejuicio que ve la espiritualidad esencialmente como un asunto privado e interior, mientras que nuestra vida en adoración y servicio con la iglesia es pública. ¡Nada puede estar más lejos de la verdad! Podemos muy bien definir la espiritualidad como un proceso completo y personal de búsqueda de una relación vital con Dios. Este proceso tiene una profunda dimensión introspectiva. Debemos observar honestamente nuestro ser y nuestra relación presente con Dios, poniendo atención a la profunda hambre de significado que enfatiza nuestras vidas y escuchar el anhelo del corazón. Pero una vez que hemos sentido el llamado de Dios, debemos responder. Estamos llamados a actuar, viviendo nuestros anhelos espirituales en el ancho mundo, nuestras comunidades, nuestros lugares de trabajo, y nuestras familias. La vida espiritual es una vida de llamado y respuesta. Nos involucra completamente y no puede ser mantenida en algún nivel interior aislado. La espiritualidad es intensamente personal, nos lleva a apreciar esa profunda soledad y silencio a través del cual Dios a menudo nos habla, pero nunca es privada en el sentido de que es «sólo para mí».

Sería sabio entonces mirar de cerca nuestra vida en comunidad en la iglesia como un ambiente en el cual la dirección espiritual y el discernimiento pueden y deben tomar lugar. De hecho, la convicción tras de este estudio es que la iglesia es una comunidad de gracia y

dirección espiritual, y que la tarea principal de las congregaciones es ayudar a la gente a entrar en una vida cristiana madura. Usted no necesita ser un pastor o un profesional de la iglesia para considerar el rol de la iglesia en este sentido y para ver formas en las que su congregación puede responder más completamente a la búsqueda de Dios y a la plenitud de vida en Cristo. Cada uno de nosotros/as—ya sea un miembro del comité de la iglesia, un miembro del coro, un maestro de Escuela dominical, un participante de un estudio bíblico, un voluntario del grupo de jóvenes, o un participante en la alabanza semanal—está buscando el apoyo y dirección de la iglesia para vivir una vida de fidelidad a Cristo. Pero somos más que receptores. También somos participantes en cómo la iglesia responde a las necesidades espirituales de la gente por la manera que escogemos compartir y moldear nuestra vida juntos en Cristo. Todos estamos invitados a hacer una revisión de nuestras vidas como compañeros y compañeras en Cristo.[1]

> *El culto de adoración se edifica sobre nuestra aceptación de Dios y se mueve hacia formas mediante las cuales nos abrimos a la presencia de Dios. Desde la música que suena al comienzo del culto, hasta los tiempos de quietud dentro del mismo, una función significativa de la adoración es la de crear espacio en el que las personas pueden experimentar lo que significa estar abierto a Dios.*
>
> —Howard Rice

Adoración como dirección

Cuando la gente piensa en la iglesia, la primera cosa que considera es el servicio de adoración del domingo. ¿Qué estamos haciendo cuando nos reunimos semanalmente? ¿Qué esperamos, visualizamos y recibimos? El servicio del domingo es primero y más que nada una ocasión para compartir la adoración. Creo que nos hemos vuelto casi indiferentes a la profunda resonancia de la palabra adoración. Nos reunimos para reconocer el sorprendente y profundo misterio que descansa en el corazón mismo de la vida. Venimos con nuestros gozos, miedos, heridas, sueños, y unos con otros. Cuando adoramos, reconocemos la presencia de Dios en medio nuestro.

Nuestras tradiciones nos han dado una infinita reserva de historias, conceptos y símbolos a través de los cuales podemos empezar a mirar y apreciar el misterio que es Dios. Tenemos palabras, gestos, rituales y prácticas que nos deben permitir adorar con gran amplitud y belleza. Ellas forman los puentes por los cuales Dios entra en nuestras vidas en forma íntima y trasformadora. Venimos a oír la

Palabra proclamada. La proclamación de la Palabra de Dios no sólo nos informa sobre la Escritura y las demandas éticas cristianas. Escuchamos la Palabra para ser transformados, para que llegue a ser la fuente de nuestra vida más profunda, para que en ella *«vivamos y nos movamos y seamos»*. Necesitamos venir a la Palabra como sugiere el salmista: como un ciervo sediento buscando un arroyo. Tal sed tiene que estar más que nada en nuestras mentes y corazones cuando escuchamos que se predica la Palabra. La Palabra es una multifacética, infinitamente profunda fuente de vida. No puede ser reducida a una única interpretación o vista como un código que sólo entrenados especialistas puede decodificar. La Palabra proclamada, escuchada, vista y asimilada es el agente de nuestra transformación.

Nuestra adoración compartida no sólo lleva nuestra atención a la Palabra espiritualmente vital; también nos invita a la oración. ¡Oración! No frases repetidas sin prestar atención, sino el clamor de nuestro corazón humano inflamado de amor, el clamor del espíritu seco que busca agua viva. Lo que traemos a la adoración es nuestra aspiración compartida por Dios. El fluir de nuestro aliento comunal—nuestra aspiración—eso es la oración. Oramos cuando cantamos juntos los himnos sacros que dan a nuestro respirar una forma común. Oramos cuando hablamos las palabras que Jesús nos enseñó, palabras que se abren con infinito significado. Oramos cuando esperamos en silencio juntos y escuchamos el compartido latir de nuestros corazones. Oramos cuando nos saludamos unos a otros con un beso de paz, cuando dejamos que la música sin palabras entre y nos conduzca hacia la adoración.

Nuestro culto está orquestado con gestos y rituales, símbolos visuales y verbales que nos invitan a entrar en el misterio que anhelamos en una manera delicada. Estar inmerso en las aguas bautismales es recordar y dejar ir la energía original de nacer, de emerger hacia una nueva vida. Partir el pan y compartir la copa juntos es entrar en un profundo gesto que apoya la vida. Llegamos a ser una comunidad de necesidad mutua y nutrición mutua, alimentándonos de la sustancia divina por el Espíritu.

Los sacramentos no son rituales en los que nos involucramos

simplemente por el hábito o la mera tradición. Son puertas poderosas y simbólicas a través de cuya amplia generosidad entramos a una experiencia más completa y significativa de quiénes somos—hijos e hijas de Dios, alimentados por la misma fuente de vida divina. Si aprendemos a entrar en el poder de nuestros símbolos, la adoración puede llegar a ser más que una actividad obligatoria. Nuestra adoración puede ser fuente principal de dirección espiritual, permitiendo a la Palabra de Dios y a nuestras palabras dar nueva vida.

Educación y administración como dirección

Aun cuando la adoración es primordial, hay muchas otras posibilidades para los miembros de la iglesia explorar su vida como grupo de una manera espiritualmente vital. Por ejemplo, la iglesia educa a través de la adoración y la predicación, de Escuela dominical para adultos y niños, de estudios bíblicos y grupos de jóvenes, y con sus enseñanzas morales y éticas. La educación espiritualmente viva debe ser intencionalmente transformadora. No es suficiente pensar en la iglesia como una fuente de respuestas fijas o una bodega de información para ser distribuída. La iglesia es la portadora de una amplia y rica tradición en el corazón de la cual residen los evangelios. De generación a generación la iglesia pasa la tradición basada en el Evangelio. Sin embargo, para que la tradición esté verdaderamente viva, cada miembro de la comunidad debe apropiarse de ella en una forma personal y creativa.

Tome, por ejemplo, la práctica del estudio bíblico. En muchas iglesias ésta ha llegado a ser la preservación de una «autoridad», quizá la del pastor por su entrenamiento académico en Biblia. Pero como usted ya ha descubierto, la Palabra necesita ser más que hechos e información para echar raíces en nuestras vidas. Un estudio bíblico espiritualmente nutritivo incluye algunas enseñanzas de la crítica-histórica pero también incorpora abundantemente el proceso de oración y meditación. En la lectura meditativa de las Escrituras, las personas pueden involucrar todas sus facultades—pensamiento, sentimientos, sensaciones e intuición. Hacer esto permite que el texto

entre en ellas, para entremezclarse con la historia de nuestras propias vidas, para llegar a ser una oración, y quizá para llegar a ser una pregunta que les lleve profundamente hacia el misterio. La verdadera educación «extrae»—saca del aprendiz su capacidad de creatividad, reflexión y sabiduría. De esta manera, el estudio de la Escritura puede llegar a ser un aspecto significativo de la dirección espiritual en la iglesia.

La iglesia puede también ejercer su dirección espiritual en sus funciones administrativas. Hasta hace poco, la mayoría de las iglesias se acercaban a lo administrativo más como un negocio que como una comunidad de dirección espiritual. Las juntas congregacionales y los comités usualmente vienen a las reuniones con una mente programada a recibir un trabajo o a resolver un problema. Cuán refrescante ha sido aprender de las iglesias que están descubriendo cómo las reuniones pueden ser ocasiones para trabajar de una manera reverente que hacen posible el verdadero discernimiento espiritual. Algunos líderes de iglesias ahora entienden el trabajo en comité y las reuniones de la junta como tiempo donde los grupos pequeños de la comunidad grande de adoradores se reúnen a escuchar en oración la Palabra de Dios, unos a otros, y al Espíritu de Dios activo en medio de ellos. Charles M. Olsen (presbiteriano) y Danny E. Morris (metodista unido), entre otros, han dado seria atención al «trabajo reverente» y al discernimiento de grupo.[2]

Una reunión espiritualmente viva requiere más que abrir y cerrar con una oración. Podría, por ejemplo, apropiadamente incluir tiempo de silencio. Tenemos un modelo bueno que observar de los cuáqueros, quienes desde el comienzo han conducido las reuniones de negocios como una extensión de su adoración en silencio. Un tiempo de apertura en una reunión también puede proveer una oportunidad a los miembros para compartir brevemente sobre asuntos importantes en sus vidas. En parte, este compartir les ayuda a sacar pronto sus agendas personales en la reunión para formar una comunidad compasiva que se preocupa por la gente. Otras posibilidades incluyen la oración compartida y el cantar himnos, la lectura de la Escritura, la reflexión en oración acerca de hacia dónde parece que Dios está

Donde dos o tres se reúnen en el nombre de Cristo, Cristo está presente. En medio de nuestro trabajo podemos tener lo ojos abiertos para ver al Espíritu en acción a través de los ladrillos y el cemento, los signos de dólares y las agendas.

—Larry J. Peacock

> *Por amor de los creyentes, la espiritualidad debe incluir lo que hacemos como también la oración... Enfocar la energía espiritual en nuestro ser interno es perder la oportunidad de encontrar a Cristo en la persona que está necesitada.*
>
> —Howard Rice

moviendo el grupo, o discusiones sobre la vitalidad espiritual de la iglesia. La idea de que las juntas de las iglesias, las reuniones de personal, las reuniones de diáconos y de varios comités de la iglesia pueden proveer oportunidades para discernimiento compartido, es en la actualidad una idea revolucionaria. Requiere un entendimiento, disposición y preparación genuina de parte de todos los involucrados—pero lo que promete es una transformadora vida nueva para la congregación.

Alcance y servicio como dirección

Finalmente, también podemos ver el alcance y el servicio como aspectos de la dirección espiritual en la iglesia. La acción y la contemplación no son opuestas, a pesar de los estereotipos hacia lo contrario. En nuestro mundo, más y más grupos dedicados a la paz y la justicia social están considerando los recursos espirituales profundos como necesarios para mantener su acción. Están descubriendo que no es suficiente confrontar las estructuras violentas; deben también cultivar un corazón no violento. Cuando los líderes y miembros de la iglesia salen para suplir las necesidades del mundo, no deben pensar de eso como una mera acción caritativa—dar dinero, tiempo, o destrezas a las personas menos afortunadas. Tal alcance es verdaderamente una práctica de formación espiritual. Tener contacto con la violencia y el dolor del mundo; con los pobres, los oprimidos y los olvidados, es una oportunidad para que seamos transformados. Es una oportunidad de ver el mundo de Dios a través de unos lentes más amplios que nuestra propia vista limitada. Estar abierto a lo que Dios tiene que decir a través de nuestras obras de misericordia (alimentar a los hambrientos, dar techo a los desamparados, dar de beber al sediento, vestir al desnudo, atender a los enfermos, visitar a los que están en prisión) puede ser profundamente transformador. Tales ministerios nos desafiarán y cambiarán. A menudo descubrimos que «los pobres» son nuestros maestros y guías espirituales más importantes. A través del alcance y el servicio, podemos abrirnos a recibir la guía del Espíritu.

Una mujer profesional que conozco, una vez pasó un mes en la comunidad rancho L'Arche. L'Arche es una organización que reúne personas con desafíos mentales y personas sin esos desafíos en una experiencia de vida compartida. Esta mujer fue con la idea de ayudar a otros, cumplir su tarea cristiana usando sus dones en favor de las personas menos afortunadas. Su experiencia fue totalmente lo contrario. Como mujer de ciudad, se encontró a sí misma desvalida en el rancho. Tuvo que ser constantemente guiada en la manera más gentil y compasiva por aquellos a quienes ella se había imaginado iba a servir. Conforme esta mujer fue aceptando su dependencia de otros, se dio cuenta de todas las maneras sutiles en que había aprendido con los años a enmascarar su necesidad. El tener que verse siempre bien era una de esas maneras. Tener que dar siempre la respuesta correcta era otra. Ser siempre competente era la tercera. Ella llegó a ver que las mesas se habían volteado. Las mismas personas que ella había venido a ayudar la estaban ayudando a ella. Ellos fueron sus mentores espirituales en el camino del amor de Dios y la dignidad de cada vida humana.

Detrás de la noción de que la iglesia es una comunidad verdadera de dirección espiritual está la problemática idea de que somos personas en proceso, no unas personas que han «llegado». Somos personas que disciernen la voluntad de Dios que está revelándose, peregrinos en una jornada de transformación individual y de comunidad. Ya sea un profesional de la iglesia o una persona laica, usted puede empezar a visualizar el rol y el significado de la iglesia bajo esta luz. Cada dimensión de nuestra vida en comunidad es un camino espiritual en potencia, una avenida a través de la cual somos guiados por y unos a otros hacia Dios.

EJERCICIOS DIARIOS

Danny Morris y Charles Olsen han escrito: «Los miembros de la iglesia del Nuevo Testamento creyeron que Dios podría guiar individuos y comunidades; ellos esperaban ser guiados por el Espíritu».[3]

Los ejercicios diarios de esta semana nos invitan a explorar las Escrituras que señalan la práctica del discernimiento en la iglesia primitiva y a considerar qué podría significar regresar más plenamente a esta manera particular de tomar decisiones juntos en Cristo.

Ejercicio 1

Lea Éxodo 18:1-27. Jetro aconseja a Moisés cómo organizar la administración de la comunidad de fe basada en un importante principio para el ministerio y el discernimiento espiritual: «no lo puedes hacer solo». Bosqueje los puntos principales de la solución de Jetro. ¿Dónde ve los principios del consejo de Jetro en la vida de la iglesia? ¿Dónde ve la necesidad de cualquier aspecto del consejo de Jetro en su congregación o en la manera que usted está cumpliendo su llamado?

Ejercicio 2

Lea Hechos 1:12-26. Este es el relato de los once apóstoles reunidos en un aposento alto para buscar el sustituto de Judas. Podemos encontrar en la historia varios puntos importantes en la práctica del discernimiento del llamado de Dios en la comunidad. ¿Qué indicaciones ve usted de cómo ellos prepararon sus corazones; usaron sus cabezas, confiaron en Dios, y buscaron realmente la voluntad de Dios?

A la luz de lo que encuentre, describa qué ve como condición(es) necesaria para discernir la voluntad de Dios como individuo o como grupo. También nombre sus preguntas y temores más importantes sobre esto. Pase el tiempo que le queda en oración, relacionando sus ideas a una pregunta o dilema en su vida.

Ejercicio 3

Lea Hechos 15:1-29. Esta historia muestra la iglesia de Jerusalén debatiendo y buscando la voluntad de Dios en un asunto candente de enorme significado para el desarrollo de la cristiandad: ¿Debían los conversos gentiles ser circuncidados de acuerdo a la ley de Moisés? Lea la historia fijándose en las palabras y frases que describen la atmósfera. Apunte lo que ve.

Lea la historia nuevamente despacio fijándose en las actitudes, acciones y momentos llenos de gracia que jugaron un papel en la historia de cómo la iglesia se movió más allá de la «no pequeña discordia y debate» a la conclusión que «ha parecido bien al Espíritu y a nosotros». Apunte lo que ve. ¿Qué añaden estas ideas a su entendimiento de cómo discernimos juntos la voluntad de Dios?

Tome un momento para identificar un asunto o pregunta seria en su iglesia o comunidad. Mantenga a las partes involucradas en amor y oración.

Ejercicio 4

Lea nuevamente Hechos 15:1-29. Luego vea la lista «Algunos principios para discernir la voluntad de Dios en comunidad» (páginas 313–14). Note cómo ve estos principios trabajando en la historia de la iglesia de Jerusalén. Vea en particular dónde puede imaginarse que «despojarse» era necesario a fin de continuar adelante sin dividir la comunidad entre ganadores y perdedores.

Tome un momento para recordar el asunto difícil o pregunta que identificó ayer. ¿Qué tendría usted y los otros que dejar ir y tomar a fin de pasar del desacuerdo y el debate hacia un acuerdo sobre la voluntad de Dios en la unidad del Espíritu? Recuerde en amor y oración a las personas involucradas.

Ejercicio 5: Ejercicio diario

Una revisión diaria de la vida es una manera de examinar nuestros pensamientos, sentimientos y experiencias en términos de cómo Dios está presente y cómo estamos respondiendo. Promueve una conciencia de la presencia y el llamado de Dios en nuestras vidas diarias. También es una buena preparación para la práctica de la dirección espiritual de cualquier forma. Este modelo particular parece una conversación con Dios. Mantenga su diario a mano y tome notas.

Dios, mi Creador y Redentor, soy totalmente dependiente de ti. Cada cosa es un regalo tuyo. Te doy gracias y alabanzas por los regalos de este día. Dame también una conciencia mayor de cómo estás guiando y formando mi vida, y de los obstáculos que pongo en tu camino.

Permanece cerca de mí ahora y abre mis ojos mientras reflexiono (en mi diario) en:

- Tu presencia en los eventos de hoy día:

  _____ ;

- Tu presencia en los sentimientos que he experimentado hoy:

  _____ ;

- Tu llamado:

  _____ ;

- Mi respuesta a ti:

  _____ ;

Dios, te pido tu amor perdonador y sanador. El evento particular de este día que más quiero sanar es:

_____ .

El regalo particular o gracia que más necesito es:

_____ .

Me entrego a tu cuidado y pongo mi vida en tus fuertes y fieles manos. Amén.[4]

Recuerde revisar su diario de la semana en preparación para la reunión de grupo.

Algunos principios para discernir la voluntad de Dios en comunidad

Preparar—Confíe y espere que Dios está con usted y le guiará en todos los asuntos que le afectan en la vida y el ministerio que Cristo busca expresar en y a través nuestro. Prepárese para la dirección del Espíritu al entregarse constantemente en oración.

Enmarcar—Enfoque claramente la proposición a ser probada o pregunta a ser explorada.

Fundamentar—Defina el principio o criterio guía (o misional) más alto al cual sus pensamientos deben mantenerse fieles.

Despojar—Identifique todos los motivos, agenda y prejuicios que pueden limitar su apertura a Dios; vuélvase indiferente a todo menos a la voluntad de Dios.

Enraizar—Considere los textos de la Biblia, la sabiduría de nuestra herencia espiritual, y las experiencias de nuestro caminar con Dios que puedan iluminar el asunto.

Escuchar—Busque las voces que necesitamos oír y aprender de ellas; escuche la verdad de Dios en cada una.

Explorar—Considere todas las opciones y caminos dentro del principio guía.

Mejorar—Busque mejorar cada opción lo mejor que pueda en lugar de modificar aquellas que no nos gustan.

Sopesar—Ofrezca las mejores opciones posibles a Dios, una a la vez, sopesando nuestra disposición como grupo a aceptar una propuesta.

Cerrar—Pida a todas las personas presentes indicar su nivel de aceptación a un camino propuesto. Exprese y registre la sabiduría que puede haber dentro de ciertas reservas.

Descansar—Dé tiempo para que la decisión descanse cerca de nuestros corazones en un espíritu de oración. Note los sentimientos de seguridad o ansiedad, paz o pesadez, consuelo o desolación.

Adaptado de Danny E. Morris y Charles M. Olsen, *Discerniendo la Voluntad de Dios en Comunidad* (Nashville, Tenn.: Upper Room Books, 1997), pp. 66–67.

Parte 5, Semana 5
Discernir nuestra necesidad de dirección

$\mathcal{E}$ntre más vivo, más segura estoy de una verdad (y menos segura estoy de otras verdades). La verdad es que Dios puede encontrarnos sólo donde estamos. La escritora contemporánea Norvene Vest captura esta idea maravillosamente cuando dice:

> Cualquiera que sea mi circunstancia presente, Cristo me encontrará ahí. Aunque tenga una vida confusa, perpleja, aburrida o caótica, Dios está involucrado en ella ahora mismo. No importa cuán poco o cuán frecuentemente piense que amo y sirvo a Dios, Dios está esperando, listo para profundizar nuestra relación.[1]

En otras palabras, una verdadera vida espiritual nunca puede ser forjada en algún futuro indefinido cuando tengamos todo, dominemos alguna disciplina espiritual, encontremos más tiempo, tengamos un nuevo trabajo, o terminemos de criar a nuestros hijos. Dios no nos puede alcanzar donde «debemos estar»; Dios puede alcanzarnos sólo donde estamos ahora precisamente porque somos aceptados y amados, no por lo que logramos, sino simplemente porque existimos. En consecuencia, debemos basar cualquier evaluación de nuestra necesidad de dirección espiritual en quien realmente somos—un honesto, genuino, humilde conocimiento de nuestros deseos, fortalezas, debilidades y circunstancias particulares de vida.

¿Qué necesitamos en el camino de compañerismo en este tiempo y lugar? Cuando miro hacia atrás hacia mi vida y me enfoco en el

315

Dios no espera que tengamos nuestra vida espiritual bien montada antes de alcanzarnos y buscar una relación con nosotros/as. Este debiera ser un punto de gran alivio y libertad para nosotros/as, pues si bien podemos estar luchando por un sentido de balance y madurez, nuestra relación con Dios no depende de nuestro éxito. El amor de Dios permanecerá fiel independientemente de todo.

—Kimberly Dunnam Reisman

período de mis veinte años, veo que era un tiempo de enorme crecimiento espiritual a través del cual fui guiada en una variedad de formas. Los elementos que formaron esos años fueron ricos y complejos, pero el principal elemento es el que sigue: después de un período de intensa confusión, fracasos personales y reubicación geográfica, me encontré en un programa de estudios graduados de religión en una universidad del estado. Ahí me encontré un profesor extraordinario que tenía el don de guiar a los estudiantes en maneras que iban más allá de la habilidad profesional. Fue un maestro y, por muchos años un amigo, percibía los anhelos profundos del corazón. En ese tiempo yo no tenía iglesia; sin embargo tenía una dolorosa hambre de Dios. Mi profesor (quien era luterano) me presentó a un sacerdote franciscano en la vieja Misión del pueblo, y él me regaló, por un largo tiempo, un oído que me escuchaba. Gradualmente me encontré guiada hacia la comunidad católico romana. Ahí encontré una estructura profunda de liturgia, ritual, historia, teología y práctica espiritual que proveyó la casa espiritual más amplia a partir de la cual mi jornada espiritual podía continuar. Mi profesor de la universidad se involucró en una búsqueda espiritual, y también me llevó a una comunidad de monjas cistercienses con quienes permanecí por un período, y cuya profundidad de oración marcó profundamente mi espiritualidad. A través de ellas, así como a través de mi director franciscano, la parroquia y mi profesor amigo, he continuado conociendo grupos e individuos que han sido compañeros valiosos para mí en este largo camino.

Círculos concéntricos de dirección

Este breve período de varios años en mis veintes fue crítico y estuvo lleno de eventos. Los recuerdo porque ejemplifican lo que Damián Isabell llama los «círculos concéntricos de dirección espiritual» en la iglesia.[2]

El círculo concéntrico exterior es la «dirección espiritual general de la iglesia», toda la estructura de adoración, música, sacramentos y enseñanzas por las cuales la iglesia dirige la atención de sus hijos e

hijas hacia Dios. En mi caso, mi conversión a la comunión cristiana me permitió participar en esta dirección espiritual abarcadora y general. El segundo círculo es institucional o «grupo de dirección espiritual», grupos que permiten a la gente crecer en la fe y tomar mayor ventaja de la riqueza de la dirección espiritual general de la iglesia. En mi caso, la muy enfocada comunidad cistercience de mujeres me proveyó tal estructura. Ejemplos de grupos menos cercanamente unidos podrían ser las experiencias de retiros organizados, Cursillo, Emaús, grupos de apoyo, grupos basados en la Escritura, grupos de pacto, etc. El tercer círculo concéntrico de dirección espiritual es «uno a uno». Mi sacerdote franciscano me proveyó ese oír y dirección intencional para mí durante un tiempo crucial. El círculo más céntrico es llamado «directores ocultos». Isabell cita a Adrian van Kaam, quien dice: «Para encontrarnos a nosotros mismos necesitamos seguir las reacciones y respuestas de los seres humanos a las directrices de la vida que estamos manifestando en nuestra conducta». Los directores/as vienen a nosotros con diversas apariencias, como héroes distantes o amigos íntimos, por un tiempo breve o por un largo trayecto. Mi profesor mentor, quien luego llegó a ser mi amigo, caería dentro de la categoría de «directores ocultos». La seguridad con la cual sintió y creyó en lo mejor de mi ser que estaba emergiendo, mucho antes de que yo lo hiciera, me abrió puertas para la vida del Espíritu.

Esta parte de mi historia no es de ninguna manera normativa

para nadie más. Sin embargo, revela la variedad de formas traslapadas o relacionadas en la cual la iglesia puede nutrirnos en una mayor intimidad con Dios. En cualquier momento específico necesitamos evaluar: ¿Qué me está trayendo Dios en este tiempo? ¿Cuál es el hambre más profunda de mi corazón? ¿Cómo puede ser alimentada esa hambre? ¿Qué es posible, realista y apropiado para mí, dados mis dones y limitaciones particulares, y las circunstancias en las cuales me encuentro?

Nuestra más grande necesidad puede ser la dirección espiritual general de la iglesia. Como cristianos, necesitamos estar enraizados en las comunidades de la iglesia que en verdad tornan nuestra atención a Dios. Un peligro en buscar una comunidad espiritual es que estaremos siempre flotando de un «elevado momento espiritual» a otro, buscando la perfecta comunidad de fe que tenga lo que queremos. Permanecer con una iglesia, ya sea una denominación o una congregación, aún cuando las cosas no van de acuerdo a nuestras preferencias o cuando los conflictos emergen, es parte del crecimiento en amor y fidelidad. Necesitamos la profunda sabiduría de la iglesia, sus ritmos y estaciones, la Palabra y la mesa, la comunidad reunida. Nuestras jornadas individuales, cuando están aisladas, pueden ser sólo tan anchas y amplias como nuestros límites personales. Unos con otros, pasado y presente, empezamos a probar las ilimitadas posibilidades en Dios.

Nunca, en la historia de la iglesia se ha considerado necesario que cada persona tenga su propio/a «director/a espiritual»... Hay bastante en la vida cristiana ordinaria de una buena parroquia o de un grupo de compartir fe que es formativo. Hay bastante iluminación en la vida misma.

—Carolyn Gratton

Si ya estamos enraizados en una congregación, podemos encontrar que nuestra necesidad está más enfocada en la nutrición espiritual. Luego, podemos buscar uno de los tres círculos interiores para profundizar en nuestro caminar con Cristo. Aún cuando esos tres círculos no siempre son categorías separadas, es bueno distinguirlos.

Empecemos con la función de los directores ocultos. Algunas veces todo lo que necesitamos para ir más cerca de Dios es un oído que nos escuche, la oración compartida o el fiel apoyo de otra persona. En las comunidades cristianas a menudo hay personas discretas agraciadas con sabiduría y experiencia que compartirán su fe con nosotros. No son necesariamente líderes reconocidos. Aunque un pastor, educador (como en mi caso) o un profesional de la iglesia puede venir a nuestras vidas en un momento crítico e indicarnos el camino, una posición de liderazgo no es esencial aquí. A menudo un miembro anciano de la congregación, maduro en los desafíos de la vida, puede surgir para caminar con nosotros por un tiempo. Él o ella escucharán, consolarán, animarán y orarán por nosotros. O Dios nos puede tocar y guiar hacia un profesor de escuela dominical, un amigo, o a prácticamente un extraño en la comunidad de fe. Estas personas pueden moldearnos de maneras sorprendentes que no reconoceremos hasta años después. Este es el don de la comunidad cristiana y de la presencia del Espíritu Santo entre nosotros.

Algunas formas de amistad espiritual pertenecen a las formas «ocultas» de dirección. Pueden surgir personas especiales que nos den vida. Esto, por lo general, sucede inesperadamente, quizá en una reunión social o en un avión—una experiencia de gracia que es una absoluta sorpresa. Una amistad puede ser bastante fluida, marcada por el compartir mutuo de los frutos del Espíritu en el contexto del trabajo ordinario o el contacto social. Tales relaciones pueden, sin embargo, desarrollarse en algo más intencional, con encuentros acordados en intervalos regulares y prestando cuidadosa atención para dar tiempo igual para que cada amigo comparta. Esa persona puede llegar a ser una compañera de oración.

Hay pocas preguntas (advertencias) que considerar cuando se está discerniendo su necesidad de compañerismo espiritual. Las amistades espirituales informales, aunque generalmente ricas y variadas como el Espíritu se imagine, no son «supervisadas» en ninguna manera. A menudo son profundamente significativas. Pero ocasionalmente, la sanidad, el oído que escucha o un amigo peregrino pueden dar paso a un dañino rumor o un consejo inadecuado. Algunas personas, sintiendo que tienen dones espirituales, toman un papel de jueces. Recuerdo haber oído a una mujer carismática con dones que fue advirtiendo a la gente que ella pensaba que había visto al diablo trabajando en sus vidas. Su intrusión dejó a muchos atemorizados y confundidos. En cuanto a las amistades, a veces pueden encubrir serias dependencias o llegar a ser manipuladoras. Aún las más sanas pueden encender deseos profundos que confunden nuestros

compromisos principales. Pueden alimentar una sensibilidad elitista—«somos los únicos santos en esta iglesia»—o crear grupos. Estar enraizado en la comunidad más grande de fe es un importante antídoto a cualquiera de estas posibilidades. Ninguna relación de dirección debe cortarse de la iglesia o producir los frutos amargos del juicio, el elitismo, la estrechez del juicio o la excesiva dependencia.

Buscar nuevas formas de dirección espiritual

Si su anhelo es por una guía espiritual más intencional y formal, debe desear buscar un grupo pequeño o un director individual. Una pregunta que debemos hacernos es temperamental o cultural. En el pasado, ¿nos hemos encontrado dando vida principalmente en contextos de uno a uno o de grupos? Las personas extrovertidas usualmente florecen en un grupo. Las personas más introvertidas a menudo prefieren un contexto de uno a uno. Sin importar que tipo de personalidad tengamos, ¿estamos buscando una comunidad espiritual o una oportunidad de cavar más profundo en asuntos que pueden ser mejor tratados con un encuentro individual? Nuestra herencia étnica o cultural puede disponernos hacia un contexto de grupo en vez de una relación de uno a uno.

Pero las dos opciones son sin lugar a dudas limitadas mutuamente. Podemos disfrutar el continuo ánimo de un grupo de pacto, mientras buscamos al mismo tiempo una persona que sea nuestra guía espiritual.

Si nos sentimos dirigidos a buscar un guía espiritual, necesitamos considerar varios asuntos. Primero, como mencionamos antes, necesitamos clarificar si estamos realmente buscando guía espiritual—apoyo en discernir la continua voluntad de Dios. Si queremos soluciones a un problema especifico en nuestra vida, entonces nos iría mejor si buscamos consejería pastoral, terapia o un grupo de apoyo. Segundo, la dirección espiritual ha emergido como un ministerio distinto en el mundo de hoy. No todos los pastores o sacerdotes son buenos directores espirituales, y no todos los directores espirituales son pastores o sacerdotes. Busque referencias de los líderes de la igle-

> *Cada alma es única: ninguna sabiduría se puede aplicar sin discernir las particularidades de esa vida, de esa situación.*
>
> —Eugene H. Peterson

sia o de individuos confiables para encontrar un guía espiritual. Las casas de retiro, seminarios y oficinas de iglesias locales o regionales para formación espiritual a menudo pueden darle consejo sobre las guías espirituales en una región particular. Un guía o director espiritual es idealmente responsable a alguien más y tiene cierta clase de autorización para tomar el ministerio. Él o ella deben haber sido entrenados en un programa reconocido, pueden ser parte del personal de una casa de oración, o un miembro de una comunidad religiosa.

El manual de ética de los Directores Espirituales Internacionales (una organización ecuménica preocupada con el entrenamiento y supervisión en este ministerio) establece que cualquiera que dice estar proveyendo dirección espiritual debe estar recibiendo dirección, trabajando con un supervisor, en consulta con un grupo de amigos, o tener una red de responsabilidad.[3] Aún más, no todos los directores son afines con todas las personas. Siéntase libre de visitar a su posible guía, hacerle preguntas sobre las expectativas y el proceso, y discernir si esa persona le parece una buena «posibilidad». Los estilos de guía espiritual difieren, así como los estilos de aquellos que están buscando la guía. Como ya se sugirió, considere los distintivos étnicos, culturales, denominacionales y de género cuando esté buscando una guía espiritual. El guía espiritual debe respetar la conciencia y el camino espiritual individual de cada persona. Aun cuando una tremenda intimidad y vulnerabilidad puede darse en el proceso de dirección, la dependencia nunca debe ser la meta. Tener un guía espiritual que le dice qué hacer nunca le conduce a una libertad del espíritu. Quizá no haya disponible en su área personas para dirección personal. Tendrá que decidir si un viaje temporal fuera de la ciudad a visitar un guía espiritual le sirve a sus necesidades o si una experiencia de grupo más frecuente y cerca de casa, es más práctica para usted. Finalmente, hay un asunto de mutualidad en la relación de guía espiritual. ¿Qué es más de su agrado, prefiere enfocarse en sus asuntos con otra persona o en un modelo mutuo de dirección entre amigos, como en algunos de los modelos de grupo?

Si una experiencia de grupo le llama la atención, el primer paso es determinar qué tipos de grupos están funcionando en su congre-

gación o área local. Luego, considerar qué tipo de grupo alimentaría su hambre espiritual. En la Semana 3 exploramos una variedad de modelos—grupos de responsabilidad mutua, grupos enfocados en la Escritura, grupos enfocados en la oración, grupos de acción-reflexión y grupos de dirección espiritual. Posiblemente su necesidad puede ser por una comunidad de apoyo, y muchos o la mayoría de estos modelos de grupos le pueden nutrir. Podría ser que el tipo de grupo que usted realmente desea no está disponible en su área. Usted podría ser un instrumento para empezar tal grupo.

Próximos pasos

Quizá su pregunta es: «¿Qué es lo que realmente me llama la atención?» Algunas veces nuestras necesidades profundas se nos revelan de maneras inesperadas. Surge un «director oculto»; le hace un comentario; un programa llama su atención; un anhelo doloroso se despierta cuando nota que algo falta en su vida. Cualquier cosa puede señalar el camino hacia lo próximo que necesita venir.

Si se siente movido a empezar un grupo, varios factores son esenciales. Es necesario un compromiso a asistir a las reuniones regulares de un grupo pequeño (tres a 10 personas). Para mucha gente, un programa estructurado como el Renovaré o *Compañerismo en Cristo* pueden proveer por lo menos la formación inicial y la cohesión para el grupo. La formación espiritual no es sólo una experiencia o algo más que aprender. Es un proceso de autodescubrimiento y de descubrimiento del otro, de cambio y desafío, de autotrascendencia. Ocurre dentro del contexto de la Palabra y de la sabiduría espiritual transformadora de la comunidad cristiana colectiva. Como tal, necesita referirse a las fuentes de la tradición cristiana. La guía espiritual de grupo especialmente resalta nuestra vida compartida en Cristo.

Discernir su necesidad de dirección espiritual requiere que usted atienda a los asuntos particulares de su vida presente. Para un hombre soltero con el deseo de aprender más sobre la oración, el compromiso regular con retiros de oración de diez días puede ser vivificante. Una reunión semanal para «compartir la fe con nuestros mayor niños» (entre alimentar y cambiar pañales) puede ser el gozo en la vida de una joven madre. Una mujer viuda que vive sola en un rancho rural puede encontrar verdadera alimentación en compartir la fe con un grupo que le ofrece intercambio vivo y compañerismo social, mientras que un pastor ocupado puede apreciar un retiro solitario periódico, intercalado con visitas regulares a un guía espiritual y aumentado por un círculo de oración de amigos.

No importa lo que escojamos para nuestra necesidad presente de compañerismo espiritual, hacemos bien en tomar en cuenta esa profunda y silenciosa conciencia de la que hablamos en la Semana 1. En esa conciencia es que reconocemos que Dios está vivo y trabajando dentro de nosotros, susurrando, empujando, sugiriendo, invitándonos a una más amorosa y gozosa acogida de Dios, de nosotros mismos, y de unos a otros.[4] «*Porque donde están dos o tres congregados en mi nombre, allí estoy yo en medio de ellos*» (Mateo 18:20).

Según escuchamos los pasos del Espíritu de Dios en nuestro entorno, y a medida que buscamos formas de acompasar nuestros propios pasos a estos, nos encontraremos tomando parte, no sólo con Dios sino con las demás personas en la sanidad del mundo.

—Frank Rogers Jr.

EJERCICIOS DIARIOS

El autor de Hebreos escribe: «*Mirad bien, para que ninguno deje de alcanzar la gracia de Dios*» (12:15). Susanne Johnson, comentando sobre este mandato bíblico y otros similares, escribe: «Por su propia naturaleza, la iglesia es una ecología de cuidado pastoral y guía. Es el contexto decisivo para la formación espiritual cristiana».[5]

Los ejercicios diarios de esta semana le desafiarán a considerar su visión para su iglesia y sus posibilidades como una comunidad de gracia y guía.

EJERCICIO 1

Lea Mateo 5:1-12. El fallecido Clarence Jordan tuvo razón cuando dijo que las bienaventuranzas no son bendiciones pronunciadas para diferentes tipos de personas—el humilde, el misericordioso, el puro de corazón, y así por el estilo. Al contrario, son etapas en la experiencia de un solo tipo de persona—los «pobres de espíritu» que están entrando al reino y creciendo como hijos e hijas de Dios, que llevan y que se asemejan a Dios como hacedores de paz entre la gente.

Medite en las bienaventuranzas como una escalera para crecer en las bendiciones de Dios. Identifique dónde se encuentra usted. ¿Qué tendría que dejar o tomar a fin de subir al próximo escalón? ¿Qué tipo de compañerismo o dirección necesitaría para que eso ocurra? Pase algún tiempo escuchando lo que Dios quiere decirle sobre estas preguntas.

EJERCICIO 2

Lea Colosenses 1:24-2:7. En este pasaje, Pablo articula su pasión personal y una meta pastoral que motiva todo lo que él hace: «*Que presentemos a cada uno maduro en Cristo*». ¿Por qué «padece y se aflige» su iglesia y usted?

Note las frases e imágenes que iluminan lo que significa la madurez en Cristo. Reescríbalas en sus propias palabras. Observe cuándo Pablo se dirige a personas particulares y cuándo se refiere a la comunidad, y qué diferencia hace esa distinción.

EJERCICIO 3

Lea Hebreos 5:11 a 6:2. Estos versículos comparan a algunos creyentes con niños que todavía no han progresado más allá de una dieta de leche, aún cuando para estas alturas ¡deberían ser maestros! ¿De qué tipo de nutrición espiritual consisten la «leche» y la «comida sólida»? ¿Cuál es su dieta usual?

Imagine su iglesia como un centro espiritual de nutrición. Diseñe una dieta espiritualmente balanceada para personas en su iglesia que quieren ser «maduros» (v. 14). ¿Cuáles son los principales grupos de alimentos? Reflexione en lo que requería de usted y de las otras personas en la iglesia representar y proveer tal dieta. Apunte sus pensamientos y sentimientos.

EJERCICIO 4

Lea Filipenses 1:1-11. Pablo empieza su epístola expresando sus más altas esperanzas y profundos anhelos para la iglesia en Filipo. Medite en la visión y oración de Pablo por la gente.

Tome unos pocos minutos para parafrasear la oración de Pablo (v. 9-11)—o para escribir una oración suya—en una manera que exprese el anhelo de su corazón «con la compasión de Cristo Jesús» por los miembros de su familia y su comunidad de fe. Memorice toda o parte de la oración. Reflexione en lo que significa vivir su oración en medio de su familia y su iglesia.

EJERCICIO 5. EXAMEN DIARIO

Use uno de los exámenes diarios/semanales provistos durante las semanas anteriores o pruebe éste. El siguiente examen del libro de Marjorie Thompson, *Soul Feast,* está adaptado de algunas instrucciones del examen por Tilden H. Edwards. Mantenga su diario a mano para tomar notas.

Empiece tranquilizando su mente. Suavemente recuérdese de la presencia de Dios, y póngase en contacto con su deseo de estar atento/a a la presencia de Dios durante el día. Puede decir una oración sencilla para que las gracias del día sean reveladas a su conciencia.

No trate de encontrar cosas; simplemente esté «tranquilo/a y abierto/a, escuchando lo que puede presentarse en el día». Cuando algo emerja, ponga atención a la naturaleza de la gracia a la que se refiere. ¿Cómo estuvo presente Dios? Permítase sentir y expresar gratitud por el regalo. Luego note cómo estuvo usted presente ante Dios u otros en medio de ese momento. Si observa que estuvo consciente de la gracia o no respondió—quizá controlando el ego—puede decir una sencilla oración como «Señor, ten misericordia». Permítase estar conciente del deseo de responder en forma diferente en otro tiempo.

Si usted ve que estuvo respondiendo a o al menos consciente de la gracia, simplemente, «sonríale a Dios con acción de gracias».

Permita que algo más de su día venga a su conciencia; repita el proceso. «Como consecuencia, usted está notando la presencia escondida de Dios en su día, o su propia manera de participar en, perder o resistir esa presencia».

Cuando haya completado sus observaciones, apunte cualquier respuesta que le parezca significativa. ¿Se ha sorprendido con algo? ¿Ha descubierto un patrón en su forma de hacerse presente a otros? ¿Ha sentido de manera especial gracia y gratitud hoy día?[6]

Recuerde revisar su diario de la semana en preparación a la reunión de grupo.

Retiro de clausura
para *Compañerismo en Cristo*

*P*reparación: Como participante, necesitará pasar algún tiempo preparándose para el Retiro de Clausura tal como ha pasado tiempo preparándose para las reuniones semanales. Esta preparación no requerirá tanto tiempo como los ejercicios semanales o diarios, pero puede involucrar el equivalente de tiempo de dos a cuatro horas de ejercicios diarios. Necesitará un poco más de tiempo extra para revisar todas las notas de su diario. También deberá apartar el tiempo que crea adecuado para preparar su respuesta creativa a la tarea.

1. Piense retrospectivamente·en esas veintiocho semanas de exploración personal y de grupo. Revise su diario desde el principio.

2. Tome algún tiempo en silencio y ábrase al Espíritu. Permita que surja una imagen, historia, poema, canción o salmo que capture la esencia de toda la experiencia del curso de este tiempo juntos, o que exprese un momento significativo particular en su jornada.

3. Exprese su imagen creativamente en cualquier manera que escoja (dibujando, pintando, tallando, cociendo, etc.); escriba la historia, el poema, el salmo o la canción que venga a su mente; encuentre una imagen, una historia, un poema, un salmo o una canción similar en un recurso que pueda traer con usted.

Día del retiro

PARTE 1: CELEBRACIÓN

9:00   Reunión, compañerismo, un desayuno ligero

9:30   Alabanzas matutinas

10:00   «Contando nuestra historia»

11:00   Receso

11:20   Reflexión sobre el proceso de contar la historia

11:45   Bendición y almuerzo

PARTE 2: INTEGRACIÓN

1:15   Oraciones del mediodía

1:30   Meditación guiada en Juan 21:1-19

2:00   Reflexiones personales y escribir en el diario con preguntas

2:30   Compartir en tríadas

3:00   Receso

PARTE 3: ANTICIPACIÓN

3:30   Compartir en la plenaria: Mirando a nuestro futuro

5:00   Receso para descanso, caminar, recreación

5:45   Cena

PARTE 4: LA SIGUIENTE GENERACIÓN

7:00   Partir el pan

7:30   Compartir testimonios

8:00   Receso

8:15   Clausura con servicio de comunión

9:15   Despedidas

Materiales para reuniones de grupo

Himnos según las facetas de la gracia

ANTICIPANTE	JUSTIFICADORA	SANTIFICADORA
A Jesucristo ven sin tardar	Herido, triste, fuí a Jesus	Haz lo que quieras
Con voz benigna	Sublime gracia	Jesús, yo he prometido
Cristo es la peña de Horeb	Quiero amarte, Señor	Cristo, quiero ser cristiano
Cuán tiernamente	Oh, Cristo, yo te amo	Mi espíritu, alma y cuerpo
Jesús hoy nos llama	¡Cómo en su sangre pudo haber!	Gracias, Señor
Puedo oír tu voz llamando	Inmensa gracia	Tuya soy, Jesús
Tú has venido a la orilla	Me ha tocado	Acepta hoy esta ofrenda
Tal como soy	Cuán glorioso es el cambio	Cerca, más cerca
Señor, apiádate de nosotros	Gracias, Señor amado	Señor, revélate ante mí
Mi corazón, oh examina hoy	Roca de la eternidad	Amarte sólo a tí, Señor
Busca primero	Tal como soy	Hazme un instrumento de tu paz
Pues si vivimos	¿Con qué pagaremos?	Dame un nuevo corazón
	Grande gozo hay en mi alma	Jehová te guiará
	Junto a la cruz	El amor de mi Señor
	Salmo 51	Camina, pueblo de Dios

Lectura informativa y formativa

Leer para informarse es una parte integral del proceso de enseñanza y aprendizaje. Pero la lectura también tiene que ver con escuchar una instrucción especial, una cierta idea para su relación con Dios. Lo que importa es la actitud de nuestra mente y nuestro corazón.

LECTURA INFORMATIVA

1. La lectura informativa tiene que ver con cubrir tanto material y tan pronto como sea posible.

2. La lectura informativa es lineal—buscando un significado objetivo, una verdad o un principio que aplicar.

3. La lectura informativa busca conocer el texto.

4. En la lectura informativa, el texto es un objeto ahí afuera para controlar.

5. La lectura informativa es analítica, crítica y de juicio.

6. La lectura informativa tiene que ver con la solución de problemas.

LECTURA FORMATIVA

1. La lectura formativa tiene que ver con pequeñas porciones de contenido en lugar de cantidad.

2. La lectura formativa se enfoca en lo profundo y busca las varias capas de significado en un solo pasaje.

3. La lectura formativa permite que el texto conozca al estudiante.

4. Lectura formativa ve al estudiante como un objeto a ser moldeado por el texto.

5. La lectura formativa requiere un acercamiento humilde, despegado, voluntario, amoroso al texto.

6. La lectura formativa está abierta al misterio. Los estudiantes vienen a la Escritura a pararse ante el Misterio llamado Dios y para dejar que el Misterio les hable.

Adaptado de la información en el libro *Shaped by the Word: The Power of Scripture in Spiritual Formation* por M. Robert Mulholland Jr. (Nashville, Tenn.: Upper Room Books, 2000), pp. 49–63. Usado con permiso.

El proceso de Lectio de grupo

PREPARACIÓN

Tome un momento para venir totalmente al presente. Siéntese cómodamente y esté alerta, cierre sus ojos, y concéntrese en respirar.

1. **Escuche la Palabra (que es dirigida a usted).**
   Primero lea dos veces. Escuche la palabra o frase del pasaje que más le atrae. Repítasela suavemente durante un minuto en silencio. Cuando el líder le dé la señal, diga en voz alta esa palabra o frase (sin elaboración).

2. **Pregunte: «¿Cómo esto toca mi vida?»**
   Segunda fase de lectura. Escuche para descubrir cómo este pasaje toca su vida hoy día. Considere las posibilidades o reciba una impresión sensorial durante los dos minutos de silencio. Cuando el líder le dé la señal, diga una o dos oraciones, quizá empezando con las palabras: Yo oí, Yo vi, Yo sentí. (O puede pasar su turno.)

3. **Pregunte: «¿Hay una invitación aquí (para mí)?»**
   La tercera fase de lectura. Escuche para descubrir una posible invitación relevante para los próximos días. Considérela por varios minutos en silencio. Cuando el líder le dé la señal, hable de su sentido de invitación. (O puede pasar su turno.)

4. **Ore (unos por otros animándose a responder).**
   Ore, en voz alta o en silencio, para que Dios ayude a la persona a su derecha a responder a la invitación que ha recibido.

Si desean, los miembros del grupo pueden compartir sus sentimientos sobre el proceso después de completar estos pasos.

Norvene Vest, *Gathered in the Word: Praying the Scripture in Small Groups* (Nashville, Tenn.: Upper Room Books, 1996), p. 27. Usado con permiso.

Desarrolle su oración del corazón

La oración del corazón es una manera antigua de experimentar la presencia de Dios. Es una forma de cultivar una postura de constante conciencia y disponibilidad hacia Dios.

Como las oraciones de repetición, las oraciones del corazón pueden ser frases de la tradición, la Escritura o la himnología. Repetimos esas frases con nuestros labios, las llevamos en nuestros corazones, y las susurramos suavemente.

La oración del corazón es una manera de trabajar en su decisión de hacerse presente a Dios, quien siempre está presente para nosotros/as. Practique su oración del corazón en tiempos especiales, cuando le da a Dios toda su atención. Continúe susurrando su oración bajo su aliento; déjela que se haga un hábito del corazón.

Ahora pase unos minutos desarrollando y orando su oración del corazón. Escríbala como un recordatorio de mantenerla junto con su diario.

Ron DelBene, un autor contemporáneo de libros sobre la vida espiritual, ha escrito extensamente creando y usando oraciones personales del corazón. Los siguientes pasos son tomados de su libro *The Breath of Life: A Workbook.*

PRIMER PASO

Siéntese en una posición cómoda. Cierre sus ojos y recuérdese a usted mismo que Dios le ama y que usted está en la amorosa presencia de Dios. Recuerde un pasaje de la Escritura que le pone en una actitud mental de oración. Considere «*Jehová es mi pastor*» (Salmo 23:1) o «*Estad quietos y conoced que yo soy Dios*» (Salmo 46:10).

SEGUNDO PASO

Con sus ojos todavía cerrados, imagine que Dios le llama por su nombre. Escuche a Dios preguntándole: «(Su nombre), ¿qué deseas?»

TERCER PASO

Conteste a Dios con lo que sea que viene directamente de su corazón. Su respuesta puede ser una sola palabra, tal como paz, o amor o perdón. Su respuesta puede también ser una frase o una breve oración, tal como «Yo quiero sentir tu perdón» o «Yo quiero conocer tu amor».

Puesto que la oración es personal, naturalmente nace de nuestros problemas actuales…Su respuesta a la pregunta de Dios: «¿Qué deseas?», llegará a ser el corazón de su oración.

CUARTO PASO

Escoja su nombre favorito para Dios. Las opciones generalmente hechas incluyen Dios, Jesús, Creador, Maestro, Luz, Señor, Espíritu, Pastor.

QUINTO PASO

Combine su nombre para Dios con su respuesta a la pregunta de Dios «¿Qué deseas?» Así tendrá su oración. Por ejemplo:

Lo que quiero	Nombre de Dios	Posible oración
Paz	Dios	Déjame conocer tu paz, oh Dios.
Amor	Jesús	Jesús, déjame sentir tu amor.
Descanso	Pastor	Mi Pastor, déjame descansar en ti.
Guía	Luz Eterna	Luz Eterna, guíame en tu camino.

¿Qué debe hacer si se le ocurren varias ideas? Escriba las varias posibilidades y luego elimine y/o combine ideas hasta que tenga enfocada su oración. Puede querer muchas cosas, pero es posible limitar lo que uno quiere hasta llegar a lo que es más básico para su bienestar. Por lo tanto, la pregunta que debe hacerse es: ¿Qué me hará sentir más completo? A medida que usted logre un mayor sentido de plenitud, la serenidad fluirá hacia las varias áreas de su vida.

Cuando haya llegado al corazón de su más profundo anhelo, busque palabras que le ayuden a expresarlo. Luego, trabaje con las palabras hasta que tenga una oración de seis u ocho sílabas que fluya suavemente cuando la diga en voz alta o cuando la exprese como un pensamiento del corazón. Una oración de seis u ocho sílabas tiene un ritmo natural. Cualquier oración más larga o más corta usualmente no fluye fácilmente cuando se la repite. Algunas oraciones son más rítmicas cuando ponemos el nombre de Dios al comienzo; otras oraciones fluyen mejor con el nombre al final.

Ron DelBene, *The Breath of Life: A Workbook* (Nashville, Tenn.: Upper Room Books, 1996), pp. 12–13. Usado con permiso.

Regla general de discipulado

Ser testigo de Jesucristo en el mundo
y seguir sus enseñanzas a través de acciones
de compasión, justicia, alabanza
y devoción bajo la guía del Espíritu Santo.

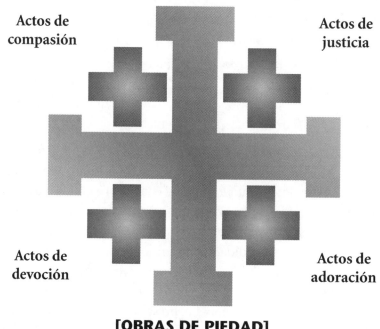

[OBRAS DE MISERICORDIA]

**Actos de
compasión**

**Actos de
justicia**

**Actos de
devoción**

**Actos de
adoración**

[OBRAS DE PIEDAD]

Una Regla General de Discipulado

«La Regla General está diseñada para proveer a los discípulos fieles con un método simple y directo del amor cristiano en el mundo. Para esto…necesitamos forma y poder. Sin el poder de la gracia de Dios, nuestro discipulado llega a ser una mera formalidad. Sin la forma de la ley de Dios, nuestro discipulado llega a ser autoindulgente. Consecuentemente, la Regla General nos dirige a seguir las enseñanzas de Jesús (forma) bajo la guía del Espíritu Santo (poder)».

TESTIFICAR DE JESUCRISTO

«Implícito en todo esto…está el privilegio fundamental y la tarea del discipulado cristiano: Testificar de Jesucristo».

SEGUIR LAS ENSEÑANZAS DE JESÚS

«La siguiente directriz es seguir las enseñanzas de Jesús a través de acciones de compasión, justicia, adoración y devoción…En estas cuatro dimensiones de la Regla General, por lo tanto, los discípulos fieles deben no sólo buscar seguir las enseñanzas de Jesús. Deben también estar listos para cumplir su compromiso».

BAJO LA GUÍA DEL ESPÍRITU SANTO

«Cuando hemos rendido cuentas por todos estos trabajos de discipulado, La Regla General nos dirige a la responsabilidad por la obediencia al Espíritu Santo…Cuando los discípulos cristianos se reúnen en el nombre de Cristo, no sólo se deberán cuidar unos a otros en amor. Algo más sucederá. El Espíritu de Dios estará presente, trabajando en y a través de dinámicas de grupo, para animarles al servicio en preparación para la venida del reino de Dios, en la tierra como en el cielo…Identificar esos llamados [del Espíritu Santo], agudizan el discernimiento de los discípulos fieles. Ir más allá y compartirlos unos con otros significa dar un gran salto hacia delante en su vida espiritual, porque su discernimiento y aprendizaje son, por lo tanto, grandemente multiplicados».

Todos los materiales de las páginas 334–35 son tomados de David Lowes Watson, *Covenant Discipleship: Christian Formation through Mutual Accountability* (Nashville, Tenn.: Discipleship Resources, 1991), pp. 77–94, y usado con permiso.

Modelo de pacto para un
Grupo de pacto de discipulado

Sabiendo que Jesucristo murió por mí y que Dios me llama a ser un discípulo de Jesucristo, yo deseo practicar las siguientes disciplinas a fin de conocer el amor de Dios, su perdón, su guía y su fortaleza. Deseo hacer mía la voluntad de Dios y ser obediente a ella. Deseo permanecer en Cristo con la ayuda de este pacto para poder llevar fruto en el reino de Dios.

ADORACIÓN—*Adoraré regularmente*
- Asistiendo a los servicios de los domingos
- Tomando comunión por lo menos una vez al mes

DEVOCIÓN—*Tomaré tiempo para meditar y orar cada día*
- Recordando a cada miembro de este grupo en mis oraciones
- Leyendo cada día las Escrituras o pasajes de una guía devocional cristiana
- Tomando tiempo para reflexionar en silencio
- Poniendo atención a la presencia, insinuaciones y avisos de Dios en todos los aspectos de mi vida diaria

JUSTICIA—*Buscaré ser un agente de la justicia y la reconciliación de Dios en el mundo*
- Sosteniendo la dignidad humana
- Hablando o actuando para aliviar la injusticia donde quiera que la vea
- Practicando una mayordomía responsable de los recursos del mundo en el contexto de mi vida personal y mis compromisos en la comunidad.

COMPASIÓN—*Amaré a toda la gente*
- Incluyéndome a mí, mi familia, mis amigos y mis colegas
- Incluyendo a mis enemigos y a los extraños que conozca

LLAMADO Y RENOVACIÓN DEL COMPROMISO—*Planearé en oración el mejor uso de mi tiempo y mis recursos.*
- Respondiendo al llamado de Dios en la semana por venir
- Balanceando el tiempo de trabajo, familia, amigos y recreación

Hago este pacto, confiando en que la gracia de Dios obre en mí, dándome fortaleza para cumplirlo. Cuando falle en mis esfuerzos, confiaré en la gracia de Dios para perdonarme y sostenerme.

_____   _____
Firma   Fecha

Oración de pacto

Señor, a ti pertenecemos. Empléanos para lo que tú quieras, en el lugar en que tú quieras, sea para cumplir alguna tarea o para sobrellevar algún sufrimiento, para ser utilizados o dejados por ti, sea en abundancia o en necesidad. Libremente y de todo corazón nos sometemos a tu voluntad.

Y ahora, al glorioso y bendito Dios, Padre, Hijo y Espíritu Santo, pertenecemos en amor y lealtad. Así sea. Y el pacto que hicimos sobre esta tierra, sea ratificado en los cielos. **Amén.**

De *Festejamos juntos al Señor,* alt. © 1989 Asociación Ediciones la Aurora. Usado con permiso.

Congregación:
Una ecología de cuidado y guía espiritual

Los círculos concéntricos ilustran cómo la «iglesia, especialmente la congregación, es una rica ecología de cuidado pastoral».

«Por su propia naturaleza, la iglesia es una ecología de cuidado y guía espiritual. Es el contexto decisivo para la formación espiritual cristiana. La iglesia ofrece tácitamente, así como también directamente, cuidado espiritual y dirección a medida que atrae gente a través de lo que es y hace».

«El contexto principal para la dirección espiritual es la adoración, cuando nos reunimos a hacer nuestra liturgia. Iniciamos, formamos y guiamos a los cristianos/as a través de nuestra oración común y privada, a través de nuestro dar, recibir, regocijar, confesar, adoptar, nombrar, instruir, lavar, curar, bendecir. Hay gestos necesarios para nuestra formación que la iglesia hace para nosotros, por nosotros y con nosotros».

«La dirección espiritual y el cuidado en la congregación debe ser continuo y consistente, entretejido en todo lo que pasa, en lugar de ser presentado sólo en ocasiones esporádicas como un nuevo programa. Muchos elementos de la dirección y el cuidado espiritual pueden ser iniciados y ritualizados por pastores/as y educadores/as cristianos, quienes son responsables de romper el silencio sobre la espiritualidad».

«*Mirad bien, para que ninguno deje de alcanzar la gracia de Dios*» (Hebreos 12:15). Este encargo para el ministerio y el testimonio es dado al grupo entero de creyentes, no sólo a los ministros. Debemos testificar a todo el mundo que el contexto fundamental de la vida es el ilimitado amor y la gracia redentora de Dios.

«Para cumplir su llamado vocacional, cada cristiano/a tiene un guía en la presencia del Espíritu de Dios (1ª Juan 5:7-10). Nuestra tarea no es usurpar o tomar el lugar de Dios, sino ayudarnos unos a otros a poner atención a los movimientos de la gracia y los impulsos del Espíritu».

«El contexto final de la formación y la dirección espiritual, por lo tanto, es el ambiente de la gracia. El Espíritu creador ya está presente (no es traído por nosotros) como una presencia creadora, transformadora, que guía».

Las citas y el diagrama de las páginas 338–39 son tomados de Susanne Johnson, *Christian Spiritual Formation in the Church and Classroom* (Nashville, Tenn: Abingdon Press, 1989), pp. 121–23, 135.

Notas

PARTE 1: ADOPTAR LA JORNADA: EL CAMINO DE CRISTO

Semana 1 La vida cristiana como peregrinaje

1. Walter Brueggemann, *Praying the Psalms* (Winona, Minn.: Saint Mary's Press, 1982), pp. 16–24.

Semana 2 La naturaleza de la vida espiritual cristiana

1. Aunque la iglesia tradicionalmente ha atríbuido esta carta al apóstol Pablo, muchos académicos reconocidos la atribuyen a una fuerte comunidad paulina de segunda generación.
2. Elizabeth O'Connor, *The New Community* (New York: Harper & Row, 1976), p. 58.

Semana 3 El fluir y los medios de gracia

1. Dallas Willard, *The Spirit of the Disciplines* (San Francisco: HarperSanFrancisco, 1991), p. 158.
2. Marjorie Thompson, *Soul Feast* (Louisville, Ky.: Westminster John Knox Press, 1995), pp. 69–70.
3. Ibid., pp. 9–10.

Semana 4 Compartir peregrinajes de fe

1. San Agustín, *Confesiones de San Agustín*, trad. P. Valentín M. Sánchez Ruíz (Madrid: Editorial Apostolado de la Prensa, S.A., 1964), p. 58.
2. Ibid., p. 59.
3. *Martin Luther: Selections from His Writings*, ed. John Dillenberger (Garden City, N. Y.: Anchor Books, 1961), p. 11.
4. Ibid., pp. 11–12.
5. Madre Teresa, *Mother Teresa: In My Own Words*, comp. José Luis González-Balado (Liguori, Mo.: Liguori Publications, 1989), p. 24.
6. Ibid., 99.
7. Deborah Smith Douglas, «Evelyn Underhill at Pleshey», *Weavings: A Journal of the Christian Spiritual Life* 14 (January–February 1999), p. 19.
8. Ibid., p. 20.
9. Ibid.

Semana 5 Vivir como comunidad de pacto

1. Tilden H. Edwards, *Living in the Presence* (San Francisco: Harper & Row, 1987), p. 61.
2. Dietrich Bonhoeffer, *Vida en comunidad* (Buenos Aires: Editorial La Aurora, 1966), p. 22.
3. Clifford Williams, *Singleness of Heart* (Grand Rapids, Mich.: William B. Eerdmans, 1994), p. 116.
4. Robert Wuthnow, ed., *«I Come Away Stronger»: How Small Groups Are Shaping American Religion* (Grand Rapids, Mich.: William B. Eerdmans, 1994), p. 15.
5. Ibid., 105.
6. Ibid., 153.
7. Morton T. Kelsey, *Companions on the Inner Way* (New York: Crossroad Publishing Co., 1983), p. 8.

Notas

PARTE 2: ALIMENTARSE DE LA PALABRA: LA MENTE DE CRISTO

Semana 1   ¿Por qué llamamos a la Biblia la Palabra de Dios?
1. Thomas Merton, *Opening the Bible* (Philadelphia, Pa.: Fortress Press, 1970), p. 18.
2. M. Robert Mulholland Jr., *Shaped by the Word: The Power of Scripture in Spiritual Formation*, rev. ed. (Nashville, Tenn.: Upper Room Books, 2000), 27, 30.

Semana 2   Estudio de la Escritura como una disciplina espiritual
1. En Qumran, los disidentes del culto del templo, pedían a todos los que entraban a la comunidad tomar un juramento de unidad para estudiar y permanecer unidos por la ley de Moisés (*Manual de Disciplina* 5.7-20). Se ponía un horario de estudio día y noche para la comunidad.
2. Richard J. Foster, *Alabanza a la Disciplina* (Nashville, Tenn.: Editorial Caribe, 1986), p. 74.
3. Thomas Merton, *Spiritual Direction and Meditation* (Collegeville, Minn.: The Liturgical Press, 1960), p. 44.
4. Ibid., p. 46.
5. Jean Leclercq, *The Love of Learning and the Desire for God: A Study of Monastic Culture*, trad. Catharine Misrahi (New York: Fordham University Press, 1961), pp. 87–90.

Semana 3   Meditación en la Palabra
1. Merton, *Spiritual Direction and Meditation*, p. 51.
2. Douglas Burton-Christie, *The Word in the Desert: Scripture and the Quest for Holiness in Early Christian Monasticism* (New York: Oxford University Press, 1993), pp. 107–33.
3. Merton, *Spiritual Direction and Meditation*, p. 64.
4. Ibid., p. 95.
5. Elizabeth Canham, artículo sin publicar sobre *lectio divina*.
6. Merton, *Spiritual Direction and Meditation*, p. 75.
7. John Cassian, *Conferences 10.11*, trad. Owen Chadwick, The Library of Christian Classics, vol. 12 (Philadelphia: The Westminster Press, 1958), p. 244.
8. Teresa de Ávila, *Libro de la Vida* (Madrid: Biblioteca de Autores Cristianos, 1986), p. 76.
9. Douglas V. Steere, *Traveling In*, ed. E. Glenn Hinson, Pendle Hill Pamphlet 324 (Wallingford, Pa.: Pendle Hill Publications, 1995), p. 19.
10. Teresa de Ávila, *Libro de La Vida*, p. 77.
11. Bonhoeffer, *Vida en comunidad*, p. 79.
12. Ibid., p. 81.
13. Ibid., p. 82.

Semana 4   Dirigir la imaginación
1. San Ignacio de Loyola, *Ejercicios espirituales* (Madrid: Editorial Apostolado de la Prensa, S.A., 1979), p. 9.
2. Richard Baxter, *The Saints' Everlasting Rest*, ed. E. Glenn Hinson, The Doubleday Devotional Classics, vol. 1 (Garden City, N.Y.: Doubleday, 1978).
3. John Bunyan, *Grace Abounding* 46, ed. E. Glenn Hinson, The Doubleday Devotional Classics, vol. 1 (Garden City, N.Y.: Doubleday , 1978), p. 230.
4. Baxter, *The Saints' Everlasting Rest*, pp. 13, 21, 141.
5. Ibid., pp. 2, 14, 142.
6. Cita adaptada al idioma inglés moderno del texto original en Richard Baxter, *The Saints' Everlasting Rest* (Philadelphia: Presbyterian Board of Publication, 1847), pp. 306–307.

Semana 5   Meditación en grupo con la Escritura
1. Bunyan, *Grace Abounding* 77: 237.

2. John Bunyan, *The Pilgrim's Progress*, ed. E. Glen Hinson, The Doubleday Devotional Classics, vol. 1 (Garden City, N.Y.: Doubleday, 1978), p. 348.

3. En *A History of Christianity: Readings in the History of the Church*, vol. 2, ed. Clyde L. Manschreck (Englewood Cliffs, N.J.: Prentice-Hall, 1964), p. 31.

4. Aquellos a quienes les interese una discusión más extensa sobre la meditación en grupo pueden encontrar más ayuda en Norene Vest, *Gathered in the Word: Praying the Scripture in Small Groups* (Nashville, Tenn.: Upper Room Books, 1996); especialmente vea pp. 17–27.

5. Algunos pueden preguntarse si los monjes usaron principalmente los salmos para lectio divina. Creo que la respuesta es no. Los salmos fueron cantados en el oficio diario en que los monjes se reunían ocho veces al día. Durante las cuatro horas reservadas para la lectio divina, ellos generalmente meditaban en otras partes de las Escrituras y en otros escritos. Probablemente debemos maravillosos e iluminados manuscritos tales como los Evangelios Lindisfarne y el Libro de Kells a la lectio.

Parte 3: Profundizar en la oracion: El corazón de Cristo

Semana 1   La oración y el carácter de Dios
1. Thompson, *Soul Feast*, p. 31.
2. Augustín, *Confesiones*, p. 261.

Semana 2   La lucha con lo que impide la oración
1. Jean-Pierre de Caussade, *Abandonment to Divine Providence*, trad. John Beevers (New York: Image Books, 1975), p. 72.
2. Douglas V. Steere, *Dimensions of Prayer* (Nashville, Tenn.: Upper Room Books, 1997), p. xx.

Semana 3   Oraciones de petición e intercesión
1. Steere, *Dimensions of Prayer*, p. 69.
2. Maria Boulding, *The Coming of God* (Collegeville, Minn.: The Liturgical Press, 1982), pp. 7–8.

Semana 4   Orar tal como somos
1. Harvey E. Egan, «Negative Way», en *The New Dictionary of Catholic Spirituality* (Collegeville, Minn.: The Liturgical Press, 1993), p. 700.
2. James Finley, citado por Allan H. Sager, *Gospel-Centered Spirituality* (Minneapolis, Minn.: Augsburg Fortress, 1990), p. 37.
3. Urban T. Holmes III, *A History of Christian Spirituality: An Analytical Introduction* (New York: Seabury Press, 1980), pp. 4–5.
4. Para una descripción más detallada de estos cuatro tipos, vea Corinne Ware, *Discover Your Spiritual Type* (Bethesda, Md.: The Alban Institute, 1995).
5. Ibid., p. 43.
6. Ibid., pp. 44–45.
7. Karl Rahner, *Encounters with Silence*, trad. James M. Demske (Westminster, Md.: The Newman Press, 1960), pp. 15–16.
8. Dom Chapman, citado por Richard Foster, *La oración: verdadero refugio del alma* (Miami: Editorial Caribe, 1986), p. 9.

Semana 5   Salmos, el libro de oración de la Biblia
1. Thomas R. Hawkins, *The Unsuspected Power of the Psalms* (Nashville, Tenn.: The Upper Room, 1985), p. 37.

Semana 6   Experiencia con la oración contemplativa
1. William H. Shannon, «Contemplation, Contemplative Prayer», en *The New Dictionary of Catholic Spirituality*, p. 209.
2. Agustín, *Confesiones*, p. 9.
3. Teresa de Ávila, *Las moradas* (Madrid: Biblioteca de Autores Cristianos, 1986), p. 472.

Notas

4. Teresa de Ávila, *Libro de la vida*, p. 71.
5. Teresa de Ávila, *Las moradas*, p. 569.
6. Hermano Lorenzo, *La práctica de la presencia de Dios*, trad. John J. Delaney (New York: Image Books, 1977), p. 68.

PARTE 4: RESPONDER AL LLAMADO: LA OBRA DE CRISTO

Semana 1 Disponibilidad radical
1. Oswald Chambers, *My Utmost for His Highest* (London: Simpkin Marshall, 1927), p. 120.

Semana 2 Confianza viva
1. Ray Summers, *Behold the Lamb: An Exposition on the Theological Themes in the Gospel of John* (Nashville, Tenn.: Broadman Press, 1979, pp. 188–89.
2. Lesslie Newbigin, *The Light Has Come: An Exposition of the Fourth Gospel* (Grand Rapids, Mich.: William B. Eerdmans, 1982), p. 197.
3. Ibid., p. 198.
4. Thomas F. Torrance, *Scottish Theology* (Edinburgh: T & T Clark, 1996), p. 58.

Semana 3 Producir el fruto de la vid
1. Newbigin, *The Light Has Come*, p. 200.
2. Ibid.
3. Andrew Murray, *With Christ in the School of Prayer* (Old Tappan, N.J.: Fleming H. Revell, 1953), p. 43.
4. Ibid., p. 44.

Semana 4 Dones del Espíritu
1. Juan Calvino, *Institución de la religión cristiana* (Buenos Aires: Nueva Creación, 1988), pp. 401–404.
2. Thomas F. Torrance, *The Trinitarian Faith* (Edinburgh: T & T Clark, 1993), p. 228.
3. Ibid.
4. Calvino, *Institución de la religión cristiana*, p. 403.
5. Ibid.

Semana 5 El cuerpo de Cristo dado por el mundo
1. Gustav Nelson, «A New Model for a New Century», *Presbyterian Outlook* (30 June 1997), p. 7.

PARTE 5: EXPLORAR LA DIRECCIÓN ESPIRITUAL: EL ESPÍRITU DE CRISTO

Semana 1 ¿Cómo saber la voluntad de Dios para mi vida?
1. Thompson, *Soul Feast*, pp. 103–105.
2. Margaret Guenther, *Holy Listening: The Art of Spiritual Direction* (Cambridge, Mass.: Cowley Publications, 1992), p. 43.
3. Ben Campbell Johnson, *Invitation to Pray*, ed. rev. (Decatur, Ga.: CTS Press, 1993), pp. 18–22.

Semana 2 Compañeros y compañeras espirituales
1. Una exploración contemporánea de la espiritualidad del desierto se encuentra en el ahora clásico de Henri Nouwen, *The Way of the Heart: Desert Spirituality and Contemporary Ministry* (New York: Seabury Press, 1981).
2. *The Wisdom of the Desert*, trad. Thomas Merton (New York: New Directions, 1960), pp. 25–26.
3. *Desert Wisdom*, ed. y ilus. Yushi Nomura (Garden City, N.Y.: Doubleday, 1982), p. 84.
4. Guenther, *Holy Listening*.
5. Howard Rice, *El pastor como guía espiritual* (Grand Rapids, Mich.: Editorial Portavoz, 2000), p. 76.
6. Wendy M. Wright, *A Retreat with Francis de Sales, Jane de Chantal, and Aelred of Rievaulx: Befriending Each Other in God* (Cincinnati, Ohio: St. Anthony's Messenger Press, 1996).

7. Tilden H. Edwards, *Spiritual Friend* (New York: Paulist Press, 1980).

8. Howard Rice, *Ministry As Spiritual Guidance* (Louisville, Kentucky: Westminster John Knox Press, 1991).

9. Charles M. Olsen, *Transforming Church Boards into Communities of Spiritual Leaders* (Bethesda, Md.: The Alban Institute, 1995). Vea también Danny E. Morris y Charles M. Olsen, *Discerning God's Will Together* (Nashville, Tenn.: Upper Room Books, 1997).

10. Vea Esther de Waal, *Living with Contradiction: Reflections on the Rule of St. Benedict* (San Francisco: Harper & Row, 1989).

11. David Lowes Watson, *Covenant Discipleship: Christian Formation through Mutual Accountability* (Nashville, Tenn.: Discipleship Resources, 1994).

12. Kathleen Fischer, *Women at the Well: Feminist Perspectives on Spiritual Direction* (New York: Paulist Press, 1988).

13. Susan Rakoczy, ed., *Common Journey, Different Paths: Spiritual Direction in Cross-Cultural Perspective* (Maryknoll, N.Y.: Orbis Books, 1992).

14. Douglas V. Steere, *Together in Solitude* (New York: Crossroad Publishing Co., 1982), pp. 33–34.

Semana 3 Grupos pequeños para dirección espiritual

1. Watson, *Covenant Discipleship*.

2. James Bryan Smith, *A Spiritual Formation Workbook* (San Francisco: HarperSanFrancisco, 1993).

3. Vest, *Gathered in the Word*.

4. Thomas Keating, *Invitation to Love: The Way of Christian Contemplation* (New York: Continuum, 1994).

5. Rose Mary Dougherty, *Group Spiritual Direction* (New York: Paulist Press, 1995).

6. Thomas R. Hawkins, *Sharing the Search* (Nashville, Tenn.: The Upper Room, 1987), pp. 19, 25.

Semana 4 Revisión de nuestra vida como compañeros/as en Cristo

1. Un excelente recurso para hacer esto es Howard Rice, *El pastor como guía espiritual* (Grand Rapids, Mich.: Editorial Portavoz, 2000).

2. Vea Olsen, *Transforming Church Boards*, y Morris y Olsen, *Discerning God's Will Together*.

3. Morris y Olsen, *Discerning God's Will Together*, p. 25.

4. Adaptado de un trabajo sin publicar de Kathleen Flood, Nashville, Tennessee, abril 2000, y usado con permiso. Este examen está inspirado en los escritos de Ignacio de Loyola.

Semana 5 Discernir nuestra necesidad de dirección

1. Norvene Vest, *No Moment Too Small: Rhythms of Silence, Prayer, and Holy Reading* (Kalamazoo, Mich.: Cistercian Publications, 1994), p. 6.

2. Damien Isabell, *The Spiritual Director: A Practical Guide* (Chicago: Franciscan Herald Press, 1976).

3. Spiritual Directors International, P.O. Box 25469, Seattle, WA 98125.

4. Un recurso de mucha ayuda sobre el discernimiento es *A Guide to Spiritual Discernment*, comp. Rueben Job (Nashville, Tenn.: Upper Room Books, 1996).

5. Susanne Johnson, *Christian Spiritual Formation in the Church and Classroom* (Nashville, Tenn.: Abingdon Press, 1989), p. 121.

6. Marjorie J. Thompson, *Soul Feast*; adaptado de Tilden H. Edwards, *Living in the Presence: Disciplines for the Spiritual Heart* (San Francisco: Harper & Row, 1987), p. 84.

Fuentes y autores de las citas marginales

PARTE 1 ADOPTAR LA JORNADA: EL CAMINO DE CRISTO

Semana 1 La vida cristiana como peregrinaje

James C. Fenhagen, *Invitation to Holiness* (San Francisco: Harper & Row, 1985), p. 10.

Evelyn Underhill, *The Spiritual Life* (New York: Harper & Row, n.d.), p. 36.

Henri J. M. Nouwen, *The Inner Voice of Love* (New York: Doubleday, 1996), p. 39.

Semana 2 La naturaleza de la vida espiritual cristiana

Agustín, *Confesiones de San Agustín,* trad. P. Valentín M. Sánchez Ruíz (Madrid: Editorial Apostolado de la Prensa, S.A., 1964), p. 9.

Juliana de Norwich: *Showings,* trad. Edmund Colledge y James Walsh (New York: Paulist Press, 1978), p. 263.

Ben Campbell Johnson, *Calming the Restless Spirit* (Nashville, Tenn.: Upper Room Books, 1997), p. 50.

Steve Harper, *La vida de devoción en la tradición wesleyana* (Nashville, Tenn.: Upper Room Books, 1983), 54.

Semana 3 El fluir y los medios de gracia

Martín Lutero, *Preface to the Letter of St. Paul to the Romans*, trad. Andrew Thornton, 1983 (27 May 1999) <http://www.ccel.org/l/luther/romans/pref_romans.html> (7 July 2000).

Joyce Rupp, *May I Have This Dance?* (Notre Dame, Ind.: Ave Maria Press, 1992), p. 118.

Maria Boulding, *The Coming of God* (Collegeville, Minn.: The Liturgical Press, 1982), p. 2.

Juan Wesley, *Obras de Wesley,* Tomo 1 (Franklin, Tenn.: Providence House Publishers, 1998), Sermón 16, p. 339.

Semana 4 Compartir peregrinajes de fe

Dwight W. Vogel y Linda J. Vogel, *Sacramental Living* (Nashville, Tenn.: Upper Room Books, 1999), p. 52.

Frederick Buechner, *Whistling in the Dark* (San Francisco: Harper & Row, 1988), p. 104.

Richard L. Morgan, *Remembering Your Story* (Nashville, Tenn.: Upper Room Books, 1996), p. 21.

Semana 5 Vivir como comunidad de pacto

Mary Lou Redding, «*Meeting God in Community*», *The Spiritual Formation Bible* NRSV (Grand Rapids, Mich.: Zondervan, 1999), p. 1498.

Dietrich Bonhoeffer, *Vida en comunidad,* p. 26.

Joseph D. Driskill, *Protestant Spiritual Exercises* (Harrisburg, Pa.: Morehouse, 1999), p. 74.

Regla de la Sociedad de San Juan el Evangelista (Cambridge, Mass.: Cowley Publications, 1997), p. 8.

PARTE 2 ALIMENTARSE DE LA PALABRA: LA MENTE DE CRISTO

Semana 1 ¿Por qué llamamos a la Biblia la Palabra de Dios?

Juan Cassian, *Conferences*, Libro 14 en *The Spiritual Formation Bible* NRSV (Grand Rapids, Mich.: Zondervan, 1999), n.p.

Tomás de Kempis, *La imitación de Cristo* (Barcelona: Editorial Herder S.A., 1979), p. 29.

Martín Lutero en *The Spiritual Formation Bible* NRSV (Grand Rapids, Mich.: Zondervan, 1999), n.p.

Semana 2   Estudio de la Escritura como una disciplina espiritual

Matthew Henry, *Commentary on the Whole Bible* (27 May 1999) <http://www.ccel.org/h/henry/mhc2/MHC00001.HTM> (21 July 2000), Preface to Volume 1.

Dietrich Bonhoeffer, *Meditating on the Word* (Nashville, Tenn.: The Upper Room, 1986), p. 44.

Elizabeth J. Canham, *Heart Whispers* (Nashville, Tenn.: Upper Room Books, 1999), p. 30.

M. Robert Mulholland Jr., *Shaped by the Word* (Nashville, Tenn.: Upper Room Books, 2000), p. 116.

Semana 3   Meditación en la Palabra

Juan Calvino, *Golden Booklet of the True Christian Life* (Grand Rapids, Mich.: Baker Book House, 1955), p. 525.

Richard J. Foster, *Alabanza a la Disciplina* (Nashville, Tenn.: Editorial Caribe, 1986), p. 42.

Norvene Vest, *Gathered in the Word* (Nashville, Tenn.: Upper Room Books, 1996), p. 11.

Juan Wesley, *Obras,* vol. 14, p. 253.

Semana 4   Dirigir la imaginación

Eugene H. Peterson, *Subversive Spirituality* (Grand Rapids, Mich.: William B. Eerdmans, 1997), p. 132.

Richard Baxter, *The Saints' Everlasting Rest* (New York: American Tract Society, 1824), pp. 339–40.

Ibid., 349.

Juan Killinger, *Beginning Prayer* (Nashville, Tenn.: Upper Room Books, 1993), p. 67.

Avery Brooke, *Finding God in the World* (San Francisco: Harper & Row, 1989), p. 43.

Semana 5   Meditación en grupo con la Escritura

Mary Jean Manninen, *Living the Christian Story* (Grand Rapids, Mich.: William B. Eerdmans, 2000), p. 6.

Vogel y Vogel, *Sacramental Living*, p. 18.

Vest, *Gathered in the Word*, p. 13.

PARTE 3   PROFUNDIZAR EN LA ORACIÓN: EL CORAZÓN DE CRISTO

Semana 1   La oración y el carácter de Dios

Martha Graybeal Rowlett, *Responding to God* (Nashville, Tenn.: Upper Room Books, 1996), p. 29.

Margaret Guenther, *The Practice of Prayer* (Cambridge, Mass.: Cowley Publications, 1998), p. 16.

George MacDonald, *The Diary of an Old Soul* (London: George Allen & Unwin, 1905), p. 17.

Boulding, *The Coming of God*, p. 20.

Douglas V. Steere, *Dimensions of Prayer* (Nashville, Tenn.: Upper Room Books, 1997), p. 12.

Semana 2   La lucha con lo que impide la oración

Killinger, *Beginning Prayer*, p. 16.

Teresa de Ávila, *Las Moradas* (Madrid: Biblioteca de Autores Cristianos, 1986), p. 485.

Juan Calvino, en *Institución de la religión cristiana* (Buenos Aires: Nueva Creación, 1988), p. 721.

Thomas R. Kelly, *A Testament of Devotion* (New York: Harper & Row, 1941), p. 60.

Semana 3   Oraciones de petición e intercesión

Emilie Griffin, *Clinging: The Experience of Prayer* (New York: McCracken Press, 1994), p. 5.

Henri J. M. Nouwen, *The Genesee Diary* (New York: Image Books, 1989), p. 145.

Toyohiko Kagawa, *Meditations on the Cross* citado en *Living Out Christ's Love: Selected Writings of Toyohiko Kagawa*, ed. Keith Beasley-Topliffe (Nashville, Tenn.: Upper Room Books, 1998), p. 57.

William Law, *A Serious Call to a Devout and Holy Life* (Philadelphia: The Westminster Press, 1948), p. 308.

Fuentes y autores de las citas marginales

Semana 4   Orar tal como somos
Kenneth Leech, *True Prayer* (San Francisco: Harper & Row, 1980), p. 3.
Timothy Jones, *The Art of Prayer* (New York: Ballantine Books, 1997), p. 122.
Catherine de Hueck Doherty, *Soul of My Soul* (Notre Dame, Ind.a: Ave Maria Press, 1985), p. 113.
Semana 5   Salmos, el libro de oración de la Biblia
Walter Brueggemann, *Praying the Psalms* (Winona, Minn.: Saint Mary's Press, 1982), p. 17.
Kathleen Norris, *The Psalms* (New York: Riverhead Books, 1997), p. viii.
Larry R. Kalajainen, *Psalms for the Journey* (Nashville, Tenn.: Upper Room Books, 1996), p. 10.
Semana 6   Experiencia con la oración contemplativa
Thomas Merton, *Contemplative Prayer* (Garden City, N.Y.: Image Books, 1971), p. 89.
Tilden H. Edwards, «Living the Day from the Heart», de *The Weavings Reader* (Nashville, Tenn.: Upper Room Books, 1993), p. 58.
Madre Teresa, *A Life for God: The Mother Teresa Treasury*, comp. LaVonne Neff (London: Fount, 1997), pp. 17–18.
Henri J. M. Nouwen, *Making All Things New* (San Francisco: Harper & Row, 1981), p. 57.

PARTE 4   RESPONDER AL LLAMADO: LA OBRA DE CRISTO

Semana 1   Disponibilidad radical
Jean-Pierre de Caussade, *The Joy of Full Surrender* (Orleans, Mass.: Paraclete Press, 1986), p. 91.
Donald P. McNeill et al., *Compassion* (Garden City, N.Y.: Image Books, 1983), p. 35.
Hermano Roger de Taizé, *His Love Is a Fire* (London: Geoffrey Chapman Mowbray, 1990), p. 58.
Semana 2   Confianza viva
Howard Thurman, *Deep Is the Hunger* (Richmond, Ind.: Friends United Press, 1951), p. 198.
Evelyn Underhill, *The Ways of the Spirit* (New York: Crossroad, 1993), p. 100.
Thomas R. Hawkins, *A Life That Becomes the Gospel* (Nashville, Tenn.: Upper Room Books, 1992), pp. 70–71.
Semana 3   Producir el fruto de la vid
Jacqueline McMakin con Rhoda Nary, *Doorways to Christian Growth* (Minneapolis: Winston Press, 1984), p. 204.
Roberta C. Bondi, *To Pray and to Love* (Minneapolis: Fortress Press, 1991), pp. 31–32.
Andrew Murray, *With Christ in the School of Prayer* (Grand Rapids, Mich.: Zondervan, 1983), p. 106.
Robin Maas, *Crucified Love* (Nashville, Tennessee: Abingdon Press, 1989), p. 71.
Semana 4   Dones del Espíritu
Andrew Murray, *The New Life: Words of God for Young Disciples* (1998) <http://www.ccel.org/m/murray/new_life/life25.htm> (25 July 2000), cap. 22.
Ibid.
Charles V. Bryant, *Rediscovering Our Spiritual Gifts* (Nashville, Tenn.: Upper Room Books, 1991), p. 27.
Joan D. Chittister, *Wisdom Distilled from the Daily* (San Francisco: Harper & Row, 1990), p. 46.
Semana 5   El cuerpo de Cristo dado por el mundo
Stephen V. Doughty, *Discovering Community* (Nashville, Tenn.: Upper Room Books, 1999), p. 110.
Bryant, *Rediscovering Our Spiritual Gifts*, p. 56.
Thomas R. Hawkins, *Sharing the Search* (Nashville, Tenn.: The Upper Room, 1987), p. 44.
Elizabeth O'Connor, *Eighth Day of Creation* (Waco, Tex.: Word Books, 1971), p. 8.
Bryant, *Rediscovering Our Spiritual Gifts*, p. 57.